美国法律名案选析

郭义贵 著

知识产权出版社
全国百佳图书出版单位
—北京—

图书在版编目（CIP）数据

美国法律名案选析/郭义贵著. —北京：知识产权出版社，2021.8
ISBN 978-7-5130-7602-9

Ⅰ.①美… Ⅱ.①郭… Ⅲ.①法律—美国—通俗读物 Ⅳ.①D971.2-49

中国版本图书馆 CIP 数据核字（2021）第 133246 号

内容提要

本书按照时间顺序，选择美国历史上知名度较高的 26 个案例进行分析和评判。相关案例足以说明，在社会治理的过程中，法律对于美国社会的积极引导和推动作用甚为显著。阅读和研讨这些不乏典型意义的司法案件，可以发现其深刻的时代特色以及不无瑕疵的审判。

责任编辑：石红华　　**责任校对**：潘凤越
封面设计：臧　磊　　**责任印制**：孙婷婷

美国法律名案选析

郭义贵　著

出版发行：	知识产权出版社有限责任公司	**网　　址**：	http：//www.ipph.cn
社　　址：	北京市海淀区气象路 50 号院	**邮　　编**：	100081
责编电话：	010-82000860 转 8130	**责编邮箱**：	shihonghua@sina.com
发行电话：	010-82000860 转 8101/8102	**发行传真**：	010-82000893/82005070/82000270
印　　刷：	北京虎彩文化传播有限公司	**经　　销**：	各大网上书店、新华书店及相关专业书店
开　　本：	787mm×1092mm　1/16	**印　　张**：	17.25
版　　次：	2021 年 8 月第 1 版	**印　　次**：	2021 年 8 月第 1 次印刷
字　　数：	247 千字	**定　　价**：	88.00 元

ISBN 978-7-5130-7602-9

自　序

通常，美国的历史学家和法学家会将美国历史的源头追溯至17世纪早期。此时，是来自英国的移民开始在北美殖民的时期。此后，英国在北美殖民地的影响力不断上升。

1620年11月11日，在上岸之前，“五月花号”大帆船上的41名男性乘客在一份带有自治色彩的公约上签字，表示自愿结为一个民众自治团体，并承诺对于“将来不时依此而制定颁布的被认为是对这个殖民地全体人民都最适合、最方便的法律、法规、条令、宪章和公职，我们都保证遵守和服从”①。这就是著名的《五月花号公约》，其被视为美国历史上现存最早的具有政治、宗教、法律色彩的重要文献。

但是，就司法活动而言，美国在这方面的历史可能要从1692年发生在马萨诸塞湾的萨勒姆因对于所谓的魔鬼的恐慌而引发的一场司法迫害算起。在这起案件中，当时的法律与所谓的巫术纠缠在一起，出现了非法逼

---

① “五月花号”大帆船上一共有102名乘客，但是，妇女是无权签署公约的。可参见：戴安娜·拉维奇．美国读本：感动过一个国家的文字：上［M］．林本椿，陈凯，林铮，等译．许崇信，校．北京：生活·读书·新知三联书店，1995：3－5。

供、操纵陪审团等十分不正常的现象，案件的审理主要依据的是“幽灵证据”，先后有 141 人被捕，其中的 26 人被宣判有罪，19 人死于绞刑，1 人死于按压，另有 2 人在监狱中死于所谓自然原因。①

当然，美国建国后的司法活动及由此产生的著名司法案例是本书重点研究和讨论的对象。从中我们可以发现，尽管不无英国法律的影响，美国的法律（包括其司法活动）却不乏自身特色。而且，由于建国之初即对于成文法律很重视，美国的司法活动无疑更多地受制于法律的明文规定，因而具有更多的可预见性或确定性。

本书选择和分析的相关案例足以说明，在社会治理的过程中，法律对于美国社会的积极引导和推动作用甚为显著。当然，阅读和研讨这些不乏典型意义的司法案件，我们不难发现其深刻的时代特色以及案件后面凸显出来的背景。如果说建国之初的美国社会尚处于探索和不断发展阶段的话，那么，其起初积累的经验给这个国家在后来的变迁提供了足可参照的样本。

需要说明的是，司法与立法以及社会政治、经济、文化乃至观念等的密切关联。例如，党派或派系的形成与发展对于美国社会司法活动就产生了深刻影响。值得庆幸的是，其司法活动中尽管时有不和谐之声，但却基本值得肯定。因此，在大致肯定的基础上，我们有必要指出，选入本书予以点评的某些司法判决同样也存在令人遗憾的不足，个中原因值得思考。

限于篇幅，本书按照时间顺序，选择美国历史上知名度较高的 26 个案例进行分析和评判。

需要说明的是，某些知名度甚高的美国司法案例的分析和讨论已经不止一次地出现在国内外学者的相关论著中，且获得过颇为精准和深入的研究，故而不再呈现在本书中。读者如果需要对这些经典案例进行一定的了解和研读，可参见近年来出版的中文著作，如《美国宪政历程：影响美国

① JOHNSON J W. Historic U. S. court cases 1690—1990：an encyclopedia［M］. New York & London：Garland Publishing，1992：5 – 12.

的 25 个司法大案》（任东来、陈伟、白雪峰等著，中国法制出版社 2005 年版）以及《西方法律名案讲座（近现代部分）》（郭义贵主编，陈敬刚、李雅琴副主编，广西师范大学出版社 2019 年版）。

目录

一、美国法律名案选析

二、《美国悲剧》的法律解读

一、美国法律名案选析

1. 罗格斯诉沃丁顿（1784）：违宪审查前奏曲

Rutgers v. Waddington（1784）［New York State Court］

案件梗概

作为英国以前的殖民地，美国纽约曾经受制于英国的特许状以及英国普通法的原则。在宣告独立之后，[①] 1777 年的《纽约州宪法》宣布，英国在北美殖民地时期颁布的成文法和普通法原则与《纽约州宪法》相抵触者，一律无效。这一规定实际上授予纽约州法院拥有对于宪法问题的审查权力。[②]

“罗格斯诉沃丁顿”一案的起源是财产权问题。美国独立战争期间的

① 1776 年 7 月 4 日，大陆会议通过了托马斯·杰斐逊等人起草的《独立宣言》，北美殖民地正式宣告独立。戴安娜·拉维奇．美国读本：感动过一个国家的文字：上［M］．林本椿，陈凯，林铮，等译．许崇信，校．北京：生活·读书·新知三联书店，1995：47－51．

② JOHNSON J W. Historic U. S. court cases 1690—1990：an encyclopedia［M］. New York & London：Garland Publishing，1992：61.

多数时候，纽约市被英国军队占据。在英军占领的末期，纽约州立法机构颁布法律，意在惩罚那些支持英国的人，并赋予纽约州那些人身或财产遭受侵害的市民追索的权利。1783 年 3 月《侵害之诉法案》规定①，由于英军的占领而导致市民被迫从自己的房屋迁出的，被迫迁出者可以起诉战争期间那些占有、获得或购买自己房产的人。此外，《侵害之诉法案》规定，被告方不得以敌方的军事命令为自己的行为辩解。此类诉讼一旦在纽约州任一低级法院提起，就不得移交给其他法院。《侵害之诉法案》恰好在英美两国和平条约的基本条款出台之时通过。②

伊丽莎白·罗格斯是"罗格斯诉沃丁顿"一案的原告。1776 年，当英国人占领纽约的时候，她弃屋而逃。1778 年，在英国占领军负责军需物资的将军的许可下，两名在纽约当地的英国商人住进原告的房子，为英军开了一个麦芽制造厂和啤酒厂。1780 年，上述两名英国商人对于原告房屋的使用获得重新授权并得到英军总司令的许可，一直延续到 1783 年英美双方宣布和平为止。在房屋使用的后期，两名英国商人每年支付 150 英镑的租金，这笔钱被用作纽约市的济贫款项。③

当获知英军将要撤离的消息后，上述两名英国商人主动提出将房屋修缮后归还给罗格斯一家。但是，双方没能达成协议。因为，罗格斯一家要求除了房屋修缮之外，对方还需要偿付没有支付的房租 1200 英镑。在大火烧毁了啤酒厂和英军离开纽约市之后，这两名英国商人再次提出协商。1784 年 2 月，作为对两名英国商人的答复，他们的代理人约书亚·沃丁顿作为被告被起诉。原告的依据是 1783 年 3 月纽约州通过的《侵害之诉法案》，并要求被告偿付 8000 英镑的拖欠房租。④

此案因为涉及美国独立战争期间很长一段时间内英军在纽约的占领、

---

① 英文 trespass 也可以译为侵害、侵犯、侵入。薛波. 元照英美法词典［M］. 北京：法律出版社，2003：1356.

② JOHNSON J W. Historic U. S. court cases 1690—1990：an encyclopedia［M］. New York & London：Garland Publishing，1992：61.

③ 同上。

④ 同上。

对于和平条约的藐视以及拖延撤军等导致的当地居民强烈的仇英情绪，故而引发公众在很大程度上的关注。该案的重要性进一步被某些事实所证实，例如，当时法律界的一些知名人物，如美国总检察长爱格伯特·本森出任原告的代理律师，被告一方则由摩根·刘易斯和布洛克霍斯特·利文斯顿出任辩护律师。后来两位律师的加入更是使得这桩案件更具有关注性，其中一位就是大名鼎鼎的亚历山大·汉密尔顿，他为被告一方辩护；另外一名律师是约翰·劳伦斯，他加入到原告代理律师的阵营，并承担了案件准备和辩护的大部分工作。①

作为原告一方的代理人，劳伦斯的诉讼策略颇为清晰：《侵害之诉法案》规定，任何一位因为敌人的占领而放弃房产的人可以依据该法案针对任何“居住”在其被放弃的房产者提起诉讼。但是，劳伦斯在他的代理词中遗漏了《侵害之诉法案》的某一条款即禁止上述“居住者”以敌人的军事命令作为其行为具有正当理由的辩解。因此，汉密尔顿就据此将双方争议的问题从简单的侵权之诉转移到《侵害之诉法案》本身的合宪性上。②

汉密尔顿承认罗格斯的房屋被占用这一事实。但是，他认为，被告的行为具有两方面的正当理由。第一，纽约州宪法使得英国的普通法（包括国际法以及战争法）成为纽约州的法律。因此，涉案的两名英国商人在1778—1780年间对于罗格斯的房屋占用是合法的，因为他们获得了英国占领军负责军需物资将军的许可；1780—1783年间，两名英国商人持续对于涉案房屋的占用获得了英军总司令的许可，同样也是合法的，理由同上。第二，依据英美两国双方最终达成的和平条约，两国一致同意，它们的国民提出的“赔偿、补偿、报偿或损害赔偿”请求，因为战争的缘故而“相互地和互惠地……放弃和免于追究”。劳伦斯则再度引用《侵害之诉法案》中不得以军事命令为由的规定予以反驳。③

---

① JOHNSON J W. Historic U. S. court cases 1690—1990: an encyclopedia [M]. New York & London: Garland Publishing, 1992: 61-62.

② 同上，1992：62。

③ 同上。

法庭在 1784 年 6 月 29 日开始审理上述案件，参与审案的有纽约市市长詹姆斯·杜安、纽约地方司法官以及五名市政委员会委员，上述这些人组成纽约市市长法庭，这种法庭属于司法体系的一部分，自殖民地时期即已存在。原告方律师首先发言，指出法庭无权在脱离纽约州法律的前提下做解释，且国际法并不适用本案，因为（被告方）出于私人目的使用土地，即使是获得英军司令的授权，其行为也与战争没有关系；国际法也不是普通法的一部分，仅仅是私法，不能够约束一个主权国家。至于说到英美双方的和约，财产权是一种内部事务，依据《邦联条例》①，其并不受和约的管辖。纽约州批准了《邦联条例》，只不过是一种单纯的立法活动，批准之后也是可以撤销的。②

汉密尔顿代表被告方做出回答，他认为，《侵害之诉法案》违反了国际法以及纽约州的法律，这一法案的立法权仅仅只应当属于美国国会。至于英美双方签署的和平条约应当具有国际法上的效力，其包含有对于战争期间造成的损害予以赦免的一致意见，意味着美国国会对此和约是接受了的，各州应当遵守这一和约。因此，如果《侵害之诉法案》与相应的国际法或国际条约相冲突，那么，州法院就有义务“对此做出解释，以便它们协调一致”。此外，由于法官们无从推测立法者是否有意将英国的臣民拒之于国际法的保护之下，那么，《侵害之诉法案》就必须被弃之不用。

法庭的判决在 1784 年 8 月 27 日被当庭宣读。这一冗长的判决词显然是市长詹姆斯·杜安的手笔，后世有学者认为该判决词政治色彩浓厚。尽管这一判决词给原被告双方均带来一定的安慰，但却不能够使得双方都满意。首先，在判决词中，法庭认为，《侵害之诉法案》在本质上有益于罗格斯一家利益的补救，并且适用于被告一方。此外，法庭认为，两名英国商人“仅仅依据英军负责军需的将领未经授权的许可”即占用涉案房屋、

---

① 1778 年 7 月 9 日，美国历史上的第一部宪章《邦联条例》在费城完成，1781 年被批准通过，共计 13 条（或译：13 款）。J. 艾捷尔．美国赖以立国的文本［M］．J. 卡尔顿，点评．赵一凡，郭国良，主译．海口：海南出版社，2000：30－38.

② JOHNSON J W. Historic U. S. court cases 1690—1990：an encyclopedia［M］. New York & London：Garland Publishing，1992：62.

占用期间未交房租的行为“与战争无关”的说法是不成立的，因而需要担责。其次，由于美国独立的原因，“国际法就成为”美国保护“外国公民”（也就是涉案的两名英国商人）“不可缺少的”义务规范。因此，“依据国际法并且有英军指挥官的授权”，（原告方）要求收房租的补偿要求就不应该获得支持。再次，法庭支持汉密尔顿的观点即各州不得“削弱”和约的效力，但又指出，和约中提到的“赦免”并不足以成为涉案英国商人辩解的理由。最后，法庭认为自己有义务执行成文法律中的明文规定。但是，体现在纽约州宪法中的分权原则意味着对于成文法律的“解释是本庭的职责范围，因此，……我们有责任行使之”①。

1784年9月2日，陪审团判决原告获得791英镑13先令4便士的房租。原被告双方的律师在复审令上签字，拟将案件上诉到纽约州最高法院。但是，在纽约州最高法院开庭之前，原被告双方自愿达成和解，被告方支付了一笔未曾公开的金额（给原告），案件就此结束。②

当地民众对于法庭的判决做出的反应迅速且不无敌意，纽约州立法机构随即做出一系列决议，谴责法庭试图削弱立法机构的权威。由此而来的紧张气氛导致多数根据《侵害之诉法案》提起的诉讼以及其他依据反托利法的诉讼在进入审判程序之前即得到解决。③尽管汉密尔顿精彩的辩护词在其法律与政治生涯中具有里程碑式的意义，纽约州的立法机构后来也废除了

---

① JOHNSON J W. Historic U. S. court cases 1690—1990: an encyclopedia [M]. New York & London: Garland Publishing, 1992: 62 - 63.

② 同上，1992：63。

③ 17世纪70年代末80年代初的英国，围绕宗教、政治等问题，英国近代两个敌对的党派（拥护天主教徒继承王位的宫廷党及其反对派）产生。后来，“托利”（Tory）被指称为宫廷党，该词源自爱尔兰语，意为打家劫舍的匪徒。宫廷党则称其反对派为“辉格党”（Whig），该词源自苏格兰语，原意为苏格兰西南地区残杀天主教徒的长老会派强盗。程汉大. 英国政治制度史[M]. 北京：中国社会科学出版社，1995：306 - 309. 英国的政治与法律对于北美殖民地时期的影响无疑是巨大的，由于托利党的保守主义倾向，在美国独立战争期间，有一部分人（较为典型的是当时律师界中的一部分人）是亲英的，这些人有的在美国独立前后离开了美国，去往加拿大等。劳伦斯·M. 弗里德曼. 美国法律史[M]. 苏彦新，等译. 苏彦新，校. 北京：中国社会科学出版社，2007：81；伯纳德·施瓦茨. 美国法律史[M]. 王军，等译. 北京：中国政法大学出版社，1990：13. 当然，独立之初的美国为什么会通过反托利法，个中原因及其详细情况等仍有待进一步研究和讨论。

《侵害之诉法案》中关于不得以军事命令作为辩护理由的规定，汉密尔顿还是承认，如果案件到了纽约州最高法院的话，他也不可能让人接受其观点。①

关于罗格斯诉沃丁顿一案判决的意义，我们只能说不太明朗。因为，有学者认为，杜安代表法庭做出的判决意见只能说不无矛盾之处。比如，审理该案的法庭并没有宣布《侵害之诉法案》无效，而是“不值一提”。取而代之的是，法庭认为，立法机构不能够在其自身宪法认可的前提下，却又试图违反国际法的相关规定。至于说到英美两国业已签署的和约，尽管杜安也认为州法不能够违反上述和约，但是，在罗格斯诉沃丁顿一案中，上述和约也没有赋予被告一方依据国际法获得的任何权利。②

法庭将立法机构通过的法案搁置在一边的权力在罗格斯诉沃丁顿一案中并没有被直接表述出来，但是，司法机构依照制定法的“一般”条款解释立法机构的宗旨的权利得到了确认，尽管这种解释权受到纽约州立法机构的指责。虽然罗格斯诉沃丁顿几乎算不上违宪审查的典型案例，但是，一种权威的意见认为，在当时的州一级法院，违宪审查的问题获得了“很好的展现”并因此“可能影响到了”《美国宪法》的制定者。③

点评

1775 年 4 月 19 日晚，奉命夺取殖民地民兵的武器弹药的六个连的英军在列克星敦与殖民地民兵遭遇，独立战争的第一枪打响。经历了 8 年多的艰苦斗争，随着最后的和约在巴黎签署，美利坚合众国赢得独立。④

---

① JOHNSON J W. Historic U. S. court cases 1690—1990：an encyclopedia［M］. New York & London：Garland Publishing，1992：63.

② 同上。

③ 同上。

④ J. 布卢姆，等. 美国的历程：上册［M］. 杨国标，张儒林，译. 黄席群，校. 北京：商务印书馆，1988：165－186. 美国的历史学家认为，1776 年 7 月 2 日前发生在列克星敦、康科德和邦克山的战斗，应该被视为美洲人为反对英国议会征税而战；1776 年 7 月 2 日以后到 1783 年《巴黎条约》签订，美洲人为独立而战。另外，值得注意的是，尽管《巴黎条约》签订的时间是 1783 年 9 月 3 日，但是，最后一批英国军队离开纽约的时间却是在当年的 11 月 25 日。

我们读到的这个案件发生的背景就是在美国独立战争期间。战争带来的负面影响自然是比较大的。除了交战双方人员的伤亡这一颇为直观的数据可以说明问题外，战争造成的财产损失同样也是值得关注的问题。例如，南部殖民地在独立战争的后期成为交战双方的主要战场，也是英国搜刮的主要地区，因而其遭受的经济损失可能更为严重。据统计，南部大约有 5 万名奴隶被英军带走，英军故意对南部殖民地的房屋、庄稼和生活必需品的破坏也相当严重。[①]

我们看到，由于战争的爆发，案件的原告伊丽莎白・罗格斯被迫从自己在纽约的家中离开，并逃离了纽约市。两年后的 1778 年，两名英国商人住进了罗格斯的家，用原告的房屋为英军开了一个麦芽制造厂和啤酒厂。被告的上述行为一直延续到 1783 年。当然，被告并非是横行霸道、无法无天的歹徒，其行为也并非全然缺乏“合法性”：1778—1780 年间，他们获得英国占领军负责军需物资将军的许可；1780—1783 年间，两名英国商人持续对于涉案房屋的占用获得了英军总司令的许可。而且，在后来的 段时间内，两名商人每年还支付 150 英镑的房租，尽管这笔钱被用作纽约市的济贫款项，原告方没有收到。在得知英军不久将撤离纽约的消息后，两名英国商人主动提出在对房屋进行修缮后，将房屋交还给罗格斯一家。当然，这两名英国商人的提议没有得到罗格斯一家的响应，因为，他们要求英国商人不仅要修缮房屋，而且需要补交 1200 英镑的房租。之后的情况是，一场火烧了麦芽制造厂和啤酒厂，英国军队撤出纽约。两名英国商人继续提出和解，但却被告上法庭（充当被告的是英国商人的代理人）。而且，原告提出被告方需要补交的房租数额为 8000 英镑，这笔钱在当时不是一个小数字。

这里，我们需要注意的是，“罗格斯诉沃丁顿”一案发生在一个比较特殊的历史背景下，主要围绕原告方的财产（房屋使用权）展开，因而具

① PUTH R C. American Economic History[M]. 2th ed. New York: The Dryden Press, 1988: 101.

有一些我们通常思维难以理解的复杂性。例如，如果是平时，依照我们一般的理解，对于财产权的保护，法律上是会予以明确规定的。就英国的法律而言，“property”一词就是指财产所有权，即某人对于某项财产享有的独占性的支配权，由对财产的占有、使用和以出租、出借、设定担保、转让、赠与、交换等方式予以处分等一束权利（a bundle of rights）构成，是法律承认一个人对财产享有的最充分、最完整、地位最高的权利。这一术语也经常被用来指称所有权客体，包括一切有金钱价值的物与权利，如各种有形财产（土地、房屋等），以及各种无形财产（继承权、知识产权、损害求偿权等财产性权利）。① 早在 1761 年 2 月，詹姆斯·奥蒂斯（James Otis，1725—1783，在波士顿开始其律师生涯，曾经担任英国国王在附属海事法庭上的总辩护律师）反对英国政府的“搜查法令”，认为这些法令粗暴地践踏了人民的自由，在法庭上公开发表了“限制搜查和扣押的要求”的演说。在其雄辩的演说中，奥蒂斯提到：……英国自由的最重要的部分便是一个人的房屋的自由。一个人的房屋就是他的城堡，只要他安分守己，他在自己的城堡里就应当受到像王子一样的保护……奥蒂斯的演说和文章一度在殖民地广为流传，估计案件的双方当事人或代理律师等人应该有所了解②。

回到我们研读的上述案件，可以推定，涉案的两名英国商人应当是知道房屋是有主人的，只不过由于战乱的原因而暂时离开，并不意味着房屋的主人抛弃了自己的财产。所以，这两名英国商人估计在无法联系到涉案房屋主人的情况下，没有完全贸然行动，而是获得驻扎在纽约市的英军负责军需物资军官的授权（1778—1780）以及英军总司令的授权（1780—1783）。而且，为了使自己的行为具备某种合法性，这两名英国商人在占用涉案房屋的后期，还支付了每年 150 英镑的房租。当然，房租并没有到房屋主人的手里，而是流入纽约市的济贫款项。

---

① 郭义贵，方立新．外国法制史［M］．北京：清华大学出版社，2010：193.

② 戴安娜·拉维奇．美国读本：感动过一个国家的文字：上［M］．林本椿，陈凯，林铮，等译．许崇信，校．北京：生活·读书·新知三联书店，1995：21 - 25.

对于案件中的这两位英国商人的所作所为以及原告做出的反应，我们可以再展开进一步的讨论：

（1）案件中被告一方未经允许即占用他人房屋的行为应当如何看待。毫无疑问，按照一般人的理解，如果是租用他人房屋并用于合法的目的，需要征得房屋主人的同意，且双方需要签订租房协议。这一点，作为案件被告一方的英国商人无疑存在着法律上的问题。而且，无须1777年纽约州通过的《纽约州宪法》以及1783年纽约州通过的《侵害之诉法案》的相关规定，被告应当清楚，即使是在获得英军负责军需物资的军官和英军总司令的“授权”之后，他们对于涉案房屋的擅自占用也是不合法的。因为，无论是上述负责军需物资的英国军官，还是英军总司令，这些人均不是房屋的主人或所有权人，他们的授权也就不具有法律上的效力。

（2）修缮涉案房屋并归还给房屋所有权人。这是被告在获知英军迟早要离开的消息后，做出的正确选择。原告方之所以提出要被告方补交未支付的房租也不无合法性，此时的被告应当予以支付。至于房租数额多少，双方完全可以协商。应当说，此时的房主一方，并未十分苛刻，亦即尚未提出损坏赔偿之类的要求（须知涉案房屋在房主不知情的情况下，已经被改建成一个供英军使用的麦芽制造厂和啤酒厂）。此后，使用涉案房屋修建的啤酒厂被烧毁以及英军撤离只能使得事态变得更为严重。这个时候，两名英国商人再来寻求协商解决问题，多少有些为时已晚。就原告方而言，选择诉讼的方式并无不当。索要高额的房租，实际上应该包含有对于被告造成的进一步损害请求赔偿的意思。

（3）既然案件提交给相关法院来解决，也就意味着双方协商这一条路走不通，需要走司法途径。其实，这个案件本身算不上所谓大案、要案。但是，因为当时的纽约曾经长时间被英国军队占据，城市被占领并处于英军的管控下，民众的仇英情绪可想而知。而且，由于原被告双方聘请的律师在当时具有较高的知名度，这一案件也就成为大家颇为关注的一个案件。

（4）案件审理依据的相关法律。根据我们前面的了解，在英国统治殖民地时期，作为案件发生地的纽约，曾经受制于英国的特许状以及英国普通法的原则。这些特许状以及英国普通法原则的解释权，归属于英国在殖民地的权威人士和英国的权威机构。但是，这种情况在1777年即北美十三个殖民地宣布独立后的第二年，伴随着《纽约州宪法》的通过，发生了很大的变化。其中的一个主要变化就是当年通过的《纽约州宪法》明文规定，英国在北美殖民地时期颁布的成文法和普通法原则与《纽约州宪法》相抵触者，一律无效。这一规定实际上授予纽约州法院拥有对于宪法问题的审查权力。而且，为了更好地实施这部宪法，纽约州还专门成立了一个由纽约州州长、州财务部长、州最高法院法官等人组成的修订委员会，该委员会被授予对于与《纽约州宪法》的“字面意义和精神”不相符合的立法机构制定的法律否决的权力。①

（5）原被告双方聘请的律师及其在案件审理过程中发挥的作用。根据我们的了解，近代西方社会的律师以英国较为典型且历史较为悠久。英国现代学者保罗·布兰德的相关研究表明，亨利二世统治时期（1154—1189），英国的法律制度开始发生重大变革，这些变革及其延续以及亨利的后继者们的更为深入的发展，创造了一种有利于英国专业律师的出现及其人数增加的环境。简言之，亨利二世时期产生了对于专业律师的需求。②后来，来自英国的殖民者将英国的法律（包括英国的律师制度）传播过来，律师因此在北美殖民地扎下根来，成为殖民地不可缺少的一种较为特殊的存在。美国独立后，保留了律师制度，这就使得律师在美国社会中有了施展自身才华的可能。聘请律师作为自己的代理人，是原被告双方较为明智和现实的选择。双方的律师不仅人数较多，知名度也比较大，代表了当时纽约州乃至独立不久的美国律师的较高水平。相关介绍显示，原告方聘请的是美国总检察长爱格伯特·本森以及后来加入的约翰·劳伦斯。被

① JOHNSON J W. Historic U. S. court cases 1690—1990: an encyclopedia [M]. New York & London: Garland Publishing, 1992: 61.

② BRAND P. The Origins of the English Legal Profession [M]. Oxford UK & Cambridge USA: Blackwell Publishers, 1992: 14－32.

告一方请到两名律师，后来又有亚历山大·汉密尔顿这位知名人物的加入。[①] 在某种程度上，我们可以说，原被告双方代理律师之间的较量，其实主要在原告的代理律师约翰·劳伦斯和被告的代理律师亚历山大·汉密尔顿之间展开。

从法律上讲，作为原告代理律师之一的约翰·劳伦斯依据的是纽约州在 1783 年颁布的《侵害之诉法案》。但是，劳伦斯在他的代理词中遗漏了《侵害之诉法案》的某一条款即禁止上述“居住者”以敌人的军事命令作为其行为具有正当理由的辩解。因此，汉密尔顿立即抓住了这一点，因而据此将双方争议的问题从简单的侵权之诉转移到《侵害之诉法案》本身的合宪性上，并进一步提出国际法（应该就是指 1783 年英美双方签署的《巴黎条约》中的相关规定）可以适用于该案的观点。这样一来，汉密尔顿在被告一方擅自占用他人房屋并将其改建为麦芽制造厂和啤酒厂的看似极为不合法的行为中，也就寻找到了两个方面的正当性亦即合法性。这里，我们可以感受到作为当时一流的律师的汉密尔顿的辩护技巧和敏锐地捕捉对方漏洞的能力。而且，汉密尔顿的视野显然超出常人：他将独立后的美国是否应该遵守国际法的问题亦即涉案的英国商人是否应当获得新生的美利坚合众国与大英帝国之间缔结的和约保护的问题，一起抛到法庭与公众面前。这样一来，审理该案的法律上的依据不仅有纽约州的法律，还有必须正视的国际法。[②]

---

① 亚历山大·汉密尔顿（Alexander Hamilton，1755—1804），出生于西印度群岛，早年父母双亡，11 岁即开始在一个商人手下做簿记员，由于聪明好学，后于 1773 年在朋友的资助下，进入纽约皇家学院（哥伦比亚大学的前身）学习政治、法律、生物等，并结识了几位著名人物。独立战争期间，汉密尔顿加入大陆军，后升任中校，担任过乔治·华盛顿的秘书和副官。美国建国后，汉密尔顿继续研究法律，并开办律师事务所。在华盛顿、麦迪逊、杰伊的帮助和他的努力下，制宪会议于 1787 年 5 月召开，《美国宪法》因此诞生。1789 年，华盛顿出任美国第一任总统，汉密尔顿担任第一届财政部部长。在职期间，他提出了一系列财政方案，为美国财政的稳固与发展奠定了基础。也是在这一时期，他与托马斯·杰斐逊（1743—1826）等人观点对立，对于当时及后来美国政党制的形成影响甚大（一般认为，他是联邦党人的领袖之一）。1795 年，汉密尔顿辞去公职，重新进入律师界。1804 年 7 月在与政敌阿伦·伯尔的决斗中受重伤，次日去世。主要著作有《联邦党人文集》（第一作者，与麦迪逊、杰伊合作），文集的多数文章为汉密尔顿撰写。王哲．西方政治法律学说史［M］．北京：北京大学出版社，1988：241 - 242.

② 《美国宪法》直到 1787 年才制定出来，因而不可能对该案施加影响。

（6）法庭的判决以及我们对于该判决的理解。首先，审理罗格斯诉沃丁顿一案的法庭被称为 mayor's court，我们可以将它翻译成“市长法院/市长法庭”。根据前述介绍我们知道，这个法庭的人员组成包括纽约市市长詹姆斯·杜安、纽约地方司法官以及五名市政委员会委员，上述这些人组成纽约市市长法庭，这种法庭属于司法体系的一部分，自殖民地时期起即已存在。也就是说，“市长法庭”历史悠久。在今天的美国司法体系中，它依旧存在。[①] 其次，我们可以发现，这个法庭的组成人员似乎多为纽约市的行政长官，这或许是其独特之处。法庭的判决也是较为特别的，首先，这篇颇具纽约市市长杜安风格的判决词并没有弃纽约州业已颁布的《侵害之诉法案》于不顾，而是确认该法适用于法庭审理的这一案件。它也承认，被告未经原告允许即占用涉案房屋的行为需要承担相应的法律责任。其次，关于国际法是否适用的问题（亦即国际法是否保护涉案英国商人的问题），法庭的回答是肯定的。但是，条约中提到的“赦免”并不足以成为涉案英国商人为自己占用原告房屋的行为辩解的理由。最后，就是法庭是否有权解释成文法律的问题。对这一点，法庭也予以明确的答复。

小结

1784 年的这一起在纽约市市长法庭审理的“罗格斯诉沃丁顿”一案是独立不久的美国值得关注和研究的案件，它被称为“A Hint of Judicial Review”，意即“有一丝违宪审查的意味”。有的学者不无正确地指出，它是美国违宪审查最终形成道路上的一种标志。[②] 本书之所以称其为“违宪审查前奏曲”，是因为其后不久的“马布里诉麦迪逊”一案（Marbury v. Madison，1803）更为著名和响亮。但是，我们不应当忘记“罗格斯诉沃丁顿”一案判决具有的意义。

---

① 薛波．元照英美法词典［M］．北京：法律出版社，2003：902.

② JOHNSON J W. Historic U. S. court cases 1690—1990：an encyclopedia［M］. New York & London：Garland Publishing，1992：61.

当然，我们不可能奢望1784年“罗格斯诉沃丁顿”一案达到1803年“马布里诉麦迪逊”一案的高度与知名度。因为，尽管这两个案件在时间上相距不是太远，但它们的法律环境不可以相提并论。在前案发生之时，美国刚刚独立不久，它需要与自己昔日的殖民母国大英帝国“友好地”分手，故而在英美两国最终签署的《巴黎条约》中不乏“和解精神”这样的字眼。特别是在《巴黎条约》第五款，这种和解的精神具体化为对于独立战争期间的两种人的宽大。在条约的第六款至第八款，可以视为上述和解精神的延续。①

汉密尔顿的高明之处或许就在于他不仅对于纽约州的相关法律了解，而且，同样也熟悉英美两国签署不久的《巴黎条约》及其规定和精神，因而在代理被告参与诉讼的过程中，能够在并不有利的情况下力争主动，使法庭和陪审团不得不受到其影响。

当然，以纽约州州长杜安为首的纽约市市长法庭也并非等闲之辈。体现杜安风格的判决词足以说明，法庭尽可能考虑到了案件审理方面不同且相关法律的联系与冲突。也正是因为试图兼顾双方利益，故而做出了一个令双方看起来均不满意的判决。

案件最终免于上诉，双方经过庭外和解达成一致。这一结果告诉我们，尽管被告方做出的补偿金额不详，但应当达到了原告方的预期，因而有一个皆大欢喜的结局。此种局面的出现，说明庭外和解也是诉讼当事人双方可以接受的化解矛盾方式。这意味着，被告方最终还是承认了自己有过失在先，因而采取了一种积极、有效的处理手段。

---

① J. 艾捷尔．美国赖以立国的文本［M］．J. 卡尔顿，点评．赵一凡，郭国良，主译．海口：海南出版社，2000：41－42.

2. 奇泽姆诉佐治亚州（1793）：催生《美国宪法第十一修正案》的案件

Chisholm v. Georgia，1 Dallas 419（1793）[U. S. Supreme Court]

案件梗概

在美国独立战争期间，佐治亚州的代表从当时南卡罗来纳查尔斯顿的商人罗伯特·法夸尔那里购买了衣服、毯子和其他一些物品。法夸尔交给对方所需物品，但却没有收到货款。1784 年，法夸尔去世，其遗嘱执行人亚历山大·奇泽姆（同样来自查尔斯顿）代表法夸尔未成年的继承人，希望从佐治亚州立法机构那里获得相应的货款，但却遭到拒绝。佐治亚州立法机构认为，涉案货款已经给了法夸尔的代理人。由于这些代理人不是已经去世，就是破产，奇泽姆无法拿到涉案货款，他决定到成立不久的联邦法院寻求补救的办法。①

1791 年 2 月，“奇泽姆诉佐治亚州”（法夸尔的遗嘱执行人诉佐治亚州）一案在美国巡回法院佐治亚分庭开庭，原告提出被告偿还价值 169633.33 美元的债务（当时美国货币贬值严重）。法庭（由美国联邦最高法院大法官詹姆斯·艾尔德尔和一名地方法官构成）不受理此案，原因是一个州不可以被另外一个州的居民起诉。不得已，奇泽姆到美国联邦最高法院提起简约之诉（即合同补救之诉），要求佐治亚州赔偿 50 万美元。美国联邦最高法院受理了此案，并在 1792 年 8 月开庭时，要求被告到庭，但被告拒不到庭，法庭只得将此诉讼推迟到下一次开庭期。1793 年 2 月，奇泽姆诉佐治亚州一案开庭。尽管佐治亚州仍然拒不到庭，美国联邦最高法院还是在两周后下达了法庭判决。②

美国总检察长埃德蒙·兰道夫在案件中充当原告一方的代理人。他认为，依据《美国宪法》和 1789 年的《司法法》，美国联邦最高法院对于一个州的居民起诉另外一个州的案件具有司法管辖权。兰道夫的观点显然获得美国联邦最高法院多数法官（五分之四）的赞同和支持。在这个案件中，唯一持异议的大法官就是前述那位詹姆斯·艾尔德尔。他认为，应当由美国国会实施宪法授予它的权力。在投赞成票的四名大法官中，首席大法官约翰·杰伊、大法官詹姆斯·威尔逊、大法官约翰·布莱尔、大法官威廉·库欣都是国家主义者，亦即当时鼓吹《美国宪法》、主张加强联邦政府的权力的知名人物。③ 例如，据我们所知，约翰·杰伊（1745—1829）就是《联邦党人文集》的三位作者之一。

美国联邦最高法院的判决做出后，美国国会很快做出反应，由此催生《美国宪法第十一修正案》，并因此阻止了美国联邦最高法院上述判决的

---

① JOHNSON J W. Historic U. S. court cases 1690—1990: an encyclopedia [M]. New York & London: Garland Publishing, 1992: 97.

② 同上。

③ 同上，1992: 97 - 98。

执行。①

罗伯特·法夸尔的继承人（他的养子）丹尼尔·特雷泽万最终在1794年获得了佐治亚州作为一次性补偿的有价证券。但是，特雷泽万并没有在法律规定的时间内将所有的有价证券都兑现。因此，一直到1847年，佐治亚州立法机构才赎回剩余的部分有价证券。②

点评

这又是一起与美国独立战争不无关联的案件。与1784年罗格斯诉沃丁顿一案有所不同的是，这个案件到了美国联邦最高法院，原告方获胜。但是，美国联邦最高法院的判决却又被美国国会否定，否定的方式就是美国国会通过了《美国宪法第十一修正案》。从《美国宪法第十一修正案》的条文来看，其实是在强调《美国宪法》业已明确规定的美国联邦最高法院的初审管辖权问题。

这里，我们可以对照一下《美国宪法》关于美国联邦最高法院的初审管辖权的规定，相关规定体现在《美国宪法》第二条第二款（二）中：涉及大使、公使和领事以及一州为一方当事人的一切案件，最高法院有初审管辖权。③ 1798年，美国国会通过的《美国宪法第十一修正案》的条文比较简单：合众国的司法权，不得被解释为可以扩展到受理由他州公民或任何外国公民或臣民对合众国一州提出的或起诉的任何普通法或衡平法的诉讼。④ 因此，两相对照，我们发现，对于美国联邦最高法院的初审管辖权，无论是《美国宪法》第二条第二款的相关规定，还是《美国宪法第十一修

---

① JOHNSON J W. Historic U. S. court cases 1690—1990：an encyclopedia［M］. New York & London：Garland Publishing，1992：98.

② 同上，1992：98－99。

③ 杰罗姆·巴伦，托马斯·迪恩斯．美国宪法概论［M］．刘瑞祥，潘嘉玢，颜福祥，等译．北京：中国社会科学出版社，1995：321．在1803年“马布里诉麦迪逊”一案中，约翰·马歇尔法院的多数意见正是以此宣布美国国会1789年通过的《司法法》的相关规定违宪。

④ 杰罗姆·巴伦，托马斯·迪恩斯．美国宪法概论［M］．刘瑞祥，潘嘉玢，颜福祥，等译．北京：中国社会科学出版社，1995：327.

正案》的规定，都是明确的，其意在于对此加以限制。

因此，在1793年的这个“奇泽姆诉佐治亚州”的案件中，约翰·杰伊等多数法官对于宪法的解读，几乎毫无疑问地与《美国宪法》关于美国联邦最高法院的初审管辖权的明文规定实际上产生了抵触。由于美国联邦最高法院的判决属于终审性质，因而要阻止其判决的实施，就需要借助于立法机构的制衡力量。在这种情况下，美国国会及时做出反应，通过了《美国宪法第十一修正案》，从而纠正了法院在“奇泽姆诉佐治亚州”案件中的错误。

小结

美国独立战争期间，作为宣告独立的一方，第二届大陆会议于1775年在费城召开，代表们发现自己实际上在主持美国的第一届中央政府，他们“承担起领导围攻波士顿的地方民兵的责任，命令他们改编成一支大陆军队，任命乔治·华盛顿为司令，发行纸币来维持军队，指派一个委员会来同外国进行谈判”①。

当然，即便战斗已经开始，北美殖民地的部分民众也没有决定完全与大英帝国决裂。只是因为英王乔治三世以及诺思勋爵等人不明智的高压政策不断地削弱殖民地人民对其的感情，加上托马斯·潘恩等人的进一步宣传，到了1776年夏天，赞成独立与共和的情绪不断高涨，1776年7月4日《独立宣言》的通过标志着北美殖民地的独立已成定局。②

包括佐治亚州在内的十三个殖民地的代表参加了第二届大陆会议，十三个殖民地的代表投票赞成独立，其中就包括佐治亚州。③

既然参与了独立战争，那就意味着所有的十三个先前的殖民地此时必

---

① J. 布卢姆，等. 美国的历程：上册［M］. 杨国标，张儒林，译. 黄席群，校. 北京：商务印书馆，1988：167.

② 同上，1988：167－171。

③ 纽约州因为等候新选出的代表会议的批准，因故未能投票。J. 艾捷尔. 美国赖以立国的文本［M］. J. 卡尔顿，点评. 赵一凡，郭国良，主译. 海口：海南出版社，2000：25.

须同心同德全力以赴，其中当然包括军需物质的准备。我们这里讨论的1793 年的这个案件的起因就是在独立战争期间的一名商人罗伯特·法夸尔与佐治亚州代表之间的正当交易节外生枝的故事。也就是说，罗伯特·法夸尔提供了佐治亚一方所需的物资，但却没有收到相应的货款，由此产生了一场诉讼。由于当事人一方去世，这场诉讼其实由他的遗嘱执行人提起，目的是保护罗伯特·法夸尔未成年继承人的利益。

这场简约之诉最终打到美国联邦最高法院，原告一方获得五名大法官中四人的支持。但是，美国联邦最高法院的相关判决却因为美国国会出台的《美国宪法第十一修正案》被否决。《美国宪法第十一修正案》其实就是对于《美国宪法》中有关美国联邦最高法院的初审管辖权的进一步确认。

令人欣慰的是，即使是原告一方最终输掉了这场官司，佐治亚州还是通过有价证券的方式对受益人给予了补偿，这或许就是在硬性的法律规定之外体现出来的人性与温情。

3. 合众国诉米歇尔、合众国诉魏格尔（1795）：因威士忌“暴动”引发的叛国罪

United States v. Mitchell, 2 Dallas 348 (1795);

United States v. Vigol, 2 Dallas 346 (1795)

[U. S. Circuit Court of Appeals] ①

作者认为：此二人并未犯叛国罪［对照《美国宪法》第三条第三款（一）的规定②］。

---

① JOHNSON J W. Historic U. S. court cases 1690—1990: an encyclopedia [M]. New York & London: Garland Publishing, 1992: 17－19.

② 美国宪法第三条第三款（一）规定：对合众国的叛国罪只限于同合众国作战，或依附其敌人，给予其敌人以帮助和支援。无论何人，除根据两个证人对同一明显行为的作证或本人在公开法庭上的供认，不得被定为叛国罪。杰罗姆·巴伦，托马斯·迪恩斯．美国宪法概论［M］．刘瑞祥，潘嘉玢，颜福祥，等译．北京：中国社会科学出版社，1995：322.

案件梗概

1791 年，美国国会为了帮助支付偿债基金和偿还债务，决定征收威士忌酒税。[1] 魏格尔与米歇尔是当时数千名往来于阿巴拉契亚山脉的农民酿酒者中的两位，这些人强烈反对 1791 年的威士忌税收法。他们认为该法暴虐不公，没有在全国统一适用，违宪。

财政部部长亚历山大·汉密尔顿是上述法案的设计者，强硬地拒绝对于该法进行实质性的修改或废除。

这一法案在实施的头三年，遭遇了大面积的和平抗议，不时因为执行这一法律的官员胆怯而效果不佳。到了 1794 年 7 月，在宾夕法尼亚西部地区，形成暴力事件。参与暴力活动的人骚扰执法官员、抢夺邮件、焚烧税务稽查员（某位富裕的联邦党人，此人是一个奴隶主，在美国独立战争期间是一位将军）的不动产。直到两周之后，这些人中的温和派取得对于局势的控制。此前的一段时间内，愤怒的农民成群结队地在当地乡村一带游走，对那些他们认为配合法律执行的人进行恐吓。

华盛顿政府最终使用武力结束这场暴力并取得了相应的效果。美国联邦最高法院法官詹姆斯·威尔逊认为法律遭到违反，法律的执行受到“普通的司法程序过多的限制或执法官既定的权力”妨碍。

司法程序尚未启动，执法官员的权力也未来得及展示，政府却声明授权总统依据 1792 年《民兵法》召集民兵。联邦政府直到收到三位指挥官任命的报告后，才召集民兵，后者令人惊奇地然而却成功地从四个州召集了得一支一万二千九百五十人的部队。

亨利·李（Henry Lee）被提名为这支部队的司令官，但是，华盛顿和汉密尔顿却在这支部队于当年 9 月下旬向西开拔的过程中，骑马走在部队

① J. 布卢姆，等．美国的历程：上册［M］．杨国标，张儒林，译．黄席群，校．北京：商务印书馆，1988：244－245.

的前面。军官们沿途大吃大喝，农民对这支军队挥手致意。除了酒馆里为数不多的奚落和嘲讽外，一路上几乎没有任何抵抗。在拜德福德，总统因为国会即将开会而离开军队去了费城，抵达费城后，他向国会报告说暴乱已经被平息。

一个月后，汉密尔顿报告，有 150 人被指控犯有叛国罪（high treason）。尽管在《联邦党人文集》第 84 篇中，他回应了对于宪法缺乏人权法案的批评意见，认为对于人权的保护已经包含在宪法之中。在相关条款中，他明确提到“叛国罪”的狭义定义。① 如他所知，农民们有意采用了 14 世纪英国制定法中关于叛国罪的狭义定义，清楚地知道权利的滥用在英国可以“推定为叛国罪”（从广义上可以推定为叛国的行为）。

囚犯们在严冬天气里步行 300 英里来到费城并被关押起来，等候审判。然而，1795 年 4 月，大陪审团只对 48 人提起公诉：1 人犯有殴打和人身攻击罪，2 人犯有不确定的重罪，14 人为轻微犯罪，31 人为叛国罪。魏格尔和米歇尔在上述叛国罪犯中获得法庭指定的辩护律师。

在开庭之前（当年 5 月），为暴乱者辩护的威廉·刘易斯认为，根据宾夕法尼亚以及联邦法律的规定，陪审团名单的选择不合法。因为，主要从宾夕法尼亚东部郡县召集而来的陪审员不大可能取得如同主要从被告所在的地区挑选的陪审员一样的效果。刘易斯的意见被联邦最高法院的大法官威廉·帕特森（William Paterson）和联邦地区法院法官理查德·彼得森（Richard Peterson）否决。上述两位法官构成联邦巡回法院。

魏格尔被指控使用武力试图阻挠威士忌税收法案的实施，是一种向美国政府宣战的行为。作为“最积极的暴乱者之一”，他参与了攻击两名税收员（在后者家中）并要求他们放弃公职的行动。他还在库奇堡参与了焚烧税务稽查员的不动产以及伙同其他暴徒骚扰执法官员的行动。

辩护律师刘易斯和摩西·李维对于威士忌税收法案并未提出质疑，赞

① 汉密尔顿，杰伊，麦迪逊．联邦党人文集［M］．程逢如，在汉，舒逊，译．北京：商务印书馆，1980：426－429.

成检方关于案件两名证人提供的证言。帕特森法官认为，法律首先讲的是证据和意图。关于证据，他认为“十分清晰”；关于意图，则“不容置疑”。两位律师认为，魏格尔是在他人胁迫下做出的上述行为，对其指控在违法时间和参与人数上有误。违法者意图（的辩护意见）被帕特森法官驳回，他对陪审团的指导意见是“犯罪已被证实”。陪审团在五个小时后做出裁决：魏格尔有罪。法庭判决其绞刑。

米歇尔同样被指控犯有针对美国的叛国罪。根据一名证人的证言，米歇尔当时也在库奇堡，参与了对税收稽查员不动产的毁损。而且，米歇尔还参与了一次具有煽动性的集会，据说这一集会威胁到了匹兹堡（不可否认是在醉酒的情况下），他拒绝在服从法律的宣誓书上签字。

美国总检察长威廉·布莱德福德和美国联邦地区检察官威廉·劳尔认为，纠集众人通过恐吓或暴力的方式，或者以武力和恐怖的方式阻挠法律的实施，均为违法行为。当时存在一种所谓的“法律的积极适用”理论，这种理论粗略地采用狭义解释（宪法），而美国宪法的诞生距离上述农民暴乱行为的发生不过仅仅八年时间。

辩护律师爱德华·提尔格曼（Edward Tilghman）和约瑟夫·托马斯不赞同上述解释美国宪法条文的观点。他们承认，通过暴力或恐吓的方式阻挠国会制定的法律的实施构成叛国罪。但是，米歇尔的行为远未达到如此严重的程度——最多，也就是纵火或者轻罪。最终，他们的结论是：米歇尔臭名昭著的醉酒可能会使他背上“坏人”的名声，但是他还不足以被指控为叛国罪。

布莱德福德和劳尔反驳道，如果辩护律师的观点占了上风，魏格尔就可以被宣判无罪，其他所有的囚犯也可以被释放。他们还认为，如果暴乱者的非法行为意在迫使国会撤销威士忌税，这一项税收将会在联邦范围内被取消，这样一来就达到了阻挠美国法律实施的目的。

今天的美国宪法业已庆祝其 200 年的诞生，上述检方的观点现在看来似乎令人颇为紧张，但是在案发当时却很有影响力。帕特森（法官）指令陪审团“米歇尔必须被宣判有罪”，陪审团听从其意见。因此，米歇尔也被判处绞刑。

在经历了一系列的逮捕、起诉和审讯之后，只有米歇尔和魏格尔被判处叛国罪。相关记录没有解释为什么单单他们二人从数千违反威士忌税收法的人中被挑选出来，也没有图片资料留存下来，二人被描述为“出身低微者”。在判决后不久，华盛顿总统收到请求和恳求宽恕的纪念物。华盛顿在6 月份宽恕了他们，在一个月之后，亦宽恕了其他所有的“参与暴乱者”。

米歇尔和魏格尔的审判在美国宪法史以及法律史上意义重大，因为检方成功地确立起“法律的积极适用”原则/理论。这一先例在约翰·福莱斯（John Fries）和阿伦·伯尔（Aaron Burr）的叛国罪审判中得到遵守。[①] 只有首席大法官约翰·马歇尔坚持认为，对于美国宪法要求的证据标准的严格要求模糊了这一原则从未被宣布无效的事实。“威士忌暴动”成为一种人们公认的事实，尽管从来就不曾有过一种引发战争或威胁政府的有组织的抵抗，即使是派遣军队到西宾夕法尼亚，也没有达到遵守法律的效果。[②]

点评

叛国罪在英国是最严重的刑事犯罪。英国早期的普通法判例就有不少涉及这一罪名的，叛国罪后来被规定在成文法中。1351 年，英国国王爱德华三世颁布了《叛国罪法案》，据此，叛国罪有三种表现形式：一是以公开的形式表达杀害国王或王室成员或侵犯国王的陪同人员、王室未嫁长女、王室长子或王位继承人的妻子等。二是发动反对国王的战争。三是依附于国王的敌人。[③]

① 有关约翰·福莱斯和阿伦·伯尔的这两个案件将在后面予以介评。

② JOHNSON J W. Historic U. S. court cases 1690—1990：an encyclopedia［M］. New York & London：Garland Publishing，1992：18－19.

③ 转引自：郭自力. 英美刑法［M］. 北京：北京大学出版社，2018：469－470.

在英国刑法中，叛国罪是最严重的犯罪，法定最高刑一直是死刑，直到 1998 年《犯罪和骚乱法》才将刑罚改为无期徒刑。①

按照我们的理解，英国的叛国罪最开始无疑是用来保护英国的君主以及王室重要成员。这一罪名在数百年间被多次使用，保护了英国君主以及王室主要成员的利益，是一件打击君主敌人的有力武器，因而留下了诸多的经典案例和争议。例如，16 世纪著名的《乌托邦》一书的作者托马斯·莫尔（1478—1535，曾经被封为爵士，担任下议院议长、英国大法官）因为与英王亨利八世不和，被关进伦敦塔，并以叛国罪的名义被处死。② 托马斯·莫尔一案背景较为复杂，牵涉当时的宗教改革、君权的强势与专横以及托马斯·莫尔对于自身宗教信仰、政治立场的坚守等。这种案件如果放在我们今天难以成立，也不大可能有如此惨烈的结局。

美国建国后，保留了叛国罪这一罪名，并在 1787 年《美国宪法》第三条第三款（一）中清楚地规定出来。当然，不同于英国，《美国宪法》中的相关规定显示，叛国罪侵害的对象是合众国。而且，对于叛国罪的判定，有较为严格的限定。如果我们的理解无误，那么，以成文宪法的形式做出明文规定和限制，其作用无疑是为了防止这一罪名的滥用。

1795 年的“合众国诉米歇尔”案、“合众国诉魏格尔”案就是在美国 1787 年《美国宪法》颁布后不久叛国罪在司法实践中的一次适用。这起因为征收威士忌酒税引发的案件，实则反映了当时美国一部分民众对于这一税收规定的不满和抗议。最终的情况是起初的大面积和平抗议（peaceful protests）由于执法官员的胆怯而演变成为一种暴力事件或暴乱（insurrection），由此引来联邦政府召集民兵、总统以及财政部长等人亲自出面予以平息。

美国历史学家认为，征收货物税，尤其是对酒精饮料征税，在 18 世纪是最不受欢迎的。例如，1754 年在马萨诸塞州征收糖蜜酒税几乎引发叛

① 郭自力．英美刑法［M］．北京：北京大学出版社，2018：473.

② 郭义贵．西方法律名案讲座：近现代部分［M］．桂林：广西师范大学出版社，2019：23－30.

乱。到1794年，美国联邦政府对酒类征税，在宾夕法尼亚州引起一场叛乱或近似叛乱的事件。当时，宾夕法尼亚州西部的农民通常用剩余的谷物酿造威士忌酒，这些酒比小麦或玉米更容易运过山地，在东部市场可以卖到更高的价钱。但是，即使是不纳税，利润也很微薄。因此，许多人偷税漏税。1794年，联邦法院执法官员传唤偷税者到庭受审，遭到抵制。宾夕法尼亚州的州长认为，法院可以处理此事。时任联邦政府财政部部长的亚历山大·汉密尔顿则要求马上武力解决。华盛顿总统一直等到反叛者拒绝一切和解建议、引发公共舆论反对的时候，才率领一万五千民兵（注：这一数字与前述数字略有不同）开进宾夕法尼亚，叛乱者并未向他开一枪。最后，逮捕反叛头目的任务交由汉密尔顿完成。①

叛乱被平息下来后，转入司法程序，有150人被指控犯有叛国罪。这些人（此时已经成为囚犯）在严寒天气里步行300英里来到费城（当时美国的首都）被关押起来，等候审判。

这里，根据我们的了解，到了1795年4月，被指控犯有叛国罪的150人里只有48人被提起公诉：其中1人犯有殴打和人身攻击罪，2人犯有不确定的重罪，14人为轻微犯罪，31人为叛国罪。魏格尔和米歇尔在上述叛国罪犯中获得法庭指定的辩护律师。也就是说，前述被认为犯有叛国罪的150人最终被提起公诉的只有48人，被指控犯有叛国罪的只有31人，具体原因不详。

这里，我们需要重点讨论的问题包括以下几个。

（1）一定数量的民众在一段时间内的抗税原因以及相关事件恶化的原因。对此问题我们可以说，事件的起因或导火索应当是1791年威士忌税收法。数千名参与抗税者认为1791年的这一税收法是恶法，没有在全国统一适用，是违宪的。相关事件之所以愈演愈烈，由和平的方式转为暴力冲突的方式，是因为当地（宾夕法尼亚州西部）执法的官员胆怯，受到一定的

---

① J. 布卢姆．美国的历程：上册［M］．杨国标，张儒林，译．黄席群，校．北京：商务印书馆，1988：244－245．

骚扰和冲击，并造成一定程度的财产损失。但是，事件的发展并没有全然失控，而是在两周后得到了控制，事件可以通过法律解决。但是，因为联邦政府武力的介入，司法程序来不及展示。

（2）联邦政府使用武力平息叛乱是否有必要。对此，首先我们应当说，联邦政府有权使用武力（当时主要是授权美国总统依据 1792 年《民兵法》召集民兵平乱）。但是，依照宾夕法尼亚州州长的意见，似乎通过司法即足以解决问题。而威士忌税收法的设计者、当时的联邦政府首任财政部部长亚历山大·汉密尔顿等人认为有必要动用武力。当然，首任总统乔治·华盛顿的态度相对谨慎。

（3）在武力平乱的过程中，参与暴乱的一方其实早就停止了违法行动。因此，华盛顿等人率领的一万多名由民兵组成的队伍并没有遇到任何抵抗。这些被指控犯有叛国罪的 150 人在严寒的冬季里步行 300 英里来到费城，也可以说明这些人在后来表现较为平和。

（4）为什么在进入司法程序后，大陪审团①只对上述 150 人中的 48 人提起公诉，在这 48 人中被定性为叛国罪的又只有 31 人（包括魏格尔和米歇尔），是一个值得讨论的问题。遗憾的是，根据我们阅读到的文献，其中的具体原因，我们是不得而知的。

（5）在开庭（1795 年 5 月）之前，辩护律师做的一项重要工作：辩护律师威廉·刘易斯认为，根据宾夕法尼亚以及联邦法律，审理案件的陪审团的组成不合法，应当主要从被告所在地区挑选陪审员。但是，辩护律师的上述意见被联邦巡回法院的两名法官（其中一名法官是美国联邦最高法院的大法官，另外一名是联邦地区法院的法官）否决。

（6）两名被告的行为是否构成叛国罪是一个十分重要的问题。对此，检方以及审理案件的法官均认为，相关证据和嫌疑人的意图均表明，两名

① 大陪审团（grand jury）起源于 1164 年英国国王亨利二世颁布的《克拉伦敦宪法》（或译《克拉伦敦宪章》）的相关规定，其在刑事法庭审案期间由行政司法官选定并召集，职责是为受理刑事指控，听取控方提出的证据，决定是否将犯罪嫌疑人交付审判。之所以称其为“大”陪审团，是因为其人数比小陪审团多，在普通法上，一般 12 ~ 23 人组成（小陪审团，英文为 jury，一般为 12 人）。薛波．元照英美法词典［M］．北京：法律出版社，2003：610.

被告犯罪成立。这是因为，当时存在一种“法律的积极适用理论”，主张粗略地狭义理解美国宪法。米歇尔的两名辩护律师爱德华·提尔格曼和约瑟夫·托马斯不赞同上述解释美国宪法的观点（即狭义论）。他们承认，米歇尔当时参与了在库奇堡针对税收稽查员不动产毁损的行动以及一次具有煽动性的集会。但是，并未达到如此严重的程度，最多也就是纵火或轻罪，但不足以构成叛国罪。

（7）经过一系列的逮捕、起诉和审讯，最终，只有魏格尔和米歇尔两人被判处叛国罪。至于为什么单单他们二人从数千名违反威士忌税收法的人中被挑选出来，因为缺乏文字和图片资料，因而也就难以清楚其中的原因。但是，二人被描述为“出身低微者”，这一说法或许能够说明他们被挑选出来的原因。

（8）当时的美国总统乔治·华盛顿在收到请求和恳求宽恕的纪念物后，于当年（1795）6 月宽恕了他们，并在一个月后，宽恕了其他所有的“参与暴乱者”。这种结局尽管有一些意外，但是却并没有超越法律规定的权限范围。因为，根据《美国宪法》第二条第二款（一）的相关规定，美国总统有这方面的权力。①

（9）魏格尔和米歇尔案的先例作用。因为，当时的美国处于建国初期，有了自己的成文宪法，但却缺乏相关的司法实践以及相关案例。这一案件的审理，对于其后不久的“合众国诉福莱斯”（1799/1800）等案具有先导性的意义。

小结

经过八年（1775—1783）的抗英斗争，北美十三个殖民地终于赢得独立，美利坚合众国得以成立。

---

① 《美国宪法》第二条第二款（一）：……他有权对危害合众国的犯罪行为颁赐缓刑和赦免，但弹劾案除外。杰罗姆·巴伦，托马斯·迪恩斯．美国宪法概论［M］．刘瑞祥，潘嘉玢，颜福祥，等译．北京：中国社会科学出版社，1995：320.

独立之后的美国，其实面临不少问题，尤其是经济、贸易等方面。例如，先前的宗主国英国对于美国的关系颇为微妙。《航海条例》不再限制大英帝国之外的贸易，但是却可以被用来对付希望在大英帝国范围内从事贸易活动的美国人。其他的欧洲国家有它们自己的重商主义法规，但是，这些法规比起英国的法律来说，却更加严厉。独立战争后不久，英国的商品再度出现在美国的市场。没有了战时贸易中断的保护，新生的美国经济不足以与英国更为高效的经济相匹敌。①

当然，面对困难，美国首届联邦政府还是做了一些努力的。特别是在1787 年《美国宪法》出台后，联邦政府依据宪法赋予的权力有所作为。其中，就包括征税的权力。而且，我们需要特别注意的是，《美国宪法》相关条文对于税收强调的全国统一的要求。②

但是，作为征收威士忌税收法案的主要设计者以及当时的财政部部长的亚历山大·汉密尔顿却忽略了该法案在全国统一适用的要求，因而遭到抵制，并最终酿成激烈的冲突乃至暴乱。如前所述，抗税者对于威士忌税收法案抵制的主要原因就是，他们认为该法案没有在全国统一适用，是违宪的，因而是一种恶法或暴虐不公的法律。

冲突逐渐升级，最终形成暴力事件。所幸的是，没有人员伤亡。

面对混乱的局面，参与抵制的人群产生了分歧，其中的一部分人采取温和的态度，这些温和派很快掌控局面。这个时候，按照宾夕法尼亚州州长的意见，可以通过司法途径来解决问题。但是，联邦政府决定使用武力解决问题，并很快派出一支一万多人组成的民兵队伍开进一度曾经暴乱的地区，这支部队一路上几乎也没有遭遇任何抵抗。也就是说，尽管事态一度失控，但却很快趋于平稳，无须出动如此庞大的武装力量。正如亚历山

① PUTH R C. American Economic History [M]. 2th ed. New York: The Dryden Press, 1988: 101.

② 《美国宪法》第一条第八款（一）：（国会有权）赋课并征收直接税、间接税、关税与国产税，以偿付国债和规划合众国共同防务与公共福利，但所征各种税收、关税与国产税应全国统一。杰罗姆·巴伦，托马斯·迪恩斯. 美国宪法概论［M］. 刘瑞祥，潘嘉玢，颜福祥，等译. 北京：中国社会科学出版社，1995：316.

大·汉密尔顿的政敌托马斯·杰斐逊嘲讽的那样，“有人宣布和声称有一场叛乱，并派出军队去平叛，但却没有发现什么叛乱”。甚至汉密尔顿的某些支持者也承认，汉密尔顿的反应过激。①

通过司法程序来处理上述事件自然是最好的选择，由此我们看到参与暴乱的相关人员 150 人被指控犯有叛国罪，到费城受审。最终却只有 48 人被提起公诉，48 人中 31 人被判犯有叛国罪。到了最后，真正被判处叛国罪的又只有魏格尔和米歇尔二人。

犯罪嫌疑人、法庭以及组成法庭的法官、检方以及被告人的辩护律师构成案件审理过程中的不可缺少的一个整体，这一点在司法运行的过程中无可厚非。由于 1787 年美国出台了一部较为清晰的成文宪法，因此，案件审理的过程中，控辩双方依据的就是这部宪法。不同的是，控辩双方对于宪法相关条文的理解存在着较大的分歧和争议。最终，“法律的积极适用”理论占了上风，魏格尔与米歇尔叛国罪成立，被判处死刑（绞刑）。当然，事情的解决有赖于总统华盛顿的仁慈和宽恕，这种宽恕也是美国宪法明文授予总统的一项特殊权力，有利于缓和法律严酷的一面。

---

① DAVIPSON J W，GIENAPP W E，HEYRMAN C L，et al. Nation of Nations：A Narrative History of the American Republic［M］. New York：McGraw－Hill Companies 1994：283.

4. 合众国诉沃儒尔（1798）：普通法还是制定法

United States v. Worrall, 2 Dallas 384 (1798)

[U. S. Circuit Court of Appeals]

国会应该首先定义相关违法事项，并相应定罪：联邦普通法上的犯罪。[①]

案件梗概

美国革命后，对于英国在美国的事务有一种逐渐增长的敌意。普通法权威性（即法官的书面意见）在革命之后美国的衰落就是美国人这种观念

① JOHNSON J W. Historic U. S. court cases 1690—1990: an encyclopedia [M]. New York & London: Garland Publishing, 1992: 19 – 22.

变化的部分表现。更具体地说，在美国，认为普通法既不确定又缺乏预期性的观点日趋强烈，对于普通法上的犯罪的抨击在18世纪90年代颇为盛行。

总之，对于普通法上的犯罪的反对同时发生在联邦和州两个层面。1793年，佛蒙特州的首席大法官纳撒尼尔·奇普曼在他的文章《论英国普通法与制定法的接受》中坚持认为，“在本州的任何法庭，均不应该在没有法律明文规定的情况下，依据普通法先例的权威性而宣判死刑”。两年之后，泽菲尼阿·斯威夫特（康涅狄格州后来的首席大法官）表达了近似的观点，并对于“在立法机构没有规定特定的处罚的情况下，每一项有违自然法的犯罪都可以由法官自行决定惩罚”。他认为，“每一个人都不应当在不知情的情况下，处于被处刑的危险”。

联邦层面的普通法上的犯罪引发更为激烈的争议。普通法在此之前一般被认为只是在对方层面实施，即“在各自的范围内，每一个殖民地的独立的法律”，而非“一种在整个社会盛行其道的法律”。在美国政府成立前，这一问题已经引发讨论。在制宪会议上，乔治·梅森主张，普通法在联邦层面被接受，并建议《美国宪法》充当普通法的角色。但是，他也承认，普通法“只有在相应的州的相关法案接受的情况下，才会有立足之根本”。

依据《美国宪法》于1789年建立起来的美国联邦政府将这一问题变成国家宪法层面的问题。美国诉沃儒尔就是涉及联邦普通犯罪法是否成立的第一个案件。该案被告罗伯特·沃儒尔被指控企图贿赂滕契·科克斯，即美国税务局局长。后者有权在北卡罗来纳州的哈特拉斯角修建灯塔的项目中听取意见和订立合同。在将自己的建议提交给对方之后，沃儒尔给科克斯写了一封信，开头这样写道，“自己在这一行业工作多年，很乐意为这一项目的完成效力”并将自己的预期利润提高到1400英镑。沃儒尔还写道，他“对于合理的利润总是感到满意”。如果科克斯推荐他做这项工程，他会给科克斯“利润中的一半”（分两次支付：拿到第一笔利润及工程结束后）。他许诺给科克斯的700英镑（按照宾夕法尼亚州的行情）相当于1866.67美元。

沃儒尔的信写于1797年9月28日，地点费城，于同一天被位于新泽西伯灵顿的科克斯收到。后者因为黄热病，将他的办公室迁到伯灵顿。收到该信后，科克斯立即咨询宾夕法尼亚的总检察长。之后，科克斯邀请被告（沃儒尔）在伯灵顿会面，以便将其诱入继续行贿的境地。在这次会面（conference）中，沃儒尔承认写了信并寄出，宣称其他人不知道这封信的内容，并重复了许诺条件。当他希望获得对方的答复时，科克斯建议沃儒尔去他在费城的办公室（已经重新办公）。沃儒尔依约到科克斯在费城重新办公的地点拜访，并再次重复他之前所说的话，即如果科克斯给他工程合同，他就给对方700英镑。

沃儒尔受到两项指控：（1）在信中提出行贿；（2）口头重复行贿（内容）。地方法官理查德·彼得斯与联邦最高法院法官塞缪尔·蔡斯共同组成美国巡回法庭第三分庭，审理该案。

被告辩护律师认为，没有足够的证据证明被告涉嫌违法。相关违法应该有法律上的明确规定并且应当有犯罪事实，方可落入法庭的管辖之下。沃儒尔的律师坚持认为，既然没有证据表明上述信件写于费城，第一项指控就难以成立。相反，证据显示，（信）的公开和传递是在新泽西的伯灵顿。辩护律师认为，就被告受到第二项指控而言，“之前在另外一个地方做出的行贿表示，后来在费城重复，就可以作为唯一的证据使得法庭具有管辖权”。

地方检察官反驳道，写于费城并邮寄于费城某邮局的信件日期均足以证明，法庭具有管辖权力。法庭接受检方的观点，发现第一项指控证据充分，第二项指控也“毋庸置疑”。陪审团相应地做出两项指控罪名成立的判决。

辩护律师中的一位转入中止判决的问题，宣称巡回法庭对于起诉书指控的犯罪没有管辖权。他的理由是，联邦法院的司法管辖权不是源自《美国宪法》，就是依据美国国会通过的法案。但是，从未听说过，对于美国税务局局长的行贿许诺有违宪法或为任何立法性条文所禁止。

这位辩护律师也不能够接受这是一项普通法上的违法观点。他指出，《美国宪法第十修正案》明文规定“本宪法未授予合众国也未授予各州行使的权力，保留给各州行使，或保留给人民行使之”①。关于罪与罚，美国授权的对象采用的是列举式和确定的。另外，为了使政府的一般性权力得到实施，国会可以制定必要的和适当的法律，但却不能以普通法为依据。他争辩道，国会无疑有权通过一项法律，规定向美国税务局局长行贿为犯罪行为。但是，既然国会没有制定这样的法律，这项罪名就不被联邦法典、宪法或立法认可。

检方的回应是，坚持某项法律没有对相关违法行为明文界定并规定相应的惩罚，当违法行为发生时，其不应受到依据普通法惩罚原则设立的巡回法庭的惩罚的观点是不合理的。如果科克斯接受了贿赂并辜负对他的信任，则当然会在联邦法院受到起诉。如果他这样会受到起诉，那么，引诱他违法的人同样也应该在相同的司法权威机构受到起诉。检察官坚持认为，这样的起诉可以仅凭普通法。

法庭意见不一。蔡斯大法官坚持认为，不存在联邦层面的普通法犯罪。尽管他承认（可以）对一种“极端有损于道德并应受到最严厉的惩罚”的违法行为起诉，但他坚持认为，美国宪法是所有的联邦司法的依据，政府部门绝不能够假定有并非由美国宪法明确规定的权力，或者以任何方式行使宪法并未明文规定的权力。此外，《美国宪法》第一条第八款授权国会在其认为必要和恰当的时候，制定、定义和惩罚违法与犯罪。尽管贿赂并未在宪法明文规定的犯罪之列，蔡斯认为其当然包含在内。然而，对他而言，在具体的权力行使过程中，就本案引发的问题而言，其并不关乎权力本身。现在的问题是：联邦法庭是否可以在某项行为被制定法宣布为犯罪之前，惩罚某人。他坚持认为，“问题的根本在于，国会应该规定应受审判的违法行为的范围，并清楚地规定惩罚的范围，以便设立法

---

① 关于《美国宪法第十修正案》的中译文，可参见：杰罗姆·巴伦，托马斯·迪恩斯．美国宪法概论［M］．刘瑞祥，潘嘉玢，颜福祥，等译．北京：中国社会科学出版社，1995：327.

庭，审判罪犯，或在罪名成立的情况下宣判”。他进一步认为，“要求法官建立惩罚机制是不适当的”。

蔡斯认为美国政府作为一个联邦政府，不存在普通法。因此，它的法庭不应该保留仅仅根据普通法即可起诉这种做法。蔡斯认为，回顾美国殖民地的历史，当殖民地最初建立的时候，来自英国的殖民者带来了非常多的普通法，以便适用于他们所处的环境，并顺应形势的变化。但是，每一个殖民地自我决定普通法的哪些部分适应其新的环境，并部分采纳普通法，另外一些部分则不予以采纳。他指出，并没有某一个州全盘接受英国普通法，有的州不接受，有的州则采纳。因此，某州的普通法与另外一州的普通法不同。但是，英国的普通法却是每一个接纳它的州的法律。

如果美国的法院在刑事案件方面具有普通法上的管辖权，它们必须从美国获得。那么，蔡斯问道，在美国政府没有向它的司法代理人传达之前，美国又是如何拥有普通法的呢？美国政府没有从英国引入普通法，美国宪法没有创制这样的法律，美国国会的法案也没有涉及这方面的内容。此外，美国的普通法又包括哪些内容？它可能是一种缺陷和不便所致，即处理普通法上的犯罪与惩罚的权威未取得联邦政府的授权，但是，法官不能够为政治上的缺陷补救，或者纠正立法上的遗漏。

另外，彼得斯法官却认为，联邦层面的普通法是存在的。他坚持认为，一旦政府成立，保全自己的权力就是必要和不可分的。如果惩罚此类违法导致有碍自身事务的管理，那么，政府的存在就是危险的。因为，不是由法官处置这样的上诉，就是违法者不受惩罚地逍遥法外。

彼得斯坚持认为，从宪法角度来看，美国有权惩罚轻罪是一种原初的和严格意义上的普通法。其不仅能够由国会以立法法案的形式得到实施，而且也可以以司法程序的形式获得实施。彼得斯的结论是，只要有破坏联邦制度的行为或腐蚀其官员的企图，就是有违美国的幸福。从本质上来看，根据美国的权威以及 1789 年《司法法》第十一条的规定，本法庭对于案件具有管辖权。

由于蔡斯和彼得斯观点不一，能否对被告宣判也就值得怀疑。法官和检方希望将此案的最终审判交给联邦最高法院，但是，被告的辩护律师反对这种折中的方案。

因此，法庭在一个简短的磋商之后，做出判决。考虑到被告有减轻的情节，判处其三个月监禁，罚款 200 美元，并要求其保证遵守判决、支付诉讼费。

联邦早期刑事案件的汇编者弗朗西斯·沃吞认为，蔡斯的看法“不仅极大地使法庭感到意外，而且也使社会感到惊奇”。他的看法很可能受到弗吉尼亚法律人“超自然的”“信仰”的影响。这些人影响到蔡斯，使他相信美国不存在普通法。美国诉沃儒尔案最奇怪的地方就在于，蔡斯在明确表示法庭不存在普通法上的管辖权之后，却又“在一个简短的磋商之后”，同意做出一个“无疑带有普通法印记”的判决。他的突然转变可以被理解为在“简单的磋商”后，他接受了自己联邦最高法院同行的观点，这些同行是赞同联邦层面的普通法犯罪的存在的。

有关联邦层面普通法犯罪的争议说明一般意义上的普通法的早期假设。争议的焦点在于美国能否依据一般意义上的普通法中的犯罪来对犯罪提起公诉，还是应该依据联邦制定法来对罪犯的行为进行公诉和定罪。另外，越来越清楚的是，非用于犯罪的一般意义上的普通法的存在或者联邦法院对其的适用，不再是一个问题。在沃儒尔案之后不久，蔡斯和彼得斯审理了一起涉及流通票据的案件。在这起案件中，这两位法官对于非用于犯罪的一般意义上的普通法的存在达成一致。他们判决的依据就是普通法的一般原则，对此原则的适用，他们均无异议。

“美国诉沃儒尔”案是第一起涉及联邦层面普通法犯罪的案件。尽管蔡斯提出了自己的主张，该案最终还是依据联邦层面普通法犯罪的原则定罪，由此确认了早期联邦最高法院的观点。然而，争议并未结束。到了 19 世纪头二十年，上述争议最后以另外一种方式平息下来，其依据就是蔡斯大法官在沃儒尔案中的观点。

点评

1798 年的“合众国诉沃儒尔”案情本身不太复杂：一位名叫罗伯特·沃儒尔的人为了拿到一项工程（在北卡罗来纳州的某地修建灯塔），向当时的美国税务局局长滕契·科克斯做出行贿的许诺，这种许诺先后两次以书信和口头的形式较为明确地表达出来。而且，其许诺的金额为工程利润的一半即 700 英镑，相当于 1866. 67 美元（参照当时宾夕法尼亚州的行情）。这笔数额在当时不是一个小数字。

所幸的是，这位税务局局长科克斯先生并没有被对方的高额行贿许诺打动，而是在收到附有行贿许诺的信件后，当即咨询了宾夕法尼亚的总检察长，从而采取措施坐实了对方行贿的意图，这位沃儒尔先生由此被受到两项指控亦即在信中和口头上向科克斯先生提出行贿。

控辩双方就案件的被告是否涉嫌违法、被告的行为是否为一项普通法上的违法、法庭是否具有管辖权等问题展开了争论。

按照被告一方辩护律师的观点，没有足够的证据证明被告涉嫌违法、被告的行为也不构成一项普通法上的违法、法庭（由地方法官理查德·彼得斯与联邦最高法院法官塞缪尔·蔡斯共同组成美国巡回法庭第三分庭，审理该案）不具有对此案的管辖权。当然，辩护律师的观点遭到检方的反驳。

或许，被告的行为是否构成一项普通法上的违法是该案最突出的问题。而且，非常有意思的是，审理该案的两名法官塞缪尔·蔡斯与理查德·彼得斯二人为此争执不下，观点相左。蔡斯大法官认为，美国不存在普通法，因而它的法庭不应当依据普通法对被告的行为进行审判。彼得斯法官则不以为然，认为存在着联邦层面的普通法，法庭对于该案具有管辖的权力。由于上述两名法官相持不下，法官和检方觉得有必要将案件的最终审判交给联邦最高法院，但又遭到被告辩护律师的反对。最后，在经过一个简短的磋商之后，法庭做出被告犯罪成立、判处其三个月监禁、罚款 200 美元的判决。

小结

美国法律主要来源于英国，其中也包括英国法的主要组成部分普通法。这种适用英国普通法的传统做法，在北美殖民地时期较为普遍。

但是，在美国革命（独立战争）期间和之后的一段时间，由于相互敌对情绪的影响，美国人对于包括普通法在内的源自英国的事物多有排斥。这种情绪也没有持续太久，普通法的根基并没有遭遇很大的破坏，而是在美国留存下来。当然，独立后的美国没有全盘照搬英国的普通法，而是对其有所改造。①

此外，即使是在殖民地时期，也不乏制定法（可以理解成对于英国普通法的某种借鉴和改造或普通法的成文化表现，并在一些殖民地之间传播）与普通法的并存。②

我们这里研读的 1798 年“合众国诉沃儒尔”案就是在美国独立后不久，围绕一起为了拿到一项工程，不惜以巨额许诺为诱饵行贿主管官员的案件。

按照我们今天的理解，由于主管官员的审慎和拒绝，被告的行为确实构成犯罪未遂，因而受到相对轻微的处罚也合情合理并合法。审理案件的两名法官（这或许是当时较为通行的做法，亦即类似案件由两名法官审理。当然，其不便之处在于，如果两名法官意见相左，案件的顺利审理势必存在困难）对于该案是否适用普通法上的犯罪的规定，分歧严重。蔡斯大法官先前的观点（即认为不存在联邦层面的普通法）很可能受到弗吉尼亚法律界同行的影响，而他后来的转变则是受到自己美国联邦最高法院同行观点的影响。不管怎么说，这个案件最终不乏里程碑式的意义，在 19 世纪早期的一段时间内实际上充当了一种先例的角色。

---

① 伯纳德·施瓦茨．美国法律史［M］．王军，洪德，杨静辉，译．北京：中国政法大学出版社，1990：11 －22.

② 劳伦斯·M. 弗里德曼．美国法律史［M］．苏彦新，等译．苏彦新，校．北京：中国社会科学出版社，2007：71 －74.

5. 合众国诉福莱斯（1799/1800）：叛国罪抑或骚乱与劫囚罪

United States v. Fries, 9 Federal Cases 826 (1799);

United States v. Fries, 9 Federal Cases 924 (1800)

(U.S. Federal District Court)[①]

案件梗概

约翰·福莱斯是一位德裔，在美国独立战争期间和“威士忌暴乱”中均为民兵队队长。像他的许多宾夕法尼亚荷兰邻居一样，他认为，1798 年对土地、房屋以及奴隶征收的直接税违宪。课税是分层次的，其税率取决

① JOHNSON J W. Historic U. S. court cases 1690—1990: an encyclopedia [M]. New York & London: Garland Publishing, 1992: 23 - 24.

于价值，因而有时由房屋的窗户数量决定。据说，暴动过程中，某一位评税员靠近某间房屋太近的时候，一位家庭主妇倒下来的一桶热水刚好淋到他，因此这场暴动最初有一个名字叫作“热水战争”（The Hot Water War）。

福莱斯对于税收的反对是他在做拍卖人的时候通过言论的形式表达出来的。1799 年春，在宾夕法尼亚州东南部，税收暴乱开始出现，并逐步蔓延到整个地区。评税员和收税员受到骚扰和恐吓，他们的（税收）记录/档案被盗，在巴克斯、蒙哥马利和北安普顿的一些县，税收不上来。

约翰·亚当斯总统此时正在为法国不断地攻击美国船只以及共和党人、极端的联邦党人、亲法分子甚至他的内阁成员的几乎同时的困扰而烦心不已，决定尽其所能，采取行动。想到五年之前的“威士忌暴乱”，他发布了一则公告，号召民兵镇压“仅靠普通的法律程序难以制服的乌合之众（combinations）”。

司法界与军队的行动同样快。在宾夕法尼亚地区联邦检察官威廉·劳尔的请求下，联邦地方法官理查德·彼得斯发布了逮捕反对者中的某些人的令状。执法官接受令状后，将 23 个人带到伯利恒关押起来，并打算将他们带到费城接受审讯。约翰·福莱斯不在以上被捕者中，但却领导了一场富有传奇色彩和戏剧性的营救活动。他一手持剑，帽子上插着羽毛，率领一群成员复杂的人聚集在比兹里荷姆，其中一些人头戴三色帽（法国革命的象征）。在包围被关押者所在的房屋后，这伙人威胁要使用武力将被关押者解救出来，执法官被迫依照被关押者自身的具结释放这批被关押者。不久，福莱斯被捕，并被指控积极参与针对美国的战争，构成叛国罪，依据就是在威士忌暴乱中菲利普·魏格尔和约翰·米歇尔审讯中确立的原则。一年后，福莱斯被带到费城受审。

关于“福莱斯暴乱案”特别难忘的不是税收或营救，而是审讯本身。联邦党人威廉·路易斯和共和党人亚历山大·詹姆斯·达拉斯自愿提出做福莱斯的辩护律师。他们坚持认为，根据 1789 年的《司法法》（*The Judiciary Act* 1789）关于死刑案件的规定，审讯应该在被指控的犯罪发生地北安普顿县进行。他们的请求被罗尔和萨缪尔·斯特格瑞福斯反对，此二人认为，案件应该在刑事起诉书结果公布所在地进行。詹姆斯·艾瑞达尔法官和法庭的主审法官彼得斯接受了公诉方的意见，并拒绝在北安普顿县另召集一个大陪审团以便另外寻求起诉。此外，詹姆斯·艾瑞达尔法官认为，因为总统宣称法律在该县（应该是指北安普顿县）无法得到执行，因此，在该县进行审讯就不是明智的（即便是暴动在数月之前已经结束）。在对陪审团的指示中，艾瑞达尔法官引用了西宾夕法尼亚"威士忌暴乱"案审理中确立的先例原则。仅仅在三个小时后，陪审团做出被告有罪的判决。

被告的辩护律师刘易斯提议重新审判，原因是事实很清楚，陪审团的一位成员在审判前对证据进行了预判。在被选任为陪审员但还没有审查案件证据之前，约翰·罗德（陪审员）回到自己的住处，宣称福莱斯"应该被吊死"；若非所有的暴乱者被处死，否则他不会安全，等等。艾瑞达尔法官被说服，彼得斯法官勉强同意（刘易斯律师的观点）。

福莱斯因此等候了一年进入案件的第二次审理，因为执法官的委任状到期了，但没有按时更新，无法在秋季开庭时召集陪审团。而等到陪审团被召集起来的时候，艾瑞达尔法官却去世了，因此，塞缪尔·蔡斯大法官和彼得斯法官一起来审理此案。

蔡斯一度是过激的反联邦党人，而在审理此案的时候却又变身为一位极端的联邦党人。他在福莱斯案件二审过程中的行为招致他在1805年的被弹劾（我们在后面将讨论这一案件），并引发有关弹劾主要是政治报复所致的流行看法的争议。

在案件的二审开始之前，蔡斯询问了彼得斯法官他和艾瑞达尔二人在第一次审讯中起草的法庭意见。蔡斯同意第一次审讯达成的意见，亦即陪审团负责事实审，而非法律审。在该案中，积极参与战争的理论，符合宪法上叛国罪的定义，与当时死刑案的实践做法不一致。蔡斯将上述意见制作了许多副本，并在法庭分发。刘易斯对于法庭在相关证据被出示之前即宣布自己的判决感到愤怒，因而拒绝参与之后的审讯程序。他和达拉斯在发表了一通意见后，毫不犹豫地辞去被告辩护律师之职。作为一种必要的和有益的权宜之计，蔡斯为自己的行为辩护，因为涉及叛国的法律在该案第一次审理和第二次审理的间隙，并未改变。此外，法庭还有100件民事案件等待着审理。尽管彼得斯法官为蔡斯的不当举止感到烦恼，但他还是支持蔡斯的观点。

在刘易斯和达拉斯辞去辩护律师之职之后，蔡斯决定从法官的角度来维护福莱斯的权利，福莱斯最终将信将疑地接受了这一安排。然而，当一名陪审员提出由于自己经常讲福莱斯有罪因而需要退出陪审团时，蔡斯却又拒绝他的请求。后来，蔡斯在得知另外一名陪审员在其他的陪审员被隔离期间，这名陪审员却不与其他陪审员在一起后，却拒不发出无效判决指令。结果可以预见，仅仅在两个小时后，陪审团认为福莱斯有罪，其被判处绞刑。

但是，约翰·亚当斯总统对于积极宣战理论的合法性表示怀疑。在他听说了第二次审判的结果后，他咨询辩护律师对此判决的看法。辩护律师再度强调他们的观点，即福莱斯可能犯有骚乱和劫囚罪（两者均为轻罪），但却未犯叛国罪。结果是福莱斯以及其他所有参与所谓的叛乱者均获得完全赦免（full pardon）。

积极叛国罪的理论从来没有被否决，严格说来继续作为一种先例而存在。然而，对蔡斯的弹劾（尽管没有通过）对于其他的法官产生了积极作用。他们之后对宪法上“发动战争”一词字面含义的扩大解释持一种谨慎的态度，这一点无疑在1807年针对阿伦·伯尔叛国罪的审判中有所体现，因为约翰·马歇尔大法官关于证据标准的严格解释得到强化。

上述司法侧重点的变化遮蔽了蔡斯在福莱斯案第二次审讯前因为散布自己的意见并因此影响到法庭判决而犯下的错误的严重性。但是，福莱斯并没有因此受到影响。多年以后，他拜访蔡斯法官，感谢他维护自己的权利。

点评

这起案件也是因为征税的问题引发的。所不同的是，案件发生在美国第二任总统约翰·亚当斯在任期间（1797—1801）。

根据前面的介绍，我们得知，约翰·亚当斯在任期间面临的问题不少，比如，因为法国革命引发的美国政界截然不同的两种看法和态度、法美两国关系的恶化等。美国有学者认为，当时欧洲的事件（主要围绕法国革命展开）直接导致了美国政党的出现，也就是乔治·华盛顿与亚历山大·汉密尔顿等人领导的联邦党人与托马斯·杰斐逊等人领导的反对党（被称为民主共和党或共和党）之间的对立，这种对立起先反映在美国国会，随后政党之间的争斗蔓延到基层。①

约翰·亚当斯应该是一位非典型的联邦党人，与同属联邦党人的亚历山大·汉密尔顿的关系其实并不融洽。而且，在他入主白宫之后，由于性格、气质与领导才能等方面的原因，他的内阁成员竟然时常向他们之前的同事汉密尔顿咨询意见（汉密尔顿在1795年辞去联邦政府财政部部长一职，重新开业做律师），这些内阁成员还时常弄得亚当斯总统下不来台。②

亚当斯上台后，希望与英法两国之间均保持良好的关系。因为之前英美双方签署的《杰伊条约》有利于大英帝国，引起法国不满和报复（其派出海军和私掠船劫掠美国船只）。为了平息法国的不满情绪，亚当斯派出三名谈判代表去法国，因为法国外交部部长塔列朗索贿和要求美国方面在谈判前给法国财政部提供一笔1200万美元的“贷款”遭拒而告吹。上述索贿的情况被公开，双方冲突进一步扩大，美法处于准交战状态。最终，冲突没有升级的原因在于亚当斯保持了足够的冷静，法国舰队在1798年被英国击败也使得美国来自法国海上的威胁不复存在。

---

① DAVIPSON J W, GIENAPP W E, HEYRMAN C L, et al. Nation of Nations: A Narrative History of the American Republic [M]. New York: McGraw - Hill Companies, 1994: 287.

② 同上，1994: 289 - 291。

在美国国内，联邦党人试图压制与自己政见不合者，方法就是立法。例如，1798 年 6—7 月，美国国会通过了三项客籍法。其中一项为所谓敌侨法，用于战时管束敌侨。因为与法国未曾宣战，故而该项法律并未实施。另外两项法令是针对移民的，带有党派色彩。同年通过的《惩治叛乱法》（The Sedition Act）是美国有史以来针对政治活动的一项最有镇压性的法令，其政治目的显而易见。该法颁布后，就有一名众议员马修·莱昂遭到起诉并被一名联邦党派法官宣判有罪。1798 年 1 月批准的《美国宪法第十一修正案》被认为是对联邦最高法院的一次直接打击，杰斐逊、麦迪逊等共和党人决意采取行动，包括建立一个全国性的组织和利用报纸攻击政府通过的法律和政策。约翰·福莱斯事件就发生在这一背景之下，这一事件也被共和党人作为指控亚当斯政府暴政的一个口实。①

约翰·福莱斯的行为同样与美国政府当时的税收有关。与 1794 年的“威士忌暴乱”所不同的是，福莱斯等人的这次“暴乱”与政府的一项针对土地、房屋以及奴隶征收的直接税有关。而且，有意思的是，这次事件中的福莱斯等人也认为，政府的这项税收是违宪的。回头来看约翰·福莱斯在这次事件中的所作所为，确实有犯罪的嫌疑。但是，是否可以定性为叛国罪，则不乏争议。

另外，案件审理过程中的一些变数也是决定案件最终走向的值得讨论的因素。例如，一审中引用“威士忌暴乱”案作为先例因而影响到陪审团的法官艾瑞达尔来不及参与案件的第二次审理即去世、塞缪尔·蔡斯大法官因而与彼得斯法官一同审案，等等。

当然，决定案件被告命运的还是约翰·亚当斯总统。这位独立战争前受过法律专业训练、担任过律师的总统对于所谓积极宣战理论的合法性表示怀疑。在充分咨询了被告方辩护律师的看法后，依照职权完全赦免了福莱斯等人。

---

① J. 布卢姆，等. 美国的历程：上册［M］. 杨国标，张儒林，译. 黄席群，校. 北京：商务印书馆，1988：256－259.

小结

税收在美国乃至西方一些国家历史上引发的争端可谓屡见不鲜。就美国建国后不久，前有所谓“威士忌暴乱”，参与者达数千人之多，造成的骚乱和财产损失也不算少。在“威士忌暴乱”之后不久，便是这场“热水战争”。如果两相比较，“热水战争”的规模和暴烈程度似乎不及“威士忌暴乱”，遭到关押的人数也就 23 人，我们这里探讨的案件的被告约翰·福莱斯也不在这 23 人中。福莱斯的出格之处在于他纠集一班人来到前述 23 人被关押的比兹里荷姆，以武力相威胁的方式迫使执法官将 23 人具结释放，因而在其后不久便被捕受审。

如果今天我们来评价福莱斯的所作所为，可以肯定其行为构成了犯罪。但是，他的行为是否构成叛国罪，则值得商榷。如同其他类似案件的审理一样，福莱斯的案件聘请有专业的辩护律师，而且，有两名，尽管此二人出自不同的党派。而两名律师实际上抛弃了不同的政见或党派立场，从法律的角度出发，认为福莱斯犯有骚乱和劫囚罪（均为轻罪），但却不构成叛国罪。

在美国历史上，约翰·亚当斯或许不是一位成功的总统。但是，仅就此案而言，他的态度是审慎、严谨的。而且，这位曾经的著名律师对于当时的美国法律应当是有充分、准确的认识的，并且依据美国宪法授予的总统职权，对于福莱斯等人给予完全的赦免。

6. 合众国诉卡伦德（1800）：惩治叛乱法与出版自由的冲突

United States v Callender，15 Federal Cases 239（1800）

[U. S. Federal District Court]

案件梗概

詹姆斯·托马森·卡伦德是一名记者，还在苏格兰的时候，他就批评当时的英国政府及其官员。当然，他的这种行为为当权者所不喜。1792年，他的著作《英国政治进步》一书出版，导致他被起诉。为此，他逃到了美国。[①]

① JOHNSON J W. Historic U. S. court cases 1690—1990：an encyclopedia [M]. New York & London：Garland Publishing，1992：530.

到了美国，卡伦德成为一名揭露他人丑闻者，当时这种风气也较为盛行。当时美国政坛的一些知名人物如亚历山大·汉密尔顿、约翰·亚当斯、托马斯·杰斐逊等人均在其抨击之列。例如，卡伦德自认为对美国有较深的了解，故而在1796年出版了《美国历史年鉴1796》一书。该书使得他成为一个揭露贪污腐化的知名人士，但也涉及当时政界一些著名人物的糗事。例如，该书提到亚历山大·汉密尔顿在独立战争期间与某人的妻子有染，并与某人合谋在证券市场作弊。托马斯·杰斐逊在未婚之前，曾经试图勾搭某位已婚妇女。汉密尔顿承认自己确实与某人妻子有染，但不承认与某人合谋在证券市场作弊（这一情况据说后来也被证实）。托马斯·杰斐逊则承认卡伦德所言不虚。如此一来，卡伦德名声日盛。

1798年，卡伦德在费城定居，并在该城与本杰明·富兰克林·贝奇等人共同经营民主党人报纸《晨曦报》。很快，卡伦德成为该报反联邦党人专栏的一名主要撰稿人。贝奇外出时，他也帮忙参与报纸的编辑工作。[1]

1798年也是法美关系紧张的年头。为了结束法国对美国船舶的攻击，约翰·亚当斯总统派约翰·马歇尔等人出使法国谈判，希望与法国方面达成友好及通商协议。但是，因为法国方面的代表索贿等恶劣行径，双方不欢而散，此乃"XYZ事件"（XYZ其实是当时法国外交部长塔列朗未经正式任命的三名中间人的代称[2]）。

联邦党人主导的美国国会对法美关系进一步恶化做出的反应是建立一支常备军、一支小型的舰队并武装美国的商船。在国内，则通过四项针对外侨和政府的批评者法案，其中的第四项法案就是《惩治叛乱法》（*The Sedition Act*），这项法案与1791年美国国会通过的《美国宪法第一修正案》中的言论及出版自由冲突，意在钳制反对者对于联邦党人及其联邦党人主宰的政府的攻击。该项法案在美国国会通过，并在1798年7月14日由亚

① JOHNSON J W. Historic U. S. court cases 1690—1990: an encyclopedia [M]. New York & London: Garland Publishing, 1992: 530.

② J. 布卢姆，等. 美国的历程：上册[M]. 杨国标，张儒林，译. 黄席群，校. 北京：商务印书馆，1988: 252-253.

当斯总统签署，由此影响到当时社会中的一部分人，卡伦德恰好也在其中。与卡伦德唱对手戏的就是当时美国联邦最高法院的大法官塞缪尔·蔡斯。①

塞缪尔·蔡斯大法官先前的立场是反联邦党人的，但在后来却摇身一变，成为一名激进的联邦党人。1800 年春季，蔡斯同意在中部的几个州参与巡回审判，在这一过程中，蔡斯对于任何他认为构成联邦党人威胁的人均毫不客气。例如，在纽约的一起适用《惩治叛乱法》起诉托马斯·库珀的案件中，蔡斯要求被告方承担举证责任，自证清白，而非由控方证实其犯罪成立。在宾夕法尼亚，他主持针对福莱斯案件的第二次审理，却在开庭审判前公开散发自己对案件的意见，因而导致福莱斯的辩护律师气愤而拒绝继续参与案件的辩护。在特拉华，蔡斯又有惊人之举，在联邦检察官和大陪审团找不出受害人的情况下，他建议他们去威尔明顿起诉一名印刷商，因为，他认为此人参与了叛乱活动。当然，蔡斯的建议遭到拒绝。于是，感觉不爽的蔡斯大法官又去了弗吉尼亚。在这里，他承诺，如果能够在当地找到由诚实的人组成的陪审团，他将说明律师们自由与出版自由的滥用之间的区别。而且，他拿到了一本卡伦德最新近名为《我们面临的前景》的小册子，在有攻击性的段落下面画线。②

这个时候的卡伦德已经成为美国公民，独自一人移居到弗吉尼亚的彼得斯堡，并在里士满的《审察报》工作，他没有想到麻烦会随后而至。因为，此时的国务卿蒂莫西·皮克林决意在 1800 年的美国大选之前不让民主党发声，指令驻当地的联邦检察官仔细检查《审察报》，并对任何“针对政府或政府官员的诽谤”者提起公诉。③

---

① JOHNSON J W. Historic U. S. court cases 1690—1990: an encyclopedia [M]. New York & London: Garland Publishing, 1992: 530 - 531.

② JOHNSON J W. Historic U. S. court cases 1690—1990: an encyclopedia [M]. New York & London: Garland Publishing, 1992: 531. 关于福莱斯一案的详情，参见前述“合众国诉福莱斯”(1799/1800) 案件梗概。

③ JOHNSON J W. Historic U. S. court cases 1690—1990: an encyclopedia [M]. New York & London: Garland Publishing, 1992: 531.

联邦检察官手里掌握的相关证据有卡伦德参与编辑的报纸、卡伦德的那本小册子《我们面临的前景》。在这本小册子里，卡伦德呼吁人们在托马斯·杰斐逊与约翰·亚当斯之间进行选择。杰斐逊被描述成一个“没有被犯罪玷污的人”，亚当斯则是“双手散发血腥味的……白发苍苍的煽动者”。①

一个据称是由联邦党人组成的大陪审团对于蔡斯大法官的指示迅速做出回应，依据《惩治叛乱法》对卡伦德提起公诉，那位联邦检察官起草了一份起诉书。当然，卡伦德也并非无人支持：有人募集 100 美元给他的孩子们、三位著名的弗吉尼亚公民自愿提出做他的辩护律师。这三位辩护律师请求案件的审理推迟到当年 11 月，以确定证人和相关文字证据。但是，蔡斯拒绝了上述请求，理由是任何人只要发表了涉嫌诽谤的言论就应当随时为其真实性负责。②

案件在 1800 年 6 月 3 日开庭审理，该案也成为蔡斯的标志性事件并在不久成为对他进行弹劾的导火索。在庭审过程中，蔡斯一再否决辩护律师的意见，声称卡伦德的小册子不真实，卡伦德的意图很明显，赞成检察官的观点即卡伦德应当证实自己的清白无辜。蔡斯认为，卡伦德的那本小册子就是证据，尽管检方的起诉书没有提及。蔡斯不让被告方的一名证人作证，声称该名证人只有在证明所有的指控都是虚假的情况下才可以作证，否则，他对某事的证明就是不可接受的。蔡斯也不容许小陪审团对于《惩治叛乱法》是否合宪的问题进行讨论。他还宣称，执行法律是他（而非行政部门的）职责。最终，蔡斯大法官的所作所为像之前在福莱斯一案审理过程中的情形一样，卡伦德的辩护律师们也是宣布退出。③

小陪审团是如何组成的已无从考证，但是，陪审团的成员都是联邦党人这一点却是不容置疑的。仅仅在两个小时之后，陪审团就做出了被告犯

---

① JOHNSON J W. Historic U. S. court cases 1690—1990：an encyclopedia ［M］. New York & London：Garland Publishing，1992：531.

② 同上，1992：531－532。

③ 同上，1992：532。

罪成立的判决。蔡斯与他们相互祝贺，因为他们证明联邦法律在弗吉尼亚得到了实施。卡伦德被判九个月的监禁、罚款 200 美元，并需要提交 1200 美元的保释金以确保其在其后两年的时间里行为良好。①

卡伦德并无悔改之意。即使在狱中，他依然写下了《我们面临的前景》第二卷。在他鄙视的联邦党人名单里，他加上了蔡斯的名字。卡伦德被判罪并没有因此使人看不起他，反而给他带来更多的关注者，他的作品和庭审记录成为 1800 年美国大选的檄文。卡伦德在狱中服刑至 1801 年 3 月，此时，托马斯·杰斐逊入主白宫，新任总统很快赦免了卡伦德和其他四位依据《惩治叛乱法》被定罪且仍被关押在监狱中的人，并要求对于上述人等的罚款给予补偿。卡伦德却并没有止步于此：他要求杰斐逊总统任命他为里士满的邮局局长。杰斐逊总统拒绝了他的这一要求，于是，这位卡伦德先生在第二年 9 月，作为联邦党人的《记录者报》编辑揭露出了杰斐逊的一大丑闻：这位新任总统多年来与他的一名叫莎莉的女奴保持不正当关系，并与其生有几个孩子。当然，上述丑闻既不可能证实，也不好否定，但却广泛流传下来。②

点评

约翰·亚当斯担任美国总统期间（1797—1801）面临着国内外的多种矛盾与压力。就当时的国际关系而言，由于法国革命，欧洲实际上主动或被动地卷入其中。这种情况对于新生的美国或许是一种较为有利的局面，当然，需要领导人高瞻远瞩，采取审慎的立场和态度。其中，英美关系、法美关系几乎毫无疑问地成为美国需要正确处理的、重要的国际关系。

随着 1783 年《巴黎条约》的最终签署，英美关系大致理清。至少，在亚当斯执政期间，没有大的问题。相反，昔日的得力盟友法国却因为

① JOHNSON J W. Historic U. S. court cases 1690—1990: an encyclopedia [M]. New York & London: Garland Publishing, 1992: 532.

② 同上。

《杰伊条约》对于英国颇具益处而迁怒于美国。为了缓和与法国的矛盾，亚当斯总统派员去法国商讨、谈判应该属于明智之举。当然，如果所言不虚的话，当时法国的外交部外长塔列朗之流的贪婪与半公开的索贿确实令人难以容忍。其后不久，随着拿破仑掌握权力，法美关系迅速改善。①

美国国内的形势与国际形势不无联系，却更为复杂。第一任总统乔治·华盛顿在《告别演说》中提到的忠告之一就是警惕派系之争的危险。②虽然第一任总统的《告别演说》言犹在耳，派系之争在亚当斯时代却有愈演愈烈之势。在此国内外形势均不太理想甚或有些紧张的情况下，联邦党人控制的美国国会通过前述四项法案，其中的《惩治叛乱法》就是钳制反对党人亦即杰斐逊等人领导的共和党人抨击政府及其要员的利器，该法其实突破了《美国宪法第一修正案》中有关言论与出版自由的规定，有违宪之嫌。1800 年的“合众国诉卡伦德” 案就产生于上述复杂的政治背景下，与当时的党派之争关系甚大。同样也是政治原因，涉案的被告卡伦德后来获得新任总统杰斐逊的赦免。

今天我们回头来看当时的美国大法官塞缪尔·蔡斯在“合众国诉卡伦德”一案中的表现，或许只能够说其所作所为很过分，过多地掺杂了党派色彩，缺乏作为一名中立的裁判者应有的立场和审慎。

小结

1791 年通过的《美国宪法第一修正案》明文规定了言论与出版自由，意在限制美国国会在立法方面极有可能的任性，最大限度地保护公民的宗教信仰、言论与出版以及和平集会与向政府请愿伸冤等权利。

在司法实践中，如何体现和保护公民的这些权利，显示一个社会对于

① J. 布卢姆，等. 美国的历程：上册［M］. 杨国标，张儒林，译. 黄席群，校. 北京：商务印书馆，1988：255－256.

② 戴安娜·拉维奇. 美国读本：感动过一个国家的文字：上［M］. 林本椿，陈凯，林铮，等译. 许崇信，校. 北京：生活·读书·新知三联书店，1995：83－87.

言论自由等的宽容，却并非易事。[①]

1800 年的这起“合众国诉卡伦德”案无疑与当时的美国政治、外交等关联在一起。显然，党派之争影响到了立法与司法活动，其结果是，在立法领域，联邦党人控制的国会通过了明显违宪的《惩治叛乱法》；在司法领域，政治立场突然转向的塞缪尔·蔡斯大法官俨然以执法者自居，甚至罔顾司法程序方面的限制性规定，做出了一些匪夷所思的行为，诸如要求被告人证明自己的无辜、严苛地对待被告方证人、不容许小陪审团讨论惩治叛乱法是否违宪的问题等。蔡斯大法官在这一案件以及之前不久的“合众国诉沃儒尔”等案中的某些异乎寻常的表现，也使他在第三任总统托马斯·杰斐逊期间受到弹劾。

① 顺便说一句，或许是出于某种考虑，亚历山大·汉密尔顿以及托马斯·杰斐逊等人对于卡伦德的揭短或披露其丑闻的态度较为平和。否则，卡伦德将会面临更多的诉讼。

7. 塞缪尔・蔡斯弹劾案（1805）：美国历史上首位险些出局的大法官

The Impeachment Trial of Samuel Chase（1805）［U. S. Senate］

案件梗概

1805 年，美国联邦最高法院大法官塞缪尔・蔡斯遭到弹劾，由此引发《美国宪法》中第三条第一款有关法官“行为端正”含义的理解以及摆不上台面的党派之争等问题。

塞缪尔・蔡斯能够跻身于早期美国联邦最高法院大法官之列说明其并非庸常之辈。据说此人非常的聪明，但却很好斗，不善与人相处。早在 18 世纪 60—70 年代，蔡斯即投身于马里兰的独立运动，且发挥了积极作用。他也是《独立宣言》的签署人之一，是 1775—1778 年间大陆会议的代表之一。1778 年，因为亚历山大·汉密尔顿公开指责他利用内幕信息搞投机交易，蔡斯被迫不光彩地离开了大陆会议。此后一段时间，蔡斯搬到巴尔的摩，从事过多种商业活动，开业做律师，之后重返政坛。1787—1789 年间，围绕《美国宪法》的批准，美国国内分为不同派系，蔡斯是这一时期反联邦党人的领袖人物之一。但是其后不久，蔡斯的政治立场突然来了一个一百八十度的大转弯，他变成一个狂热的国家主义者和联邦党人的拥护者，个中原因至今成谜。①

此后不久，蔡斯在马里兰政坛先后担任过几个要职。作为马里兰州的一名法官，蔡斯在履行职责的过程中不无矛盾之处。他不仅因为热衷于党派活动出名，而且也以其好斗、对他人漠不关心著称。当然，他的精力充沛和对于法律的精通也是出了名的。1795 年，首任总统乔治·华盛顿在多少有些犹豫的情况下任命蔡斯为美国联邦最高法院的大法官。②

在约翰·马歇尔尚未进入联邦最高法院之前的一段时期，蔡斯证明了自己是该法院的一名重要和不无激情的成员，他在“威尔诉霍尔顿”（1796）、“霍尔顿诉合众国”（1796）以及“考尔德诉布尔”等案中的判决显示出其干练与才学。但是，也是在这一时期，他更深地卷入政治，对于联邦党人的事务表现出越来越多的热情，对于杰斐逊这一派则采取排斥的态度，认为他们是危险分子，意在颠覆依照美国宪法创设的政府。③

1798 年，联邦党人占主导地位的美国国会通过了具有针对性的《惩治叛乱法》。因为不满于杰斐逊一派对于亚当斯总统与联邦党人主导的美国国会的攻击，蔡斯决定在 1800 年 4—6 月的巡回审判过程中给予对手一定的还击。蔡斯碰到的第一个案件就是一名来自英国的移民编辑托马斯·库珀的起诉，此人因为攻击亚当斯及其支持者受到起诉，依据就是 1798 年的《惩治叛乱法》。总的来说，蔡斯处理该案还算公正。但是，问题出在他断

---

① JOHNSON J W. Historic U. S. court cases 1690—1990: an encyclopedia [M]. New York & London: Garland Publishing, 1992: 135.

② 同上。

③ 同上，1992：135 - 136。

定被告犯罪成立，认为库珀发表的言论不实并具有煽动性，由此影响到陪审团对于被告的定罪。蔡斯审理的第二个案件就是约翰·福莱斯案，此案是一个再审案件，被告先前已被判处死刑，但因为某个陪审员在审判过程中有偏见，故而再审。蔡斯的问题在于相关证据被出示之前即宣布自己的判决，引发被告方两名辩护律师的不满而离去。结果，被告在没有律师辩护的情况下再度被判死刑，最终还是因为亚当斯总统赦免才免于一死。①

蔡斯在1800年4—6月的巡回审判中引发争议最多的恐怕就是詹姆斯·T. 卡伦德的煽动叛乱案。在审讯过程中，蔡斯公开批评卡伦德，并一再表示他希望看到卡伦德被判有罪。此外，如果说蔡斯还有什么过激举止的话，那就是，他拒绝对于陪审团成员资格的审查以及陪审团成员如何被被告的辩护律师提问。有一名陪审员对于卡伦德存在明显的敌意，蔡斯却让此人继续参与陪审。被告方有一位关键证人，蔡斯却不让其出庭作证。至于被告方的两名自愿前来助阵的辩护律师，蔡斯有意不断地打断、攻击和使其难堪，这两名律师宣布退出以示抗议。结果，卡伦德被判犯罪成立，罚款200美元，关押九个月。②

蔡斯巡回审判的下一站是特拉华州的纽卡斯尔。当他得知当地的大陪审团无意依据《惩治叛乱法》提起公诉时，他声称威明顿有一家报社涉嫌煽动叛乱并指令联邦检察官去搜查这家报社的报纸。他还拒绝解散小陪审团，但是，次日却不得不解散，因为，联邦检察官的调查显示，被怀疑的那家报社并无任何煽动叛乱的嫌疑。③

蔡斯大法官的种种过分的表现自然引起人们（尤其是其政敌）的注意。1801年3月，托马斯·杰斐逊成为美国第三任总统，美国政坛由此发

---

① JOHNSON J W. Historic U. S. court cases 1690—1990: an encyclopedia [M]. New York & London: Garland Publishing, 1992: 136.

② 同上。

③ 同上，1992: 136 - 137。

生了一些变化。[①] 这位新当选的总统上台后，采取的是一种较为温和的态度和立场，其改革或曰“革命”基本上在美国宪法的框架之内进行。当然，在杰斐逊这一派系中，除了与他较为接近的温和派，也不乏少数的激进派，对于杰斐逊等人的温和不以为然，这种激进派的人物以约翰·兰道夫颇为典型。[②]

杰斐逊上台后，面临的一个大问题是前任总统约翰·亚当斯有意安排的一大批联邦法官，其中就包括由亚当斯总统的国务卿改任为联邦最高法院首席法官的约翰·马歇尔、“午夜法官”的突击性安插等。杰斐逊无力改变国家层面法官由联邦党人控制的局面，他能够做的就是在 1802 年使 1801 年美国国会通过的《司法法》（该法通过巡回审判制度扩大了联邦法院的权力）被废除，使得联邦司法系统回归到 1789 年《司法法》的权限范围内。为了不激怒新任总统，联邦最高法院也没有宣布杰斐逊废除 1801 年《司法法》的行为违宪，尽管有不少的联邦党人对杰斐逊的上述行为予以谴责。此后不久，马歇尔法院审理了为后世熟知的“马布里诉麦迪逊”一案（1803），但却给自己和对手均留有余地，亦即马歇尔法院并没有以发布司法令状要求新任国务卿詹姆斯·麦迪逊将扣押的马布里等人的委任状交出，只是宣布 1789 年《司法法》部分违宪。此时的蔡斯大法官依然我行我素，坚持其联邦党人立场，继续攻击在台上的共和党及其行为准则，对于马歇尔与杰斐逊总统之间心照不宣的缓和不以为然。[③]

促使杰斐逊总统下决心支持对蔡斯大法官弹劾的是后者于 1803 年在巴尔的摩的一起审判中对联邦大陪审团发表的攻击性言论。在这次审判中，蔡斯认为废除 1801 年《司法法》的行为违宪，并对于杰斐逊这一派人物在联邦和州一级的活动大加抨击。当然，鉴于蔡斯身为联邦最高法院大法

---

① 有美国学者认为，托马斯·杰斐逊在 1800 年当选总统是又一次“革命”，是所谓 1800 年革命，是通过理性、和平的手段抑或投票的方式实现的。彼得·S. 奥鲁夫. 杰斐逊的帝国：美国国家的语言［M］. 余华川，译. 上海：华东师范大学出版社，2011：91－123.

② JOHNSON J W. Historic U. S. court cases 1690—1990：an encyclopedia［M］. New York & London：Garland Publishing，1992：137－139.

③ 同上，1992：137－138。

官的身份以及有可能带来的被弹劾的结果、此例一开给联邦最高法院其他大法官人人自危的潜在威胁等的考量，这一弹劾案必须慎重行事。因此，可以理解的是，杰斐逊总统没有公开露面并参与其中。①

蔡斯弹劾案的极力推动者是约翰·兰道夫，此人从一开始就批评杰斐逊政府的温和路线。正因为如此，这位兰道夫先生与总统关系不紧密。而且，兰道夫为人粗暴、尖刻，故而不为他的许多同事喜欢。但是，不管怎么说，兰道夫针对蔡斯的弹劾动议在 1804 年春的美国国会获得通过。至于兰道夫的上述动议是应杰斐逊总统的要求做出，还是获得了总统事先的同意，已无法确定。②

弹劾案正式开始之前，相关各方均紧张进行准备。就蔡斯这一方而言，他要准备自己的辩护词。1805 年 2 月 4 日，弹劾案开始，案件主持人是当时的美国副总统阿伦·伯尔，他也事先做了一些准备，包括查阅英国这方面的一些先例。参议院被布置得更像一个法庭，伯尔靠墙坐在中间，铺有深红色布的长凳两边坐着参议员，中间被隔开的两个区域分别为兰道夫率领的一组人和蔡斯及其律师们占据。在参议员们的后面，有三排铺有绿色布的长凳，众议员们坐在上面。在更远的高处，特意呈半圆形的廊道也铺有绿布，坐着其他一些官员。更靠后的开放给公众的走廊上，有超过 1000 名前来旁听的听众。③

审判伊始，蔡斯针对指控做出回答，其辩护策略是对于所有的指控均予以否认。对于针对他的八项指控，蔡斯一一加以反驳，包括 1803 年他在巴尔的摩审判中对联邦大陪审团发表的言论并无不当或涉嫌煽动。蔡斯的辩护结论是，作为一名公民，他有权就政治话题发表意见。在接下来的时间里，相对于蔡斯精心准备的发言，兰道夫的回击显得缺乏说服力。由于没有受过专业的法律训练，兰道夫的起诉词也组织得不好。2 月 27 日，兰

---

① JOHNSON J W. Historic U. S. court cases 1690—1990: an encyclopedia [M]. New York & London: Garland Publishing, 1992: 138 - 139.

② 同上，1992：139。

③ 同上，1992：140。

道夫发表公诉结论，同样也很失败。此人在发言一开始就声称自己的记录本丢失了，在接下来的大约两个半小时里，他的讲话缺乏逻辑，与主题关联度不大，显得颇为混乱，其效果可想而知。1805 年 3 月 1 日，参议员们在午后不久就弹劾案进行表决，每一项指控均被完整地念出来，然后，每一位参议员均被问到蔡斯的犯罪（包括重罪或轻罪）是否成立这一问题。这一环节用了两个小时，在这一时段，旁观者鸦雀无声。当最后一名参议员投完票、票数被统计出来时，伯尔宣布，针对蔡斯的每一项有罪指控均未超过宪法规定的三分之二多数。蔡斯被当庭宣判无罪，于是，这一弹劾案就此落幕。[①]

点评

塞缪尔·蔡斯弹劾案在早期美国历史上无疑是一个颇为重大且典型的案件，其折射出 18 世纪末 19 世纪初美国政坛风云变幻、联邦党人与共和党人之间的斗争等复杂多变的形势。其中，政党之间的矛盾与冲突是我们今天回顾和讨论此案的关键。

因为美国建国不久即出台了成文宪法，故而相当多案件的审理依据的是这一宪法及其修正案的相关规定。当然，宪法的规定较为原则或具有较大的弹性，因而需要相应权威的解释，这种解释在 19 世纪初的这一起蔡斯弹劾案中不仅同样需要解释，而且十分重要。

查阅 1787 年《美国宪法》第三条，我们可以发现，涉及法官的主要是第一款：……最高法院和下级法院的法官，如行为端正得继续任职，并应在规定的时间得到服务报酬，此项报酬在他们继续任职期间不得减少。[②]当然，何谓“行为端正”（good behavior）在《美国宪法》中并无明确的

---

① JOHNSON J W. Historic U. S. court cases 1690—1990: an encyclopedia [M]. New York & London: Garland Publishing, 1992: 140 - 141.

② 杰罗姆·巴伦，托马斯·迪恩斯. 美国宪法概论 [M]. 刘瑞祥，潘嘉玢，颜福祥，等译. 北京：中国社会科学出版社，1995：321.

定义和解释，这就给蔡斯弹劾案以及类似案件的审理留下了很大的困难，也给蔡斯的辩护律师们留下了一个可以做文章的空间。

塞缪尔·蔡斯的主要经历或许能够说明其何以能够在他那个时代脱颖而出但却不乏波折。根据我们的了解，蔡斯出生于1741年北美殖民地时期的马里兰州萨默塞特县安妮公主镇附近，其父是当地一所新教堂的牧师，其母受过的教育程度不详。蔡斯在家接受教育，18岁时到安纳波利斯学习法律，1761年获得律师资格，并在安纳波利斯执业，但在第二年（1762年）即被安纳波利斯辩论社的法医学俱乐部开除，原因是其行为“极其不规范和不雅”。1764年，蔡斯当选为马里兰殖民州议员，并在该殖民州工作二十年。蔡斯与好友威廉·帕卡共同创办安妮阿伦德尔县“自由之子”分会，并带头抵制1765年的《印花税法案》。1774—1776年间，蔡斯作为马里兰殖民州的代表出席大陆会议，并在《独立宣言》上签字。1778年，因为利用内幕信息企图垄断面粉市场，蔡斯在亚历山大·汉密尔顿的指责下，不光彩地离开了大陆会议。蔡斯在此之后的经历，我们在前述案件梗概中已经做过介绍，在此不再赘述。

蔡斯引发第三任美国总统杰斐逊（1801—1809年在任）及其追随者不快的主要原因或许就是他在1803年5月公开抨击杰斐逊总统对于1801年亚当斯总统离任前联邦党人控制的国会通过的《司法法》的撤销，称杰斐逊总统此举违宪。如前所述，该法的问题在于通过巡回制度进一步扩大司法机构与法官的权力，而法院（联邦法院及其法官）是第二任总统约翰·亚当斯离任前有意的安排，包括改任之前的国务卿约翰·马歇尔为联邦最高法院首席法官、“午夜法官”的突击性安插等。所以，杰斐逊入主白宫后，他面对的是一个由联邦党人主导的国家层面的司法队伍。废除1801年《司法法》算是拔掉了一根埋藏在司法制度中的钉子。1803年著名的“马布里诉麦迪逊”案其实是针锋相对的美国两大政党在司法领域的一次较量，尽管表面上马歇尔获得胜利，但也给杰斐逊这一派留下了足够的体面。留有余地，可谓是一次左右逢源的判决，意味着双方不至于不可以调和或者和解。因此，可以想象，如果此时的蔡斯大法官不那么热衷于党派之争，或许也就不会促使杰斐逊一派对他的弹劾。

要弹劾一名在职的大法官并非易事，尽管此前共和党人在颇有争议的情况下已经成功地利用《美国宪法》将约翰·平克林（新罕布什尔州的一名联邦地方法官，此人在被弹劾前业已神志不清、酗酒成癖，实际上已经不能够履行法官职责）弹劾。[①] 或许是因为受到皮克林弹劾案成功的鼓舞，共和党人主导的国会想乘胜追击，将联邦最高法院的大法官塞缪尔·蔡斯也一并赶下台，但却并未如愿以偿。

蔡斯之所以没有因此被对手成功弹劾，原因或许可以归结为以下几个方面：第一，《美国宪法》中相关条款原则性的规定简略而颇有弹性，这种制度性的设计，实际上可以对抗来自其他权威机构或个人对于司法的不适当压制或干预。第二，蔡斯本人对于法律的精通以及对于事关自身利益与荣誉等的重视或认真准备。第三，弹劾案的主要推手约翰·兰道夫的粗疏及才能不足。第四，共和党内部的多数议员在充分考量之后，能够尽可能抛开党派偏见，站在公正立场，正确理解《美国宪法》的相关规定与精神，做出恰当的选择。第五，杰斐逊总统没有不恰当地施加影响。[②] 第六，当时的旁观者以及传媒对于此案应当有极大的关注，但却没有显示其不当影响或压力。

小结

不管怎么说，早期美国历史上的 1805 年蔡斯大法官弹劾案并未如激进共和党人所愿取得成功。至于这位在早期美国历史上过分热衷于党派之争的蔡斯大法官是否应当受到弹劾，估计也是莫衷一是。如果笔者来做选

---

① JOHNSON J W. Historic U. S. court cases 1690—1990: an encyclopedia [M]. New York & London: Garland Publishing, 1992: 138.

② 美国学者的相关研究显示，杰斐逊总统在蔡斯弹劾案的前一年无论是在公开场合，还是在私人信件中，从来不评论或讨论弹劾程序，而是保持沉默。这一点，与他处理皮克林法官的去职的态度大相径庭。JOHNSON J W. Historic U. S. court cases 1690—1990: an encyclopedia [M]. New York & London: Garland Publishing, 1992: 142 - 143.

择，窃以为以蔡斯在 1800 年巡回审判过程中的偏激表现以及他在 1803 年 5 月的公开发言无疑构成其遭受对手弹劾的原因。当然，最终使得他免于与约翰·皮克林相同命运的主要原因是作为政敌的多数共和党人并没有囿于派系之见，而是抱持公正立场进行投票表决。这种结局的出现当然与双方对于美国宪法相关条款和精神的正确理解以及杰斐逊总统的态度等不无关联。

笔者以为，蔡斯被免于被弹劾不乏某些侥幸成分。直接的影响就是那位自信满满的兰道夫，本以为可以轻易让蔡斯倒台，却不料使得自己声誉受损。杰斐逊领导的政府及其共和党人其实并没有因此遭受多大的打击，因为，他们几乎从一开始就秉持温和、调和的立场，因而在杰斐逊任职期间，美国宪法几乎没有变化，仅有第十修正案的偶然闪现，且这一修正案可谓温和，反映出杰斐逊等人的克制或低调风格。①

此案对于美国政治与法律不无影响。一方面，正如美国当代著名法学家伯纳德·施瓦茨所言，“蔡斯的无罪判决宣告了基于政治理由撤销法官职务的危险已经结束。”② 另一方面，法官应有的政治中立立场的观念由此得到强化。在蔡斯之后，我们几乎再难以见到有如此热衷于政治与党派之争的法官。

---

① 《美国宪法第十修正案》条文如下：本宪法未授予合众国也未禁止各州行使的权力，保留给各州行使，或保留给人民行使之。杰罗姆·巴伦，托马斯·迪恩斯．美国宪法概论［M］．刘瑞祥，潘嘉玢，颜福祥，等译．北京：中国社会科学出版社，1995：327.

② 伯纳德·施瓦茨．美国最高法院史［M］．毕洪海，柯翀，石明磊，译．北京：中国政法大学出版社，2005：61－62.

8. 阿伦·伯尔叛国案（1807）：被告席上的前副总统

The Trail of Arron Burr（1807）

案件梗概

1807 年 3 月 26 日，位于美国弗吉尼亚的里士满联邦巡回法院开启了对于前副总统阿伦·伯尔（1801—1805）的审讯，主审法官为美国联邦最高法院首席大法官约翰·马歇尔，他当时碰巧在里士满。另外一名法官是塞路斯·格里芬。政府一方的公诉人主要为乔治·海、戈顿·麦克里、威廉·沃特。被告的主要辩护律师有本杰明·博茨、路德·马丁、埃德蒙德·兰道夫、约翰·威克汉姆。① 当时的总统托马斯·杰斐逊被认为是主控官。当然，他不便也未到庭。②

阿伦·伯尔曾经参加过美国独立战争，可谓美利坚合众国的缔造者之一，并一度在1800年的美国大选中与民主共和党人领袖托马斯·杰斐逊竞选总统，双方相持不下，一周内竟然进行了35次投票，均未获得必需的九个州以上的多数票。最终，由于联邦党人领袖亚历山大·汉密尔顿的支持（他认为杰斐逊比起阿伦·伯尔来说要好一点），杰斐逊当选为新一任总统，伯尔当选为副总统。③

由于汉密尔顿，伯尔无缘美国总统职位。此后，两人矛盾继续升级。当伯尔想竞选纽约州州长的时候，汉密尔顿宣布其是一个危险人物。恼羞成怒的伯尔通过书信方式向汉密尔顿提出决斗，后者尽管反对决斗（其长子不久前因为捍卫父亲的名誉死于决斗），但出于个人尊严的考虑，接受挑战，最终于1804年7月11日在靠近新泽西的一个高地，两位政敌开枪决斗。据说，伯尔先开枪射中对方。汉密尔顿无意伤害对手，三十一个小时后死去。④

伯尔在政治斗争中采用当时已经逐渐被人们普遍摈弃的决斗方式来解决与政敌的纷争，可谓令人震惊。事发后，纽约及其邻近的新泽西州的官员决定以杀害汉密尔顿的罪名起诉伯尔。伯尔感觉势头不对，决定远走西部边远地区。⑤ 1805年，伯尔的姓名被从建国者的位置上排除，在杰斐逊连任总统期间（1805—1809），他不再担任副总统一职。据说，他在失去

---

① 托马斯·帕克. 开庭：改变人类进程的115件大案［M］. 刘璐，张华伟，等译. 北京：海潮出版社，2000：675.

② 迈克尔·E. 泰戈，安杰拉·J. 戴维斯. 审判故事［M］. 陈虎，郭春镇，杨瑞，译. 北京：中国人民大学出版社，2012：40.

③ J. 布卢姆，等. 美国的历程：上册［M］. 杨国标，张儒林，译. 黄席群，校. 北京：商务印书馆，1988：260－261.

④ 约翰·艾兹摩尔. 美国宪法的基督教背景：开国先父的信仰和选择［M］. 李婉玲，等译. 北京：中央编译出版社，2011：141－145.

⑤ 托马斯·帕克. 开庭：改变人类进程的115件大案［M］. 刘璐，张华伟，等译. 北京：海潮出版社，2000：676－677.

副总统一职后，与杰斐逊总统有过最后一次谈话，希望能够获得一个“高级职位”，但未能如愿。于是，他想在西部与西班牙的战争中显示自己的能力，并组织了一支不足一百人的武装部队。① 1805—1807 年间，他以普通公民的身份策划了暴力夺取政权的行为，意在建议一个由英国或西班牙资助的“西部帝国”。②

针对阿伦·伯尔的起诉一共有四次，前三次均被大陪审团宣告无罪。第四次公诉又因为伯尔不在叛乱现场而难以成立，据说当时他在事发地 200 多英里之外。③

围绕阿伦·伯尔叛国案，控辩双方展开了激烈的辩论，辩论打印稿足足有一千多页，之后的裁决却极为简单。马歇尔大法官撰写了判决意见，认为被告被指控的犯罪行为不成立，并据此指示陪审团，陪审团做出被告无罪的判决。

虽然伯尔可能并未叛国，但他的行为确实不被接受。因为，当时的总统杰斐逊采取的是审慎态度，希望与法国、西班牙等国和平相处，避免流血、屠杀的“欧洲模式”。④ 马歇尔大法官顶着巨大的压力审理了这一引人注目的案件，包括杰斐逊总统的弹劾威胁。当时的新闻传媒深度参与了该案的报道，陪审团对于被告多少会带有一定的偏见。伯尔虽然没有被判有罪，但其政治生命就此结束。⑤

点评

在早期的美国历史上，阿伦·伯尔应该算是政坛上的一颗流星，1804 年可谓是其人生重大转折或曰沉沦的开始，尽管他一直活到了 1836 年，以

① 迈克尔·E. 泰戈，安杰拉·J. 戴维斯. 审判故事［M］. 陈虎，郭春镇，杨瑞，译. 北京：中国人民大学出版社，2012：50－51.

② 同上，2012：41。

③ 同上，2012：52。

④ 同上，2012：54。

⑤ 同上，2012：61－64。

80 岁的高龄去世。

早年的阿伦·伯尔也是一位可圈可点的人物。天资聪颖的他在 13 岁那年即进入新泽西学院，16 岁毕业，后攻读法律，成绩优异。独立战争期间，弃学从军，先后担任大陆军上校、纽约州司法部部长，出任美国国会议员，协助组建新的共和党，并在 1800 年的美国大选中与托马斯·杰斐逊相持不下。只是由于汉密尔顿的原因，未能如愿成为第三任美国总统。同样也是由于汉密尔顿的原因，未能如愿在 1804 年成为纽约州州长。因此，怀恨在心的他提出决斗，并在决斗中毫不留情地开枪杀死汉密尔顿，但却也因此迫使自己远走西部，试图与詹姆斯·威尔金森将军等人在俄亥俄流域至墨西哥的广大地区建立起一个西部帝国。后因被人检举，以叛国罪的名义被起诉，因证据不足被法庭宣告无罪。此后的伯尔因此被排除在美国政坛之外。

如果我们今天来做一番评论的话，我们会认为，阿伦·伯尔天赋出众，具有领袖气质和杰出才能，但却不无偏激之处。19 世纪初的美国政坛联邦党人与民主共和党派系纷争激烈，而且，即便是同一党派内部也不乏个人之间的成见或恩怨，这在近代以来的党派斗争中似乎也十分寻常。但是，即使是政治斗争也需要有一定的底线或不成文的规则，不可以恣意妄为。就伯尔视为死敌的亚历山大·汉密尔顿来说，也是当时政坛的联邦党人领袖和风云人物，有自由发表个人意见的权利，这一权利不应当被剥夺，更不应当以决斗的方式置之死地而后快。所以，伯尔在 1804 年挑起的决斗是其缺乏政治涵养和风度的表现，并且具有巨大的政治与法律风险，最终使得自己陷入被追究刑事责任的地步。只是因为当时的法律未必如此健全，加之其远遁西部客观上难以被审判而已。也就是说，挑起决斗非但没有解决问题，反而使得自己在政治上全盘皆输，充分凸显出伯尔其人非理性的一面。

妄图借美国与西班牙关系紧张建立一个英国或西班牙资助的“西部帝国”，只能说明此时的伯尔走得太远了，非但不能捞取政治资本，反而将自己送到叛国罪被告的席位。

应当说，伯尔最终没有被判有罪，很大程度上要归因于美国宪法对于叛国罪的限制性规定以及马歇尔大法官对于美国宪法相关条款的解读。

此外，这起引人注目的叛国罪案件的审理也符合当时美国法律尤其是美国宪法的相关规定。例如，控辩双方以及审理案件的法官、大小陪审团等人员齐备，上述人等恰如其分地行使了自己的职权、程序规范；新闻媒体深度跟踪报道，但却并未不适当地影响到案件的正常审判；作为政府行政首脑的托马斯·杰斐逊总统尽管颇为厌恶阿伦·伯尔其人，也对主审此案的马歇尔大法官施加了一定的压力，但也不至于推翻法院就此案做出的判决。

小结

今天说到阿伦·伯尔，估计知道其人其事的不会太多。如果知道一点，也只是了解他挑起决斗，并在亚历山大·汉密尔顿被迫接受的决斗中毫不留情地向他开枪射击，并导致对方不治而亡。而且，事后非但没有丝毫的悔意，反而不无自鸣得意。伯尔虽然没有因此得到法律追究，但却因此而在政治上沉沦，此后亦难以恢复其先前在美国政坛上的显赫地位和声誉。当然，如果他没有远遁西部，则极有可能受到纽约州与新泽西州官员的指控。决斗在19世纪初的美国非但不时髦，而且不无法律上的风险，是一种政治生活中应当予以制止和谴责的血腥行为。[①] 在某种意义上，决斗之后的伯尔再无在政治上东山再起的可能，这也是他为自己的残忍和非理性行为理应付出的代价。

阿伦·伯尔并非因为在决斗中杀死汉密尔顿受到叛国罪的指控，而是他在决斗之后，为了恢复先前的政治地位所做的几乎毫无希望的努力，以及在当时的美国西部力图建立一个所谓“西部帝国”的行为。

---

① 汉密尔顿死于决斗使得阿伦·伯尔在政治上再无施展才干的可能，也因此促进了美国社会对于决斗这种风气的制止。约翰·艾兹摩尔．美国宪法的基督教背景：开国先父的信仰和选择［M］．李婉玲，等译．北京：中央编译出版社，2011：145.

由于1787年《美国宪法》业已明文规定了叛国罪，虽然未必十分细致。但是，较之英国法律，其有一定的限定，因而判决某人叛国罪成立，并非易事。[①] 阿伦·伯尔叛国罪的审判之所以获得无罪的判决，首先，无疑应该归功于《美国宪法》的限定性规定，从而使得叛国罪不太可能过于宽泛。其次，马歇尔大法官对于案件性质的基本把握和判断是决定案件最终走向的重要因素，并由此建立起某种先例的作用和意义。

① 关于叛国罪，可参见《美国宪法》第三条第三款的规定。

9. 弗莱切诉佩克（1810）：大宗土地交易的背后

Fletch v. Peck，6 Cranch 87（1810）［U. S. Supreme Court］

案件梗概

1803 年，马萨诸塞州纽顿的约翰·佩克将位于密西西比地区的一块面积 1.5 万英亩的土地卖给新罕布什尔阿默斯特的罗伯特·弗莱切。后来，弗莱切在联邦法院起诉佩克，认为被告无权出售上述土地。该案最后一直打到美国联邦最高法院，首席大法官约翰·马歇尔认为，土地买卖合法。

这桩土地买卖的案件大致情况如下：1795 年，佐治亚州将其西部的 3500 万英亩土地以 50 万美金的价格卖给四家土地公司，每英亩土地约合 1.4 美分。参与这桩土地买卖法案投票的州立法机构成员一共有 17 人，除 1 人外，其余 16 人投票赞成，这些投赞成票的议员因此获得现金或股份的回馈。次年（1796）2 月 13 日，佐治亚州废除了前一年立法机构通过的土地买卖法案，由此引发义愤。因此，佐治亚州在 1795 年和 1796 年的前后两个土地买卖法案是促成“弗莱切诉佩克”一案的主要原因。①

这起所谓的“亚祖土地欺诈”案（亚祖河是密西西比河的支流，流经佐治亚州，涉案土地因而又称“亚祖土地”）主要有三个成因：第一，在佐治亚州宣布废除 1795 年法案的同一天，110 万英亩的土地以 113.8 万美金（每英亩 10.3 美分）的总价被卖给“善意”第三人新英格兰土地公司。第二，在 1798 年，佐治亚州将其西部土地转让给联邦政府，美国国会划出了一个“大密西西比”，亚祖土地因此成为国家层面的问题。第三，新英格兰土地公司的多数投资人是来自北部的联邦党人，希望联邦政府认可其对于涉案土地的所有权，而那些支持佐治亚州废除 1795 年法案的人则是拥护州权的共和党人。所以，涉案土地又掺杂了地区和党派因素。②

1801 年，杰斐逊入主白宫，共和党通过了一项妥协方案：支付佐治亚州 125 万美元，以平息该州 1796 年废除 1795 年法案行为合法性的观点对立；留出 500 万英亩土地，用于满足善意买受人的土地所有权，这些人可以拿钱或者拿地。为此，由国会拨专款 500 万美元。这项议案于 1804 年在国会进入表决阶段，但在 1805—1807 年均未获得通过。阻力主要来自弗吉尼亚的约翰·兰道夫，这位以 1798 年“老的共和党”原则的捍卫者自居的国会议员，其影响力甚大。因此，亚祖土地权利人转向司法求助。③

“弗莱切诉佩克”一案在位于马萨诸塞州的联邦巡回法院一打就是三年，这也刚好是整个联邦司法系统遭受杰斐逊派猛烈冲击艰难前行的时期。该案于 1806 年经过陪审团审判，陪审团的判决意见不一，两名法官组成的法庭则认为 1795 年的亚祖土地交易具有约束力。罗伯特·弗莱切不服上述判决，请求美国联邦最高法院发出再审令获得批准，于是，此案进入

---

① JOHNSON J W. Historic U. S. court cases 1690—1990: an encyclopedia [M]. New York & London: Garland Publishing, 1992: 161.

② 同上。

③ 同上。

美国联邦最高法院。原被告双方均聘请了律师，此案引人注目。1810 年 3 月 16 日，马歇尔大法官的判决意见体现了围绕案件的各种争议与事实等。[①]

案件的审理主要依据的是《美国宪法》第一条第十款的相关规定，此即所谓“契约条款”。[②] 在此案之前，美国的司法实践中，业已出现适用这一条款判案的情况。例如，早在 1792 年，美国联邦巡回法院在罗德岛就曾经宣布该州（罗德岛）通过的一项债务人救济法律无效，依据的就是《美国宪法》中的这一规定。1795 年，在宾夕法尼亚的巡回审判大法官威廉·帕特森主持的一起案件中，同样依据美国宪法的这一规定，宣布宾夕法尼亚州的一项限定财产所有权的法律无效。[③]

在 1810 年之前，围绕佐治亚的这起土地买卖就有争议。例如，早在 1796 年，来自南卡罗来纳州的国会议员罗伯特·古德诺·哈帕（联邦党人）就认为 1795 年的佐治亚土地交易实际上是一项不可以任由一方当事人随意变更的契约，他的观点获得亚历山大·汉密尔顿的积极支持。汉密尔顿认为，佐治亚州 1796 年的立法废除 1795 年该州通过的相关法律是违宪的行为。上述二人的观点在 1799 年的“德比诉布莱克”一案（马萨诸塞州最高法院审理）的判决意见中得到了体现。[④]

马歇尔大法官在 1810 年的司法判决书中也提到了上述观点。同时，对于何谓契约以及契约的效力等，做出了自己的理解和解释。他认为，佐治亚州根据一项有效的契约出售亚祖土地，一旦交易完成，契约也就得到了履行。最终，美国联邦最高法院对于“弗莱切诉佩克”一案的判决意见达

---

① JOHNSON J W. Historic U. S. court cases 1690—1990: an encyclopedia [M]. New York & London: Garland Publishing, 1992: 162.

② 《美国宪法》第一条第十款应当是对于州权的限制性规定，其中的（一）涉及各州不得通过“……损害契约义务的法律”，故有“契约条款”之称。杰罗姆·巴伦，托马斯·迪恩斯．美国宪法概论［M］．刘瑞祥，潘嘉玢，颜福祥，等译．北京：中国社会科学出版社，1995：318.

③ JOHNSON J W. Historic U. S. court cases 1690—1990: an encyclopedia [M]. New York & London: Garland Publishing, 1992: 162.

④ 同上。

成一致。①

1810 年的“弗莱切诉佩克”一案的判决提升了《美国宪法》中的“契约条款”的地位或重要性，对于私人财产权利的保护以及经济的发展、州权的相应限制等意义重大。在此之后的整个 19 世纪，“契约条款”不时被用作对抗各州干预经济的利器。就马歇尔大法官自身而言，他在其后的一系列审判中，例如，1812 年的“新泽西诉威尔森”、1819 年的“达特茅斯学院诉伍德沃德”以及 1823 年的“格林诉比德尔”等案，也时常用到这一原则性的新理论。②

除了宪法原则方面的意义外，1810 年的“弗莱切诉佩克”一案的判决的价值还在于对个人自由的再度强调。在早期的美国社会，这意味着个人有权获取和使用财产，与他人订约，参与经济与社会活动。③

点评

1810 年的“弗莱切诉佩克”案是早期美国西进运动的产物。据统计，1800 年，大约有 100 万移民在阿巴拉契亚山脉和密西西比河之间的辽阔地区定居。也是在 1800 年，一项新的土地法鼓励人们西迁，主要内容就是以很低的价格以及分期付款的方式将土地分块出售。④

我们这里讨论的这个“弗莱切诉佩克”案发生在 1795 年，由于各种原因，从 1803 年开始，原告在位于马萨诸塞州的联邦巡回法院开始起诉，一直到 1810 年在美国联邦最高法院（通过再审令的形式⑤），经过马歇尔大法官等人的审理，才最终做出结论。

---

① JOHNSON J W. Historic U. S. court cases 1690—1990：an encyclopedia ［M］. New York & London：Garland Publishing，1992：162 - 164.

② 同上，1992：164。

③ 同上。

④ J. 布卢姆，等. 美国的历程：上册 ［M］. 杨国标，张儒林，译. 黄席群，校. 北京：商务印书馆，1988：270 - 271.

⑤ 或译为“推翻原判的错误的再审令”。

土地是当时美国社会一项十分重要的财富。而且，案件涉及的土地绝非一个小数目（1.5 万英亩），故而当事人双方不会轻言放弃。

这个案件牵扯的因素无疑较为复杂。首先，佐治亚州立法机构 17 名批准相关法律通过的成员中除了一人以外，其余 16 名成员竟然均收受现金或股份等非法利益，这种情况或许说明至少在当时的佐治亚州政界，腐败之风不仅存在，而且还颇为严重。其次，事情的复杂化在于 1796 年的佐治亚州推翻或曰废除了前一年的相关法律，由此揭开了纷争的序幕，地区的、党派的因素掺杂进来，加剧了问题的激烈程度。

应当说，针对新出现的问题，新任总统托马斯·杰斐逊提出的妥协方案或许是较为求实和稳妥的，但却因为共和党内部约翰·兰道夫等人的反对而夭折。[①] 这样一来，通过行政手段解决问题的路径其实被堵，这个时候选择司法应当是明智的。当然，位于马萨诸塞州的联邦巡回法院因故未能很好地解决当事人之间的纷争。问题之所以最后在联邦最高法院画上句号，一则是因为该院具有的最高司法权威；二则是因为马歇尔大法官运用《美国宪法》相关条款的原则性规定，创造性地对“契约条款”做出权威、合理的解释而后在此基础上做出最终判决，因而使得该案具有里程碑式的意义，并因此极大地影响了美国社会。

小结

1810 年的这个“弗莱切诉佩克”案在早期美国社会堪称经典，对于当时以及后来大约一个世纪的美国经济影响甚大。该案的审理，体现了马歇

---

① 约翰·兰道夫是一位来自弗吉尼亚州的国会议员，杰出、古怪，是最经常批评杰斐逊的人，也是固守州权理论的人。1806 年，兰道夫宣布他支持“第三条道路”即第三党运动，意味着他与杰斐逊决裂。多年来，他与一些人极力阻扰杰斐逊政府提出的解决亚祖公司土地问题的妥协方案，后在美国国会中失去影响力。J. 布卢姆，等．美国的历程：上册［M］．杨国标，张儒林，译．黄席群，校．北京：商务印书馆，1988：277－278．弹劾塞缪尔·蔡斯大法官的主要推手就是约翰·兰道夫。只不过因为这位多少有些自以为是的国会议员在弹劾过程中表现欠佳等，蔡斯最终免于被弹劾。参见前述第 7 个案件“塞缪尔·蔡斯弹劾案（1805）：美国历史上首位险些出局的大法官”。

尔大法官等人对于契约及其精神的深刻理解和把握，特别是其依据《美国宪法》相关规定对于契约问题的填充式应用。

关于“契约”，19 世纪初的美国似乎并没有非常权威或统一的界定。在“弗莱切诉佩克”一案中，马歇尔大法官对于何谓契约以及契约的效力等，明确地给出了自己的意见。

这个案件的产生有着颇为复杂的背景，地区的、党派的、佐治亚州立法机构内部为数不少人的贪腐行为的影响等各种因素交织在一起，再加上共和党内部的不同声音等，共同构成不和谐的音符。但是，在这种局面中，作为审理案件的美国联邦最高法院的大法官们最终还是从千头万绪中理清思路，化繁为简，做出了明晰的判决意见。

成为原则性规定的《美国宪法》无疑需要司法解释和尽可能精准的判断和适用。在这一案件中，马歇尔再次进行了很好的演绎。

10. 合众国诉哈德森和戈德温（1812）：事关“普通法上的犯罪”

United States v. Hudson & Goodwin, 7 Cranch 32 (1812)

［U. S. Supreme Court］

案件梗概

在联邦法院对普通法上的犯罪进行公诉是早期的共和国最容易引起分歧和激烈争论的问题之一。关于普通法犯罪的争议引发联邦主义、分权、司法的作用和英国法律接受的（诸多）问题。有关这一问题的分析受到浓厚党派氛围的影响，依据普通法提起公诉的做法也因此遭受冲击。联邦在普通法犯罪上的司法管辖权是将联邦党人和杰斐逊这一派人物分裂的主要问题之一，杰斐逊的追随者是反对这种司法管辖权的。在经过数十年的争议之后，美国联邦最高法院最终在哈德森和戈德温案的判决中确立了涉及普通法犯罪的管辖权不在联邦法院的权限范围。① 在英国，审理针对违法的公诉案件的法官在成文法缺位的情况下，承认普通法有权确定相关的行为属于犯罪。许多观察者认为，新成立的联邦法院也会适用普通法审理违法者。根据《美国宪法》第三条，联邦司法权的适用范围延伸到所有关涉到基于“合众国的法律”的案件。与之相似的是，1789 年的《司法法》授予巡回法院“美国治下的所有可以审理的违法及犯罪”的司法管辖权。有关联邦法院审理普通法上的犯罪的争议就在于这一语句的含义。②

1790 年，美国国会通过了第一个在联邦法院惩罚联邦犯罪的制定法，范围限于诸如叛国罪、伪造钱币以及伪证罪。然而，联邦法官开始指令大陪审团，可以在没有制定法的情况下，依据普通法提起公诉。尽管 18 世纪 90 年代只有为数不多的案件引发了普通法违法的问题，多数思考这一问题的法官相信无须成文法的犯罪的管辖权的存在。最开始，对于这种缺乏制定法基础的公诉案件看起来也很少引起公众的反对。然而，有几起依据普通法提起的公诉案件却牵涉高深的政治背景。例如，有几起试图惩罚有违中立立场、支持法国革命的美国公民的案件。这样一来，许多人开始质疑依据普通法公诉的合法性问题。③

有关普通法上的犯罪的争论很快与新出现的政治上的分歧纠缠在一起。急于强化联邦的权力，联邦党人争论政府拥有与生俱来的、无须刑事立法的保护自身的权力。杰斐逊这一派则将普通法上的犯罪视为掌握在联邦党人手上的一种篡夺权力的武器。除了党派之争，对于法官或者立法者在一个共和国中是否可以造法存在着严重的分歧。接受普通法上的犯罪司法管辖权将会加强联邦法院，（是）一种与各州的权利拥护者观点相左的做法。④

随着托马斯·杰斐逊在 1800 年当选总统后不久，在联邦法院，针对普

① JOHNSON J W. Historic U. S. court cases 1690—1990: an encyclopedia [M]. New York & London: Garland Publishing, 1992: 26.

② 同上。

③ 同上。

④ 同上，1992: 26 - 27.

通法上的犯罪提起公诉行为大体上停止了。1806 年，位于康涅狄格州的联邦地区法官邀请联邦大陪审团对该州的某些联邦党人报纸进行审查。他指导陪审员考虑，作为一种普通法上的犯罪，对煽动性诽谤提起公诉。1807 年，大陪审团提交的刑事起诉书涉及几名编辑，包括《康涅狄格报》的巴兹内・哈德森和乔治・戈德温，罪名是诽谤杰斐逊总统。确切地说，哈德森和戈德温被指控发表不实言论，宣称杰斐逊总统和美国国会为了获得一项与西班牙的协议，作为一种贿赂，私下给拿破仑钱款。上述刑事起诉书颇具讽刺意味，因为杰斐逊的支持者们强烈反对联邦普通法犯罪这一罪名以及在联邦法院对于煽动性诽谤的审理。事实上，针对哈德森和戈德温的公诉立即在国会触发杰斐逊的支持者和联邦党人双方对于普通法上的犯罪抨击的争议。①

没有证据显示杰斐逊故意促成康涅狄格州的公诉，而且，他确实指示公诉方撤销上述指控。但是，在收到杰斐逊的指示之前，哈德森和戈德温被带到法庭受审。被告对于法庭的管辖权提出异议。在一段时间的延迟之后，两位负责审理案件的联邦法官对于联邦法院在普通法上犯罪的管辖权的合法性意见不一。因此，到 1808 年，案件被移交到联邦最高法院。

该案于 1812 年 3 月在联邦最高法院首次开庭审理，审理该案的法官中，杰斐逊的支持者占多数。为了与杰斐逊派的立场相一致，总检察长威廉・平克尼拒绝代表政府辩护。被告方辩护律师没有出庭。因此，法官们对于这个复杂和重要的问题没有机会获得充分讨论。②

联邦最高法院中，威廉・约翰逊大法官在其匆忙给出的意见里，断然反对普通法上的犯罪。尽管在联邦最高法院之前，就有煽动性诽谤的指控，约翰逊法官还是就联邦法院是否能够拥有非制定法上的刑事管辖权这一问题展开讨论。对于约翰逊来说，政治方面的考虑显得更为重要。他强调，值得注意的是，在法庭的心目中，这一问题“很早以来就是公众舆论

---

① JOHNSON J W. Historic U. S. court cases 1690—1990: an encyclopedia [M]. New York & London: Garland Publishing, 1992: 27.

② 同上。

的焦点……而法律人对此一般均默认显示出人们普遍对于非制定法上的刑事管辖权的否定”①。

约翰逊的观点建基于联邦主义思想和对于立法的严格解释。在强调了联邦政府的有限本质之后，约翰逊宣称，联邦的权力“由数州的让步构成”，而各州拥有所有未曾被明示的、被代表的权力。根据他的观点，低级别的联邦法院只能够行使制定法授予的管辖权，而国会并未授予其普通法上的刑事管辖权。约翰逊拒绝对国会是否授权给这些低级别的联邦法院（普通法上的刑事管辖权）发表意见。尽管他承认一个主权国家可能有某些为了保存自身存在的隐含的权力，但是，他坚持认为，联邦法院只有在国会宣布行为的违法性并确定对其惩罚之后，才能够处罚相关的行为。他确实承认这一原则有一个例外——联邦法院有权惩罚藐视法庭的行为，并执行命令。②

没有法官写出反对意见，但是，学者们一致认为判决并未达成一致。约瑟夫·斯托里法官和布西罗德·华盛顿法官很可能就是持异议的法官，首席大法官约翰·马歇尔的立场不能肯定。③

斯托里法官尤其感到不安，认为哈德森和戈德温案的解释非常牵强，与以往的判决实践不一致，并且，使联邦政府在保护自身免于犯罪行为的侵扰方面处于不利的地位。因此，斯托里在两个方面进一步消除该案的不利影响。他试图推动国会通过一项法律，承认普通法上的犯罪是一项违反联邦的违法行为，但未取得成功。此外，斯托里试图强使联邦最高法院重新考虑这一问题。在之前的一桩案件中，当时斯托里还是一位巡回法官，在海事司法管辖权的语境下，提出了普通法上的犯罪这一问题。根据《美国宪法》第三条的规定，这是一个在联邦法院权限范围内讨论的话题。为了区分哈德森和戈德温案，他争论道，根据《美国宪法》，普通法只是规

---

① JOHNSON J W. Historic U. S. court cases 1690—1990: an encyclopedia [M]. New York & London: Garland Publishing, 1992: 27.

② 同上，1992：27－28。

③ 同上，1992：28。

定了海事司法管辖权的范围。但是，联邦最高法院的多数法官无心再度展开关于普通法犯罪的争议。联邦最高法院根据哈德森和戈德温案，生硬地否定了斯托里的意见。[①]

因此，数十年以来围绕在联邦法院的非制定法上的公诉激烈争论归于沉寂。尽管联邦最高法院草率地处理了哈德森和戈德温案，其结果当然是跟犯罪行为的定义方面的民主观念一致。[②]

点评

美国建国后不久，基于某些现实的原因，党派实际上已经出现并有愈演愈烈之势。如何对待不同意见或政治上的分歧，一段时间以来是两个对立的党派之间不太好处理的问题。第二任总统约翰·亚当斯在任期间，对于不同的言论（特别是攻击性的言论）采取较为严厉的措施，其表现主要就是通过相关立法予以钳制，其结果是引发了某些更不利的后果，有损于总统自身的宽容形象。所幸的是，不久，亚当斯离任，这一风气有所好转。

托马斯·杰斐逊入主白宫后，有意改变先前的做法，也取得了一定成效。无奈政治斗争中不乏攻击性的言论，由此也考验相关人员的态度与应对之策。如果说联邦党人有意将普通法上的犯罪视为保护自身权力的利器，那么，杰斐逊一派则对此有相反的看法。所以，我们这里看到，杰斐逊出任总统后不久，在联邦法院，针对普通法上的犯罪提起公诉的情况基本停止。当然，也有不和谐的声音，这就是《康涅狄格报》几名编辑巴兹内·哈德森和乔治·戈德温等人涉嫌诽谤杰斐逊总统。如何处置上述二人，就成为了一个问题。

杰斐逊总统倒是宽容，并未故意促成对于戈德温等人的公诉。案件起

---

① JOHNSON J W. Historic U. S. court cases 1690—1990: an encyclopedia [M]. New York & London: Garland Publishing, 1992: 28.

② 同上。

初在位于康涅狄格州的联邦地区法院审理，被告对于法庭的管辖权提出异议，而且，审理案件的两名联邦法官对于联邦法院在普通法犯罪的管辖权合法性问题上产生分歧，故而案件最终被移交到联邦最高法院。对于这一案件，联邦最高法院的法官们也没有达成一致意见。但是，普通法上的犯罪这一做法实际上被放弃。

小结

罪刑法定原则的明确提出应当归功于贝卡利亚等人。在其传世之作《论犯罪与刑罚》一书（1764 年出版）中，生活在 18 世纪的贝卡利亚首次明确全面地提出了刑罚的三大原则，其中之一就是罪刑法定。[①]

美国建国后不久，在采取英国法传统的同时，颇为注重成文法的制定及其在司法实践中的运用，对于犯罪及其处罚，大体上抱持一种相对谨慎的态度。这种相对审慎的态度，在托马斯·杰斐逊总统任职期间，更为明显，其中表现之一就是对于普通法上的犯罪趋于否定的态度。1812 年的这起“合众国诉哈德森与戈德温”案就是一个分水岭式的案件，此后，有关是否适用普通法上的犯罪基本归于沉寂，亦即不再成其为问题。

① 贝卡利亚．论犯罪与刑罚［M］．黄风，译．北京：中国大百科全书出版社，1993：109；曾尔恕．历史上最具影响力的法学名著 30 种［M］．西安：陕西人民出版社，2007：137.

11. 科恩诉弗吉尼亚州（1821）：彩票销售案引发的争议

Cohens v. Virginia, 6 Wheaton 264 (1821) [U. S. Supreme Court]

案件梗概

菲利普·科恩和门德斯·科恩两兄弟因为未获弗吉尼亚州的许可，违反弗吉尼亚州的一项禁止此类交易的法律销售彩票而在诺福克自治市的季审法庭受到审判，并被判犯罪成立，罚款 100 美元。科恩两兄弟不服上述判决，依据 1798 年的《司法法》第二十五条的规定，上诉到美国联邦最高法院。他们认为，自己的彩票已在华盛顿特区注册。依据国会通过的一项法案，他们的彩票就是不受州法限制的、可以在全国范围内发行的彩票。这一案值并不很大的案件很快引起全国的注意，因为，有不少知名律师公开支持科恩兄弟的主张，认为国家范围内经营的公司不受州一级政府的制约。这一案件也因此再度引发美国联邦最高法院是否有权审查州一级立法机构的立法以及州一级法院判决这一颇具争议性的问题。[①]

---

① JOHNSON J W. Historic U. S. court cases 1690—1990: an encyclopedia [M]. New York & London: Garland Publishing, 1992: 91.

当时，弗吉尼亚州州长托马斯·曼·兰道夫将上述问题写进其在 1820 年底提交给弗吉尼亚州立法机构的年度发言，该州的立法机构随后发表了一项特别报告以及一系列的决议，以否定联邦最高法院对于科恩兄弟彩票销售案的审判权力。该特别报告重申肯塔基与弗吉尼亚方案形成的原则：《美国宪法》只是 1787—1788 年各州达成的联合产物。该特别报告因此否定联邦最高法院是宪法问题排他的或最终的仲裁者，并老调重弹地认为联邦与州政府各自代表清晰且完全独立的主权。至于联邦最高法院，并不高于州法院。[①]

争论归争论，“科恩诉弗吉尼亚州”一案还是于 1821 年 2 月开始在联邦最高法院公开审理，原被告双方观点分歧严重。被告方亦即弗吉尼亚州的代理律师们收到弗吉尼亚州议会的指示，要求律师们限于争论司法问题。被告方律师在辩论过程中主张弗吉尼亚的主权，否定联邦最高法院有权审理“科恩诉弗吉尼亚州”一案。他们还声称，《美国宪法第十一修正案》限制联邦法院在没有获得一州许可的情况下即可以审理案件。科恩兄弟的代理律师则强调此前不久的“马丁诉亨特承租人”一案的判决意见[②]，

---

① JOHNSON J W. Historic U. S. court cases 1690—1990：an encyclopedia［M］. New York & London：Garland Publishing，1992：92.

② “马丁诉亨特承租人”一案的发生可以追溯到美国独立战争时期，涉及第六代费尔法克斯勋爵托马斯在弗吉尼亚西部拥有的 500 万英亩以上的肥沃土地。费尔法克斯是弗吉尼亚的公民，1781 年去世，在遗嘱中将上述财产留给外甥丹尼·马丁。丹尼·马丁是一位英国臣民，从来没有在“老自治领（即弗吉尼亚南部）”居住过。当时的弗吉尼亚州在州长帕特里克·亨利（他是赫赫有名的独立战争期间的英雄）的领导下，否定了外国人继承遗产的权利，该州立法机构通过了取消其他一些特权（诸如各种免税）的法律，涉及土地问题。马丁不服，提起一系列的诉讼，主张其合法的继承权利，并提到 1783 年英美双方签署的《巴黎条约》中有关禁止没收效忠英王政府者的财产的条款。弗吉尼亚州无视以上讼争，并在 1789 年继续出售涉案土地，并将没收的费尔法克斯土地的一部分卖给一个投机者大卫·亨特。马丁当然不承认亨特对于上述土地的所有权，由此双方进入诉讼程序。弗吉尼亚州的地方法院在 1794 年对“马丁诉亨特承租人”案做出的判决有利于马丁，亨特则选择向弗吉尼亚州的最高法院上诉。在弗吉尼亚州最高法院尚未做出判决之前，马丁将涉案土地很大一部分卖给一伙投机者，其中就包括约翰·马歇尔（也就是后来著名的大法官马歇尔）和他的兄弟詹姆斯。这个案子最后来到美国联邦最高法院，以四分之三的多数结案，判决词的执笔人是约瑟夫·斯托里大法官，他是一位极端国家主义者。约翰·马歇尔因为与案件有关，申请回避，但却不无暗中影响力。联邦最高法院审案的主要依据是 1798 年《司法法》第二十五条的相关规定，大意是许可不服州一级法院判决的当事人将案件上诉到联邦最高法院（如果案件涉及美国宪法、联邦法律或国际条约的问题的话）。斯托里在判决中，明确地捍卫了 1798 年《司法法》第二十五条的合宪性以及联邦最高法院审查州法院涉及联邦问题案件的权利。JOHNSON J W. Historic U. S. court cases 1690—1990：an encyclopedia［M］. New York & London：Garland Publishing，1992：81 – 84。

认为是美国人民而非各州缔造了《美国宪法》。如果要维持联邦政府，那么，联邦司法对抗来自州一级政府的侵蚀就十分必要。1821 年 3 月 3 日，马歇尔代表联邦最高法院一致意见，宣读了判决书，这份判决书尤为精彩，详尽地展现了联邦最高法院之前在“马丁诉亨特承租人”一案中业已阐明的宪法国家中心主义的基本立场。①

当然，并非所有人都赞同马歇尔大法官发表的上述观点。例如，业已卸任的第三任总统托马斯·杰斐逊（1801—1809 年在任）对于联邦最高法院的看法就颇为负面，认为该法院是一个“不负责任的机构”，试图篡夺各州的权力并制造一个“强势的政府”。相反，詹姆斯·麦迪逊作为在任的美国总统（1809—1817）表现得较为克制。也就是说，尽管麦迪逊认为联邦最高法院在各州与联邦政府发生争执的时候，可以成为最终的仲裁者，但他倾向于避免使自已卷入这场纷争。②

这起案件引发的最大争议在于：当联邦政府与州政府产生冲突时，美国联邦最高法院是否应当是最终的仲裁者。对此问题，当年托马斯·杰斐逊等人做出了否定回答，这一严肃的问题即便是到了今天，也未必容易回答。因为联邦最高法院的这种最终仲裁权力并未见于《美国宪法》的明文规定，此种权力从何而来也是一个问题。还有一个问题就是：美国联邦最高法院与美国人民的意愿之间的关系。因为，联邦最高法院的法官们是被指定的，如果行为端正得终身任职，只有在辞职、去世或被弹劾的情况下才会离职。此外，主张州权的一方认为或说不无疑虑的是，联邦最高法院是由《美国宪法》创设的，是联邦政府的一部分，在扩大中央政府权力的同时，也会扩大自己的权力。因此，“科恩诉弗吉尼亚州”一案的审理并未解决联邦与州政府冲突时联邦最高法院是否适合充当最终仲裁者这一问题，而这一问题的基本解决一直延续到美国内战。③

---

① JOHNSON J W. Historic U. S. court cases 1690—1990：an encyclopedia［M］. New York & London：Garland Publishing，1992：92.

② 同上，1992：93.

③ 同上，1992：94.

点评

美国建国之后，起先采用的是一种较为松散的邦联模式。这一模式无疑是基于独立后担心暴政与集权再度出现的考量，但却很快暴露出不足，因而招致部分精英人士的反思和修正，1787 年在费城召开的制宪会议就是对于邦联模式的反省和否定。但是，联邦主义与反联邦主义这两股不同的思潮在美国社会一直争斗不休，并因此催生了美国的联邦党人与民主共和党人这两种政治派系，两大派系之间的斗争通过司法领域时有反映，我们这里探讨的 1821 年“科恩诉弗吉尼亚州”一案即具有一定的典型意义。

联邦政府与各州之间的权力分配是一个值得认真考虑的问题。比较早的思考和讨论可以见之于汉密尔顿等人在费城制宪会议后争取多数州批准新出台的《美国宪法》的过程中提出的持续不断地发表在纽约报刊上的系列文章共计 85 篇，这些文章是当时三位年轻的政治家在不到一年的时间（1787. 10—1788. 8）里写就的，其中就涉及联邦政府与各州的权力分配，比较突出的就是《联邦党人文集》第四十五篇（麦迪逊撰写）。[①]

1821 年的“科恩诉弗吉尼亚州”一案与在其之前发生的 1816 年的“马丁诉亨特承租人”一案的共同点在于它们都涉及联邦政府与州政府权力划分的问题。尽管《美国宪法》对此有一定的明晰规定，但却需要实践的检验和司法过程中必要的确立。[②] 联邦最高法院是否有权审查州法院已决案件，更是一个直接或尖锐的问题。在上述两个案件中，州政府一方均不认可联邦最高法院的这一权力。而且，在 1821 年的“科恩诉弗吉尼亚州”一案审理的过程中，对于联邦最高法院是否可以充当联邦政府与州政

---

① 汉密尔顿，杰伊，麦迪逊. 联邦党人文集［M］. 程逢如，在汉，舒逊，译. 北京：商务印书馆，1980：235 - 239.

② 例如，关于州权的限制性规定见之于《美国宪法》第一条第十款，这一条款可谓从反面强调诸如对外缔约、参加同盟或联邦、铸币、征税等属于联邦政府专属的权力。杰罗姆·巴伦，托马斯·迪恩斯. 美国宪法概论［M］. 刘瑞祥，潘嘉玢，颜福祥，等译. 北京：中国社会科学出版社，1995：318 - 319.

府之间冲突的最终仲裁者这一角色，卸任总统托马斯·杰斐逊与其昔日的战友、当时还在任的总统詹姆斯·麦迪逊对于这一问题的见解大相径庭。这样的争议也并没有因为“科恩诉弗吉尼亚州”一案的审理归于终结，而是延续到美国内战之后才算基本了结。

小结

19 世纪 30 年代早期，年轻的法国贵族、法官在考察美国之后，得出这样一个结论：“在美国，几乎所有政治问题迟早都要变成法律问题。”①

我们这里讨论的 1821 年“科恩诉弗吉尼亚州”一案起先应该是一个法律问题，涉及科恩兄弟在弗吉尼亚州某地销售彩票被审理并罚款、案件最终进入美国联邦最高法院这一基本情况。这个案件的不寻常之处在于政治上的纷争、党派歧见等因素纷纷杂糅其间，使得某些之前的争议，诸如联邦政府与州政府之间的权限；联邦最高法院是否有权推翻州法院的判决；在联邦政府与州政府冲突之时，联邦最高法院是否可以作为最终的仲裁者等问题再度出现。而且，当时一些身份特殊的显赫人物如卸任总统托马斯·杰斐逊与在任总统詹姆斯·麦迪逊等人对此有不同看法。尽管这些问题在此案以及之前的一些经典案件（例如 1816 年的“马丁诉亨特承租人”案、1819 年的“马卡洛诉马里兰州”案②）的审理中并未获得完全解决，但却基本定调。在某种程度上我们可以说，1821 年的这个看似不起眼案件的判决具有里程碑式的意义。

---

① 托克维尔．论美国的民主：上卷［M］．董良果，译．北京：商务印书馆，1988：310.

② 关于 1819 年“马卡洛诉马里兰州”案，可参见：郭义贵．西方法律名案讲座：近现代部分［M］．桂林：广西师范大学出版社，2019：79－90.

12. 惠顿诉彼得斯（1834）：早期美国的著作权之争

Wheaton v. Peters, 8 Peters 591 (1834) [U. S. Supreme Court]

案件梗概

早期美国联邦最高法院的书记员做的是一件苦差事，工资低、劳动强度大。聊以自慰的是，他们可以通过出售业已公开的法院报告获取某种补偿性的收益。他们认为，自己对于此项收益拥有依据著作权而来的垄断权利。因为，《美国宪法》第一条第八款对于著作权做出了原则性的规定。美国第一届国会在 1790 年 5 月通过了一项保护著作权的法律，该法的相关条款在 1802 年的进一步立法中得到补充。根据以上制定法的规定，某位遵守了相关规定程序的作者就能够在十四年内享有对于一本书或一幅地图的出版或销售的完全的控制权利。上述规定实行了很长一段时间，直到 1831

年，某个法庭的书记员以著作权被侵害为由对其继任者提起诉讼为止。这一案件因此也成为奠定现代美国著作权法基础的案件，同时，随之而来的是，该案也折射出当时的美国社会对于著作权问题的不同看法。①

这起案件的原告是亨利·惠顿，曾经在1816—1827年间担任过美国联邦最高法院的第三任书记员。在他辞去书记员，成为驻丹麦的临时代办之前，完成了12卷本的《法院报告》。此时，惠顿的打算是更新每一卷报告的著作权，亦即在著作权到期前，通过发行报告的新版本来更新其著作权。这样的话，他可以指望在接下来的许多年里，每年能够稳稳当当地获得2000美元的收益。②

惠顿的打算却因为他的继任者理查德·彼得斯的做法泡汤了。彼得斯认为现有的《法院报告》成本高，不易获得，因此，他计划做一套6卷本的花钱不多的《法院简报》。这一计划将包含美国联邦最高法院成立以来一直到1827年的所有判决，略去其中前三任书记员们收集的当事人的代理律师的辩护意见以及其他材料。彼得斯的计划无疑会与惠顿正要更新出版的计划发生冲突，因为，惠顿正想着可以因此从自己以及自己的前两任书记员们的劳动及其成果中获取利益。彼得斯的做法在当时似乎也没有什么问题，因为，时逢杰克逊时代③，国家鼓励具有竞争性的企业家精神。所以，尽管惠顿坚决反对，彼得斯依然在1830—1834年间出版了几本《法院简报》，每套只需25美分。④

惠顿看到“自己的”案例被人抢先出版，立即做出反应。他向法院申请禁止令，要求彼得斯不得继续出版，并计算其因为著作权侵权所获得的一切利益。惠顿的代理律师们依据联邦相关法律以及英美普通法，认为作者对于自己的文字作品拥有永久和排他性的控制。对此，彼得斯的律师们

---

① JOHNSON J W. Historic U. S. court cases 1690—1990：an encyclopedia［M］. New York & London：Garland Publishing，1992：223.

② 同上。

③ 杰克逊时代应该是指安德鲁·杰克逊担任美国总统时期（1829—1837）。

④ JOHNSON J W. Historic U. S. court cases 1690—1990：an encyclopedia［M］. New York & London：Garland Publishing，1992：223.

认为，彼得斯的相关行为并未违法。惠顿的权利依据只是国会的立法，他并未对于相关权利的实现所需的基本条件做任何的事情。此外，任何人不能因为司法意见即获得一项著作权。简言之，惠顿的著作权业已进入公共领域。①

"惠顿诉彼得斯"一案迫使联邦法院在上述两种截然不同的观点中做出选择：是促进竞争、市场与知识的民主进入，还是对于私有财产神圣不可侵犯的坚定承诺？此案在费城联邦巡回法院开庭审理，约瑟夫·霍普金斯法官做出不利于惠顿的判决。霍普金斯法官的判决意见后来成为美国联邦最高法院多数法官意见的主要参考，该案最终于1834年早期在联邦最高法院进入上诉审，约翰·麦克莱恩大法官代表多数法官意见，首先否定了惠顿的普通法上的权利主张，认为美国并无所谓的普通法。因为，每一个殖民地建立的时间不一，情况也不一样，殖民地居民采纳的也仅仅是那些适合他们不同需求的英国普通法的某些部分。此外，对于独立前的北美殖民地而言，英国普通法上的著作权并不完善且令人困惑，因此，其无论是对宾夕法尼亚还是任何其他的殖民地，均无法提供一个统一的著作权原则。所以，惠顿能够依据的也就是联邦法律中有关保护其书面作品的法律。②

麦克莱恩大法官认为，既然国会通过的相关法律没有授予原告独占的权利，那么，为了公共利益，这些相关的法律条文就应当做严格的解释。由于没有足够的相关证据表明惠顿获取的每一卷《法院报告》的副本均经过了国务卿的同意（1790年的相关法律对此有要求），因此，麦克莱恩大法官指示将此案发回巡回法院重审，由陪审团来确定案件的相关事实。最后的结果是，惠顿难以向陪审团证明其编纂的作品符合相关法律的规定。这意味着，如果惠顿的著作权存在的话，也只是涉及他所做的补充性的注

① JOHNSON J W. Historic U. S. court cases 1690—1990: an encyclopedia [M]. New York & London: Garland Publishing, 1992: 223-224.

② 同上，1992: 224.

释，而不包括联邦最高法院大法官们所做的司法判决。[①]

“惠顿诉彼得斯”一案的意义在于，今天的美国作家们只能够依据相关的制定法来维护自身的权益。

点评

在近代，美国应当是较早地通过成文法的形式明确保护著作权人合法权利的国家。例如，1787 年《美国宪法》第一条第八款（八）这样规定：保障著作家和发明家对其著作和发明在一定期限内的专有权利，以促进科学和实用艺术之进步。[②]

如果说美国宪法的相关规定过于原则，不利于应对具体或复杂形势的发展与变化，那么，其后不久的美国国会通过的一项著作权法应当更为详细。而且，根据我们的了解，美国国会的上述立法在 1802 年得到了进一步的补充。因此，首先需要肯定的是，以成文法的形式明确地对作者的著作权予以保护，美国无疑走在很多国家的前面。

1834 年的这个案子反映出当时美国社会发展过程中的一些信息。例如，美国联邦最高法院的书记员这个工作看似光鲜，但却有着收入低、劳动强度大的不便与外人说的苦涩。所以，这位案件的原告惠顿先生也是自己给自己创收，而且，还指望有更为长远的、稳定的收益。这种看似不错的计划却遭到被告的致命一击，故而双方诉诸法院。

因为有成文法的明文规定，所以，英美普通法上的相关规定被弃而不用。这一案件的判决当然不无里程碑式的意义，此后的美国著作权保护也因此获得了由此案而来的某种先例或参照的尺度。

---

① JOHNSON J W. Historic U. S. court cases 1690—1990: an encyclopedia [M]. New York & London: Garland Publishing, 1992: 224.

② 杰罗姆·巴伦，托马斯·迪恩斯. 美国宪法概论 [M]. 刘瑞祥，潘嘉玢，颜福祥，等译. 北京：中国社会科学出版社，1995：317.

小结

1709 年，世界上第一部著作权法在英国诞生，并得到当时英国安妮女王的御准（assent）。尽管不尽完善，但却给作者、书商、印刷商等人提供了一定的保护。①

我们这里探讨的是 19 世纪 30 年代美国的一个涉及著作权方面的案件。当时的著作权方面的立法较为罕见，所以，从这个意义上来说，美国走在了前面。不仅在其联邦宪法中有原则性的规定，而且还有国会更为明晰的法律。② 当然，具体在司法实践中，著作权的保护还需要经受一定的考验。正是因为有成文法方面的规定，故而“惠顿诉彼得斯”一案的结果不至于引发太大的争议，该案的判决对于后来的著作权争议的解决其实也提供了一个范例。

---

① SCHLICKE P. The Oxford Companion to Charles Dickens [M]. Oxford: Oxford University Press, 2011: 123.

② 1790 年 3 月 31 日美国国会通过的《著作权法》（*Copyright Act* 1790）一共 7 个条文，有一个简短的前言，表明该法的目的在于鼓励学习，保护地图、图表、书籍等的作者和所有权人（作者和所有权人包括美国公民或居住在美国境内的人），保护期限为 14 年。经过登记后，其遗嘱执行人、管理者或分配者有权印制、复制、出版或售卖相关地图、图表、书籍。在上述期限届满前六个月内，如果作者还活着，可以继续受到新一轮为期 14 年的保护。如果其他人未经作者或所有权人的同意即印制或出版或抄写，一经查获，依据本法，则须向相关作者或所有权人承担赔偿相应一切损失的责任。当然，被告方有权申辩，并提供相应的证据。

13. 人民诉费瑟（1835）：制鞋工引发的“共谋犯罪”

People v. Fisher, 14 Wendell's Reports 9（1835）

[New York Supreme Court of Judicature]

案件梗概

1833 年，一位已经学徒期满的制鞋工（被人称为“费瑟”）与他的另外几位（人数不详）同事组成一个所谓的“俱乐部”（这是后来的纽约州最高法院首席大法官约翰·赛维吉给他们的称呼）。他们起草了一个内部章程，大意是禁止内部成员以低于 1 美元一双的价格为雇主制作男鞋。当某一个雇主提出以 75 美分一双鞋的价格雇用制鞋工的时候，费瑟和其他几个人同时罢工。于是，费瑟由于违反纽约的一项法律被起诉，该法指出

“从事任何一项有害于贸易或商业的行为”均是共谋犯罪。①

在法庭上，费瑟辩解他与其他几位同事的行为并不违法。赛维吉法官对此辩解予以批驳，其依据是英美普通法上的相关先例以及政策，指出被告共谋的行为“有违普通法的精神”。当然，费瑟是因为违反纽约的相关成文法受到起诉的，所以，普通法上的相关先例不宜适用该案。但是，赛维吉法官还是推导出被告方只要有共谋的行为，哪怕是出于合法的目的，也应当受到起诉的结论。也就是说，雇员的共谋行为，包括罢工，依照相关成文法的规定，亦即“有害于贸易或商业的行为”。为了说明自己的观点，赛维吉法官从政策上寻找依据，认为共谋对于自由放任的市场经济形成冲击。②

“人民诉费瑟”案的产生适逢美国社会对劳工组织进行压制，在通往工会组织的道路上，法律是一头站立着的令人生畏的雄狮。好在不久的相关司法判决（1842 年的“马萨诸塞诉汉特”案）对此有所改变，该案在马萨诸塞州最高法院审理，由马萨诸塞州首席大法官莱缪尔·肖做出判决。判决意见认为，在普通法上，劳工组织本身并非是应该受到起诉的共谋犯罪。肖承认“人民诉费瑟”案有一定的先例作用，但是，纽约州当时审理该案时，适用的是成文法，而马萨诸塞州的这个“汉特”案适用的却是普通法。由于马萨诸塞的制靴匠们的目标和方式均无非法，所以，肖拒绝适用赛维吉法官的基本观点。当然，“汉特”案的判决并未使得所有的工会活动合法化，但却动摇了“人民诉费瑟”案判决意见的根基。③

“人民诉费瑟”案判决的影响力是颇为显著的，在 19 世纪后期的美国，雇主一方以此和其他的手段来有效地打压工会及其活动。大约在 1870—1900 年间，他们找到的其他有效方法有劳动禁令和反托拉斯法。例如，利用 1890 年颁布的《谢尔曼反托拉斯法》对工会及劳工组织者进行

---

① JOHNSON J W. Historic U. S. court cases 1690—1990：an encyclopedia [M]. New York & London：Garland Publishing，1992：209.

② 同上。

③ 同上，1992：210.

起诉，依据为工会组织以及罢工就是限制贸易，与“人民诉费瑟”案中赛维吉法官的观点几乎如出一辙。只是到了20世纪30年代罗斯福“新政时期”，才被抛弃。[①]

点评

美国当代著名法学家劳伦斯·M. 弗里德曼在谈到1776—1850年的美国法律与经济的时候，这样写道：“十九世纪是自由放任主义声隆名盛的时期。”但是，弗里德曼没有忘记告诉我们，“实际考察历史，我们就会发现事实要复杂得多”。[②]

发生在1833年、判决于1835年的这起“人民诉费瑟”案起因并不复杂，但它引发的后续影响确实颇为深远，几乎在判决生效后的一百年间占据着主流的地位，因而反映出美国社会自由经济与法律的紧密关联。

这个案件的背景是19世纪早期的美国逐渐进入工业国家的行列，东北各州在这一过程中尤为突出和领先。此时的工厂制度继美国独立后不久获得进一步发展，随之而来的是劳资双方关系的对立和紧张。这个时候的美国工人为提高工资而举行的罢工通常都失败了，因为，劳工组织力量依然薄弱且缺乏经验。此外，州法院往往依据习惯法将劳工组织视为阴谋犯罪集团。[③] 因此，这个案件最终出现这样的结局也就不足为奇。

“共谋”（conspiracy）应该是该案的一个关键词，源自英国普通法，指二人以上为实施犯罪或非法行为同谋共议，或共谋以违法或犯罪手段实施本身并不违法的行为。[④] 在英美法发展的过程中，以“共谋”的名义钳

---

① JOHNSON J W. Historic U. S. court cases 1690—1990：an encyclopedia［M］. New York & London：Garland Publishing，1992：210.

② 劳伦斯·M. 弗里德曼．美国法律史［M］．苏彦新，等译．苏彦新，校．北京：中国社会科学出版社，2007：181.

③ J. 布鲁姆，等．美国的历程：上册［M］．杨国标，张儒林，译．杨国标，校．北京：商务印书馆，1988：339－347.

④ 薛波．元照英美法词典［M］．北京：法律出版社，2003：291.

制和打击违法犯罪的案例甚多，其积极的一面应当得到肯定。但不容置疑的是，其在有的时候也会被用来对付无辜者，造成错案。

小结

劳动者在经济活动中是否有权给自己的劳动或产品定价，似乎是一个法律不宜过度干预的问题，好像也符合案发当时经济自由的大环境。但是，通过阅读我们会发现，美国社会一度十分推崇的自由放任主义经济可能更多地是给予资方或雇主方经济自由，相对弱势的劳工一方却处于不利的地位。

就这个案件本身的判决意见而言，其实存在一定的漏洞或难以经受推敲之处。因为，对于被告“费瑟”的指控是他违反了纽约州的一项制定法。但是，审理该案的赛维吉法官却从普通法、政策方面寻找判案的依据，显然是不妥当且颇为牵强的。据此，我们可以这样认为，这起案件的判决较为失败，缺乏足够的法律依据。它之所以能够影响美国社会很长一段时间，成为占据主流地位的司法意见并在实际上发挥了类似于先例的作用，其实是契合了当时的社会经济环境。

按照今天我们的理解，1835 年发生在纽约州最高法院的这个案件的判决应当是一起错案，它的形成自然应该归咎于当时特殊的经济社会环境。

14. 马萨诸塞州诉阿维斯（1836）：有关过境奴隶的法律问题

Commonwealth v. Aves，18 pickering 193（1836）

[Supreme Court of Massachusetts][①]

案件梗概

1836 年 5 月，新奥尔良一位奴隶主的妻子玛丽·阿维斯·斯莱特回到老家波士顿看望自己的父亲，同行的还有一位 6 岁的女奴梅德。当年 7 月，斯莱特生病，离开波士顿一段时间。离开波士顿的时候，她将梅德留给自己的父亲托马斯·阿维斯。就在这个时候，“波士顿女性反奴隶制协会”

① 如果照字面直译，我们这里讨论的这个 1836 年的“马萨诸塞州诉阿维斯”案应该译成“四州联盟诉阿维斯”。但是，考虑到该案实际上在马萨诸塞州审理，故名。

为梅德申请到人身保护令。当年 8 月，该案在马萨诸塞州最高法院审理，该州首席大法官莱缪尔·肖审理这一案件。尽管肖担任马萨诸塞州首席大法官只有几年的时间，但他在州法院一级的法官中已经享有一定的知名度。分别代表控辩双方出庭的两名代理律师也是赫赫有名的人物，一位是本杰明·R. 柯提斯，后来成为美国联邦最高法院大法官，在“德雷德·斯科特诉桑福德”一案（1857）中，发表了其雄辩的反奴隶制的不同意见（dissent），[①] 他在“马萨诸塞州诉阿维斯”这个案件中代表阿维斯。另外一名代理律师是埃利斯·格雷·洛林，他在后来将大部分精力投入到反奴隶制的事业中，同时他也是哈佛公司的一名职员。在本案中，他代理“波士顿女性反奴隶制协会”，为梅德的自由代言。在看过柯提斯和洛林两位律师在案件中的辩护词之后，美国联邦最高法院的大法官约瑟夫·斯托里的评价甚高，认为辩护词展现出的学识、研究和能力是任何一个人都会引以为自豪的事情。[②]

本杰明·R. 柯提斯作为阿维斯的代理律师在法庭上发言。他认为，马萨诸塞州应当尊重路易斯安那州的法律。根据路易斯安那州的法律，梅德是一名奴隶；根据《美国宪法》中的逃奴条款，马萨诸塞州的法官必然会认识到逃奴在该州的身份，由此不会影响州与州之间的和谐，对于马萨诸塞州来说也不是一种过度的负担。洛林的辩护意见主要围绕奴隶制的不道德方面展开。他指出，对于马萨诸塞州的人民来说，奴隶制冒犯了他们的道德感，与他们的政策相冲突，并开创了一个有害的先例。而且，在马萨诸塞州，奴隶制的存在就是对于法律的违反。而且，英国 1771 年的“萨默赛特”案作为马萨诸塞州普通法的一部分，具有先例的作用。依据“萨默赛特”案的判决意见，梅德也应该获得自由。至于柯提斯提到的逃奴条

---

① 关于“德雷德·斯科特诉桑福德”（1857）一案，可参见：郭义贵．西方法律名案讲座：近现代部分［M］．桂林：广西师范大学出版社，2019：101－110．该案审理结果：美国联邦最高法院 7 名大法官赞成斯科特仍然是奴隶，柯提斯和另外一名大法官麦克林（Mclean）持异议．该案被某些学者认为是“美国内战的导火索”。

② JOHNSON J W. Historic U. S. court cases 1690—1990：an encyclopedia［M］．New York & London：Garland Publishing，1992：343．

款，洛林认为，其与上帝明示的法律相冲突，不过是一种不幸的妥协，但却并不影响过境（自由）。最后，洛林以一种诗意的、充满激情的请求结束了自己的发言。[①]

审理这起案件的马萨诸塞州首席大法官肖发表了自己的见解。他认为，马萨诸塞州所有的法律界人士均认为，一旦奴隶踏入马萨诸塞州的土地，即（自动）获得自由。在回顾了英美历史上的相关先例（包括英国1772年的“萨默赛特”案）之后，肖认为，马萨诸塞州的法律有权管辖这一案件。而且，在路易斯安那州和肯塔基州也是如此：奴隶一旦进入自由州，即可获得自由。[②]

遗憾的是，尽管肖的上述意见为北部大多数州接受，但对美国南部和美国联邦最高法院却影响有限。例如，1851年的“斯特拉德诉格雷厄姆”案以及1857年的“德雷德诉桑福德”案的判决均以败诉告终。[③] 美国奴隶制的最终解决，不是通过法律，而是取决于一场残酷的内战。

点评

1619年，一艘荷兰船将20个非洲人带到弗吉尼亚的詹姆斯敦，由此开始了黑人在北美新大陆的历史。17世纪后期，伴随着南方种植园经济的发展，非洲黑人通过直接或转送的方式被非自愿地输入，人数有了很大的增加，同时，殖民地的法律也确定了他们的奴隶身份。在三百五十年的奴隶贸易中，有900万~1200万非洲人在极其恶劣的条件下被带到美洲各地，其中约40万被带到北美。[④]

美国独立战争爆发之前，一些殖民者也是反对奴隶制的，特别是教友

---

① JOHNSON J W. Historic U. S. court cases 1690—1990: an encyclopedia [M]. New York & London: Garland Publishing, 1992: 344.

② 同上。

③ 同上。

④ 戴安娜．拉维奇．美国读本：感动过一个国家的文字：上［M］．林本椿，等译．徐崇信，校．北京：生活·读书·新知三联书店，1995：39.

派和孟诺派，以及当时的一些著名领袖人物，如本杰明·富兰克林、亚历山大·汉密尔顿和约翰·杰伊等人。或许正是在上述这些教派和杰出人物的感召之下，1774 年 5 月 25 日，马萨诸塞州的一群奴隶向英国皇家殖民总督托马斯·盖奇提起吁请（appeal），“以使我们获得天赋的自由权利，我们的孩子也可在二十一岁时获得自由。”① 当然，这一问题不可能在独立战争之前的北美殖民地得到解决。1776 年的《独立宣言》中曾经出现过谴责奴隶制的文字，但因为大陆会议的部分代表反对而被删除。独立之后的美国在很长一段时间内，也难以摆脱奴隶制及其带来的重负。因此，在这个新生的共和国，民主制与奴隶制竟然并存了大约八十年之久，直到一场血腥的内战这一罪恶制度才终于被摒弃。

奴隶制在 1787 年《美国宪法》第四条第二款（三）有所反映，尽管语义多少有些含混或指代不明，但却体现了这部宪法对于逃跑的奴隶（“奴隶”一词当然不会出现在宪法中，而代之以“在某州服劳役或劳动的人”这样的字眼，所谓“person held to service or labor in one state”。同样，也不会出现“奴隶主”这样的字眼）的态度。②《美国宪法》中的这一段极其简短的文字，应当就是所谓“逃奴条款”（the fugitive slave clause）的由来。

奴隶制作为一种落后、不人道的存在毕竟不得人心，并逐步遭到越来越多的人的质疑和反对。1772 年，英国著名的王座法院大法官曼斯菲尔德勋爵审理了“萨默赛特”案，实际上否定了奴隶制在英国的合法性问题，并为美国的废奴人士提供了先例。③ 美国建国后不久，尽管包括其联邦宪

---

① 戴安娜．拉维奇．美国读本：感动过一个国家的文字：上［M］．林本椿，等译．徐崇信，校．北京：生活·读书·新知三联书店，1995：39－41.

② 杰罗姆·巴伦，托马斯·迪恩斯．美国宪法概论［M］．刘瑞祥，潘嘉玢，颜福祥，等译．北京：中国社会科学出版社，1995：322.《美国宪法》相关原文，可参见：美国宪法及其修正案［M］．北京：商务印书馆，2014：131.

③ 詹姆斯·萨默赛特（James Somerset）是查尔斯·斯图亚特（英国驻北美海关的官员）的奴隶，1769 年随主人回英国。1771 年，萨默赛特逃跑被抓，斯图亚特决定让人将他带到牙买加卖掉，但被英国的废奴主义者格兰威尔·夏普及时发现，并说服曼斯菲尔德大法官受理此案。大法官建议斯图亚特释放萨默赛特，但却遭到其拒绝。经过五次听证会，曼斯菲尔德勋爵做出上述判决。JOHNSON J W. Historic U. S. court cases 1690—1990：an encyclopedia［M］. New York & London：Garland Publishing，1992：342.

法和国会通过的法律等给予奴隶制以一定肯定和支持（例如，1793 年 2 月 12 日乔治·华盛顿总统签署的《逃奴法案》），但在一些州内（典型的是马萨诸塞州），奴隶制其实被否定。例如，1780 年，马萨诸塞州宪法中的《权利宣言》规定“所有的人生而自由平等”。表现在其后不久的司法实践中，通过“沃克诉詹尼森”案（1781）、“詹尼森诉考德威尔”案（1781）以及“马萨诸塞诉詹尼森”案（1783）这三个关联度极强的案件，奴隶制实际上已经没有什么市场。①

因此，当时间来到半个多世纪后的 1836 年的马萨诸塞州，“马萨诸塞州诉阿维斯”一案的结果应该不难预料。1780 年的马萨诸塞州通过的宪法宣布“所有的人生而自由平等”，意味着奴隶制在该州无立足之地。1780—1804 年间，美国北部所有的州都在采取步骤终止奴隶制。废奴主义者经过多年努力，业已形成气候，不断抨击这一制度，马萨诸塞州也不例外，该州的废奴主义者尤为活跃。因此，“马萨诸塞州诉阿维斯”案背后的推手应当是废奴主义者，这一案件对于他们而言无疑是一次绝好的机会。②

当然，案件的形成与发展遵循的是法治的原则和司法的途径。围绕着案件，双方的代理律师以及审理案件的法官等人各自依据的是当时的相关法律。例如，被告一方的律师柯提斯依据的是《美国宪法》中的“逃奴条款”。作为“波士顿女性反奴隶制协会”的代理律师、为梅德的自由代言的洛林依据的是 1772 年英国的“萨默赛特”案的判决意见，因为该案是马萨诸塞州普通法的一部分，具有先例的作用。洛林的辩论更多围绕奴隶制的不道德性展开，因而还引用了“上帝的法律”来反对奴隶制。审理这起案件的马萨诸塞州首席大法官肖的态度当然很关键，而且，其判决意见的表达审慎、专业。

---

① JOHNSON J W. Historic U. S. court cases 1690—1990：an encyclopedia［M］. New York & London：Garland Publishing，1992：339 - 341.

② 同上，1992：342 - 343。

小结

法律无疑是一个社会发展和变化的晴雨表，能够体现一个社会的进步或倒退。奴隶制在北美殖民地出现并在后来独立的美利坚合众国存续很长一段时间，自然有其必然性。这种有违自然理性、与古典自然法精神相互抵触的制度之所以难以短期内被消除，其实是迎合了当时社会中某些人的需要。作为反映社会中不同集团或阶层利益的法律，就是对立的人们之间博弈的结果。因此，在独立之前，奴隶制不可能被消除。在美国独立之后，这一制度在美国北部逐渐丧失市场，但南部州却难以割舍，最终只得以一场内战来做一个了断。

1836 年的这个案件距离美国内战的爆发还有二十五年，关于奴隶制的存废问题实际上早已经争论不休，暗流涌动。所以，该案的出现和审理其实具有多重的意义。在某种意义上，尽管当时美国的法律不无矛盾之处，但它在解决类似的问题上还是能够起到一定的作用。遗憾的是，在美国联邦的立法和司法层面，更多的是保守、僵化，失去了正确地引领社会的力量，美国联邦最高法院 1857 年的“德雷德 · 斯科特诉桑福德”案的判决（九分之七的多数票支持斯科特为奴隶）就是一个失败的典型。因此，不管怎么说，1836 年的这个“马萨诸塞州诉阿维斯”案的判决是一个值得讨论的案件。至少，它在当时预示着马萨诸塞州的法律（包括其司法）走在了联邦相关法律的前面。

15. 纽约诉米恩（1837）：联邦权与州权的变换

New York v. Miln，11 Peters 102（1837）［U. S. Supreme Court］

案件梗概

该案发生在1834年。当时，纽约的一项成文法律要求进入纽约船只的船长在船只靠岸一天内，提供船上所有旅客的名单。该法的目的是控制来纽约的穷人数量，因为纽约市难以安置这些人。这种设计是希望给纽约州提供行使“治安权”（police power）的权利。当然，对于这种“治安权”的理解存在不同的看法。例如，约翰·马歇尔大法官（他是一位著名的国家主义者，主张联邦权力高于州权）在1824年“吉本斯诉奥格登”一案的判决中将治安权视为一种美国公民可以借此获得保护的权力。但是，在1834年纽约的上述立法中，却有干预州际商业的嫌疑。这个案件来不及在1834年的美国联邦最高法院审理完毕，原因是有几位大法官因故缺席，故而该案被延搁。再度审理的时候，已经是 1837 年了。①

这个案件如果在 1834 年审理的话，结果很可能就不会是后面的结局。因为，彼时马歇尔大法官还健在，不出意外的话，他领导下的美国联邦最高法院会做出与 1824 年“吉本斯诉奥格登”一案相同的判决。② 但是，马歇尔大法官在 1835 年去世，其继任者是与其观点在很多方面相左的罗杰·B. 塔尼，其与当选总统安德鲁·杰克逊立场一致，都是反对联邦政府拥有过多权力的人士。随着马歇尔和联邦最高法院其他两位大法官的去世，杰克逊总统得以依照自己的意愿重塑联邦法院。马歇尔时代（1800—1835）的大法官仅剩约瑟夫·斯托里和史密斯·汤普森，其余五名大法官均为杰克逊这一派的人物。③

斯托里试图说服其法官同僚 1824 年的“吉本斯”案与目前的这个

---

① JOHNSON J W. Historic U. S. court cases 1690—1990：an encyclopedia［M］. New York & London：Garland Publishing，1992：191.

② 1824 年“吉本斯诉奥格登”案（Gibbons v. Ogden，9 Wheaton 1（1824）［U. S. Supreme Court］）又被称为“蒸汽船”案。1787 年 8 月，蒸汽船在美国特拉华水域首次出现，研制者是约翰·菲奇（John Fitch）。蒸汽船的问世带来美国一些州之间围绕竞争和垄断以及美国联邦政府关于商业权的争议问题，特别是联邦政府的商业权是否属于排他性的并排除州一级的法律（比如，纽约州在 1807 年的立法授予罗伯特·R. 利文斯通和罗伯特·富尔顿二人垄断的权利，并在 1808 年授予上述二人或其受托人在纽约州内三十年的垄断权。同时，纽约州也授予其他未获得特许的运营商类似的垄断权利。上述二人看到了蒸汽船可能带来的巨大商机，在其他一些州诸如弗吉尼亚、肯塔基、田纳西、俄亥俄、印第安纳、路易斯安那、密西西比以及新奥尔良等地也获得相应的年限不等的垄断许可）。由于有更多的未经许可的竞争者加入蒸汽船的运输行列，获得垄断的经营者请求纽约大法官法院发出禁令。当纽约大法官法院否决上述请求后，利文斯通和富尔顿提起上诉，即所谓“利文斯通诉范·英根”案。1812 年，纽约矫正法院（州最高法院）的判决支持垄断一方。此案的关键就是州法与联邦贸易条款之间的关系问题，审理该案的是当时著名的大法官詹姆斯·肯特，他认为，联邦宪法中的商业条款与州法可以并行不悖。“利文斯通诉范·英根”案只是解决了当时诸多冲突中的一个，利文斯通和富尔顿在后来一段时间里并未如此顺利，并在 1815 年先后去世。也就是在 1815 年，阿伦·奥格登（曾经担任过新泽西州州长，先前反对垄断，后转变立场）从利文斯通的受托人手里购得许可，但在 1818 年与自己曾经的合伙人托马斯·吉本斯产生矛盾，双方诉讼，奥格登胜诉。吉本斯不服纽约矫正法院 1820 年的判决，上诉到美国联邦最高法院。双方聘请到当时的一些著名律师（例如，吉本斯一方的代理律师是丹尼尔·韦伯斯特、当时的美国检察总长威廉·沃特）在联邦最高法院激辩达五天之久，听众挤满了法庭。最终，马歇尔领导的联邦最高法院达成一致意见，宣布相关州法（涉及垄断航运权的部分）无效，该判决被认为是美国历史上的第一个反托拉斯判决。可参见：JOHNSON J W. Historic U. S. court cases 1690—1990：an encyclopedia［M］. New York & London：Garland Publishing，1992：187 - 192.

③ JOHNSON J W. Historic U. S. court cases 1690—1990：an encyclopedia［M］. New York & London：Garland Publishing，1992：194 - 195.

“纽约诉米恩”案之间的相似性，但是，这些人没有听取他的意见。巴伯代表多数大法官撰写判决词，他也是一位州权理论者，并在 1821 年的“科恩诉弗吉尼亚州”案中作为被告一方的代理律师，竭力主张联邦最高法院无权审查州法院做出的判决。这一次，他等来了反击的机会。持异议的只有斯托里大法官一人。①

点评

根据美国学者的相关研究，早在 1787 年夏天的美国制宪会议上，代表们对于贸易问题（commercial problem）即不无担心，故而在《美国宪法》第一条第八款（三）中规定国会有权“管理同外国的、各州之间的和同各印第安部落的贸易”。制宪会议期间，康涅狄格、新泽西、纽约几个州之间爆发了关税战，因而上述所谓“贸易条款”进入《美国宪法》也就不足为奇。②

早期美国社会与“贸易条款”有关的著名案件应当包含 1824 年的“吉本斯诉奥格登”案以及 1837 年的“纽约诉米恩”案。两个案件其实具有相似性或本质上区别不是很大，都在美国联邦最高法院终结，但两案的结果却相差甚大，其中耐人寻味之处也就值得探讨。如果说 1824 年的“吉本斯诉奥格登”案反映了约翰·马歇尔作为当时美国联邦最高法院首席大法官对于案情的精准把握，对于社会、经济、政治以及涉案地区压力的理解以及超乎寻常的说服力等，那么，联邦与州之间以及不同的州之间在贸易上的分歧或矛盾其实并没有止息，一连串的类似案件被提交到联邦最高法院就是明显的例证。其中，比较突出的一个案件发生在 1826 年，即“威尔逊诉黑鸟溪沼泽公司”（这也是马歇尔法院处理的事关贸易条款的最后一个案件）。这一次，这位联邦最高法院的首席大法官同样采用了选择

① JOHNSON J W. Historic U. S. court cases 1690—1990：an encyclopedia [M]. New York & London：Garland Publishing，1992：195.

② 同上，1992：187。

性的排他做法。但是，他的实用主义促使他做出了有利于州的判决。①

美国联邦最高法院的人事变动（与马歇尔和其他两位大法官的先后去世有关）应当是“纽约诉米恩”案判决的关键因素。当然，联邦法官的意见实则不光体现其本人的见解、政治立场和情感等，同时也会折射出一个时期内社会的或某一群体或集团的观念以及利益诉求。此外，联邦与各州之间的关系抑或两者之间的权力分配等（包含利益冲突的不同州之间的利益之争等）从来都不会是一个简单的问题。

小结

在 1828 年的美国大选中，安德鲁·杰克逊打败其竞争对手（在任总统约翰·昆西·亚当斯，一位国家主义者）赢得压倒性的胜利，1829 年，入主白宫，开始了所谓“杰克逊式的民主”。与其前任不同的是，杰克逊一再强调的是，联邦政府的权力有限，并警告不要对宪法做“牵强附会的解释”，要防止对“合法的州主权的权限范围内的任何侵犯”。② 政府首脑的立场以及随后机缘巧合地对于美国联邦最高法院大法官的大幅度改组，实际上具有多方面的意义和作用。

在以上这种大背景下，不可能指望仅凭约瑟夫·斯托里一人来力挽狂澜。所以，美国学者克雷格·T. 富伦德认为，“纽约诉米恩”案的意义在于它是一种预兆，意味着美国联邦最高法院与当时的美国一并发生了变化。③

---

① JOHNSON J W. Historic U. S. court cases 1690—1990：an encyclopedia ［M］. New York & London：Garland Publishing，1992：187 -193.

② J. 布鲁姆，等. 美国的历程：上册［M］. 杨国标，张儒林，译. 杨国标，校. 北京：商务印书馆，1988：356 -366.

③ JOHNSON J W. Historic U. S. court cases 1690—1990：an encyclopedia ［M］. New York & London：Garland Publishing，1992：196.

16. 查尔斯河桥梁公司诉沃伦桥梁公司（1837）：“双桥记”

Charles River Bridge v. Warren Bridge，11 Peters 420（1837）

［U. S. Supreme Court］

案件梗概

早在1640年，殖民地时期的立法机构即授权新成立不久的哈佛学院（后改名哈佛大学）在波士顿与查尔斯顿之间经营渡船业务。1701年，哈佛学院开始将上述权利租借给特许权获得者。美国独立后不久，哈佛学院发现需要对渡船和道路等予以修缮，以适应日益增大的交通压力，各种对于渡船服务不满意的声音也传到马萨诸塞州立法机构那里。为了回应查尔斯河北岸社区居民要求更好的服务以及修建收费桥梁的呼吁，立法机构在1785年3月给查尔斯顿和波士顿桥梁的筹办人颁发了一份特许。之后，这些筹办人在渡船的地址上修建了一座收费的桥梁，并每年交给哈佛学院200英镑，以补偿其收入减少的损失。按照约定，四十年后，这座桥梁要移交给州政府。查尔斯河桥梁公司的成功引起其他人的效仿，这些人纷纷要求获得同样的特许，由此引发查尔斯河桥梁公司的抗议。为了弥补这些早期筹办人的损失，马萨诸塞州政府同意在当初四十年的基础上，再延长三十年。①

因此，在1785年，连接波士顿和查尔斯顿的查尔斯河大桥建造起来，两岸的人口也呈不断增长的趋势。到1827年，波士顿的人口超过6万，查尔斯顿（Charleston）达到8000，附近城郊人口也有增长。②

在19世纪头二十年，马萨诸塞州的立法机构在波士顿地区又给四家桥梁公司颁发了特许，却没有对查尔斯河桥梁筹办人做出更多的让步。而且，查尔斯河桥梁筹办人获取的巨额回报激起了这一地区其他商人的嫉妒，从1823年开始，查尔斯顿的一些商人建议在查尔斯顿和波士顿之间另外建造一座免费的桥梁，以打破查尔斯河桥梁公司的垄断，这一具有争议性的话题在立法机构持续五年之久。③

与查尔斯河桥梁公司形成竞争关系的就是这个时期成立不久的沃伦桥梁公司，该公司的发起人向马萨诸塞州立法机构极力主张立法机构有“衡平法上的权利”，应干预公共事务，废除查尔斯河桥梁公司繁重的收费，还公众一个公正。当然，查尔斯河桥梁公司不会就此屈服，他们引述马萨诸塞州宪法上的相关条款作为理论依据。他们认为，即使是出于公共利益的考虑，州政府也应当对自己公司做出补偿。而且，《美国宪法》中的契约条款禁止州政府侵害契约，而立法机构的特许就是一种契约。此外，他们认为，与查尔斯河桥梁公司竞争的沃伦桥梁公司行为将会违背美国宪法

---

① JOHNSON J W. Historic U. S. court cases 1690—1990: an encyclopedia [M]. New York & London: Garland Publishing, 1992: 175.

② 莫顿·J. 霍维茨. 美国法的变迁：1780—1860 [M]. 谢鸿飞，译. 北京：中国政法大学出版社，2004：197.

③ JOHNSON J W. Historic U. S. court cases 1690—1990: an encyclopedia [M]. New York & London: Garland Publishing, 1992: 175.

以及马萨诸塞州的宪法。上述两种对立的观点不仅存在于两个具有竞争关系的桥梁公司之间，在马萨诸塞州的其他一些相关人士中实际上也有大致不同的两种看法。①

1828 年，批准沃伦桥梁公司成立的一项法案在马萨诸塞州立法机构通过，州长签字。该法案规定，沃伦桥梁公司在查尔斯顿与波士顿之间修建一座新的大桥，完工后的六年内可以收费，之后这座大桥交给州政府，再之后就不再收费。在上述六年内，沃伦桥梁公司每年给哈佛学院 100 英镑（即查尔斯河桥梁公司每年给哈佛学院费用的一半）。沃伦桥梁公司很快开始选址，查尔斯河桥梁公司则申请不得建造新桥的禁止令，但被拒绝，施工继续进行，沃伦桥梁公司新建的大桥在当年圣诞节向公众开放。相持不下的上述两个桥梁公司开始搜集证据，做好打官司的准备。1829 年 10 月，马萨诸塞州最高法院审理这起案件。在法庭上，双方聘请的律师展开激烈辩论。1830 年 1 月，马萨诸塞州最高法院四名法官因为相持不下（2：2），故而驳回查尔斯河桥梁公司的诉讼请求。于是，该案通过复审令的形式被上诉到美国联邦最高法院。②

1831 年 1 月，美国联邦最高法院 7 名大法官组成的法庭开始审理这一案件，他们中的多数大法官已经在联邦最高法院服务达二十年以上，在一起审理过许多牵涉美国宪法的大案，这个时候的首席大法官就是赫赫有名的约翰·马歇尔，他已在最高法院工作三十年以上。但是，面对这一案件，大法官们意见分歧，竟然在五天之后也不能够做出判决。因为，早期的马歇尔法院③在解释契约条款时，一直以私人财产利益为重；而在马歇尔法院的最后十年，法院立场有所转变。这个时候的联邦最高法院开始意识到，起初被设定为服务公共利益的公司可能会威胁到州政府为公共所需而行使权力的能力。除了大法官们意见分歧之外，其中部分大法官患病和

① JOHNSON J W. Historic U. S. court cases 1690—1990：an encyclopedia［M］. New York & London：Garland Publishing，1992：175 - 176.

② 同上，1992：176 - 177.

③ 一般指 1801—1835 年间的美国联邦最高法院，马歇尔是这个时期的首席大法官，美国学界一般称“马歇尔法院”。

大法官职位的空缺也是导致案件审理迁延的原因。所以，到了 1837 年，这个案件在人员业已变换的联邦最高法院重新开始辩论。①

原被告双方的代理律师从 1837 年 1 月 19 日开始，连续辩论了六天。丹尼尔·韦伯斯特和沃伦·达顿作为 1831 年的原告方律师，此次再度代理原告。被告沃伦桥梁公司的辩护律师换成约翰·戴维斯和西蒙·格林利夫。上述四位律师均是当时马萨诸塞律师界的精英人士：戴维斯和韦伯斯特是美国国会的参议员，格林利夫是哈佛学院罗亚尔法律讲座教授，公众对于他们的学识与辩护技巧颇为赞赏。②

由于三名新的大法官填补了马歇尔等人的空缺，因而此时的美国联邦最高法院大法官的人员构成发生了很大的变化，其观点自然会影响到案件最终的走向。这个时期的美国社会，杰克逊总统领导的民主党占据主流地位，鼓励新的企业家精神，反对旧的资本特权，对于公众的需求做出较为积极的回应。因此，党派之争也不可避免地反映到了案件的审理之中。在原被告双方律师激辩后不到三周的时间里，联邦最高法院对此案做出了判决，首席大法官罗杰·B. 塔尼和其他三位杰克逊总统任命的大法官组成的多数认可马萨诸塞州最高法院的判决（即驳回原告的申诉）以及马萨诸塞州对于沃伦桥梁公司的特许。另外一名由杰克逊总统任命的大法官以不具备管辖权为由，投了弃权票。还有两名在杰克逊总统上台之前的大法官投了反对票。③

点评

19 世纪 30 年代的美国悄然发生着变化，经济、政治等状况已不复往

① JOHNSON J W. Historic U. S. court cases 1690—1990：an encyclopedia［M］. New York & London：Garland Publishing，1992：177－178. 1837 年的美国联邦最高法院大法官与 1831 年时相比，去世两人（马歇尔首席大法官和另外一名大法官），还有一名大法官辞职。

② JOHNSON J W. Historic U. S. court cases 1690—1990：an encyclopedia［M］. New York & London：Garland Publishing，1992：178.

③ 同上，1992：178－179。

昔的模样。例如，就当时的美国政坛而言，杰克逊式的民主为一时之风气。就经济方面而言，更多的人投身商界，他们凑集资金，通过组建新的公司的形式（尽管当时公司的成立依旧主要采用特许的形式），希望获得尽可能多的投资回报，并因此打破先前的垄断格局。当然，由于《美国宪法》中的契约条款及其相关司法判决和解释的影响等，早期的公司不会因此轻言放弃自己的垄断地位。“查尔斯河桥梁公司诉沃伦桥梁公司”案就是在这样一个特殊的背景下产生的，这一极具典型意义的案例也是一代又一代法律人研读的对象。

毫无疑问，这个案件牵扯当时各种错综复杂的因素，同时，也折射出美国社会的某些变化。比如，联邦至上的思潮在杰克逊式民主的冲击下已经发生摇摆，前述“纽约诉米恩”案或许就是一种预兆或典型。同样发生在 1837 年的这个案件的原被告双方争议的焦点是先前马萨诸塞州政府授予查尔斯河桥梁公司对于该桥梁七十年收费的权利以及暗含的垄断特许是否应当信守；或者，如果原告容忍新的竞争对手的出现并因此影响到自身利益的时候，是否应当获得相应的赔偿。作为被告一方，无疑希望借此打破原告一方的垄断，从而在经济发展的大背景下，获取一定的利益。

从相关的法律依据以及先前的相关司法判决来看，原告方几乎肯定更有优势，这也是该案在六七年的时间里在马萨诸塞州最高法院和美国联邦最高法院均难以做出判决的主要原因。如果不是因为党派之争的形势变换，加上美国联邦最高法院人事的较大变动，原告方最终胜出的概率应该更大。

形势的变迁同样反映在美国联邦最高法院。随着约翰·马歇尔等三名大法官的离去（去世或辞职），联邦最高法院的人事变动也决定了这个案件最终的结局。换言之，在一个不乏党派之争的社会中，不同利益和观点也会通过参与案件审理的大法官们的态度体现出来。

小结

美国学者将“查尔斯河桥梁公司诉沃伦桥梁公司”一案俏皮地称为“双桥记”（A Tale of Two Bridges），很明显，这种表达借用了 19 世纪英国著名文学家查尔斯·狄更斯的长篇小说《双城记》（*A Tale of Two Cities*）。

公司是近代社会发展的产物，并经历了一个不断变化的过程。就美国的公司法而言，早的时候主要是通过州一级议会特别立法的批准。这种情况到了 18 世纪末已经跟不上形势发展的需要，故而一些州开始了简化公司成立的批准程序的变革。在这方面做得比较早的是北卡罗来纳州 1795 年普通公司法的出台、1799 年马萨诸塞州类似法律的颁布。[1] 我们这里讨论的 1837 年在美国联邦最高法院最终判决的“查尔斯河桥梁公司诉沃伦桥梁公司”案起初就是在马萨诸塞州审理的。只不过这个案件在当时的马萨诸塞州（1830）应该属于一个新事物，争议较大，故而一时之间悬而未决；1831 年到了美国联邦最高法院也难以做出决断，1837 年再次来到联邦最高法院，才终于画上句号。

所以，今天回头来看这个案件，有些问题依然值得探讨或假设。比如，如果 1837 年，马歇尔大法官以及他的联邦党人大法官同僚还健在或没有辞职的话，此案究竟会是一个什么结果，恐怕很难说。再如，作为 1837 年联邦最高法院的少数派的大法官约瑟夫·斯托里的坚守立场的意见，是否就全然不必考虑？社会确实在不断发展，然而，当初州政府做出的给予查尔斯桥梁公司先后七十年的垄断的承诺是不是就可以不予兑现？如果需要改变当初的特许，原告方是否可以获得相应的赔偿？应当说，这些以及诸如此类的问题，1837 年的塔尼法院并没有很好地回答或解决。

但是即便如此，塔尼法院也难以抛弃在其之前的马歇尔法院的某些司法判例。例如，1819 年的“达特茅斯学院诉伍德沃德”案有关州对于公司

① 何勤华．美国法律发达史［M］．上海：上海人民出版社，1998：171.

成立的特许的认识。[①] 因此，美国有学者认为，1837 年的“查尔斯河桥梁公司诉沃伦桥梁公司”案的多数意见只是主张对于特许需要做严格的限定。也就是说，特许依然被认为是契约。[②]

最后，关于 1837 年的“查尔斯河桥梁公司诉沃伦桥梁公司”案判决的影响力。关于这个案件判决影响力的问题，可以说很快即见成效。当然，在有利于社会发展和公共利益的同时，上述案件的判决意味着需要兼顾先前投资者的利益。[③]

---

① 关于“达特茅斯学院诉伍德沃德”案，可参见：郭义贵．西方法律名案讲座：近现代部分［M］．桂林：广西师范大学出版社，2019：67－77．

② JOHNSON J W. Historic U. S. court cases 1690—1990：an encyclopedia［M］. New York & London：Garland Publishing，1992：180－181.

③ 同上。

17. 法维尔诉波士顿伍斯特铁路公司（1842）：“共同雇员原则”的确立

Farwell v. Boston and Worcester Railroad Corporation, 4 Metcalf 49（1842）［Supreme Judicial Court of Massachusetts］

案情梗概

尼古拉斯·法维尔是波士顿伍斯特铁路公司的一名工程师，日薪 2 美元（工资在当时是比较高的）。之前，他是公司的一名机械安装修理工。1837 年 10 月 30 日，他驾驶着公司的一辆机车，在穿过一个道岔的时候，由于公司另外一名雇员惠特康姆的失误，导致机车出轨，机车车轮碾压到法维尔的右手。于是，受伤的法维尔起诉公司要求赔偿其损失。①

法维尔一案使得马萨诸塞州的上诉法院必须对这样一个在当时来说较为复杂的案件做出判决：雇主是否应当对由于自己的一名疏忽大意的雇员的行为导致其另外一名雇员受到伤害这一情况承担责任。当然，在当时也并非无先例可循：一个是 1837 年英国财政法庭审理的“普利斯特里诉福勒”案，另外一个是 1841 年南卡罗来纳复审法院审理的“默里诉南卡罗来纳铁路公司”案。审理这两个案件的法院不约而同地都认为，雇主无须对自己疏忽大意的雇员的行为导致其另外一名雇员受到伤害这一情况承担责任。因此，“共同雇员原则”诞生。②

法维尔一案的判决由马萨诸塞州最高法院做出。在当时，这一法院即使是在全美的司法界也享有很高的知名度，有的法律史学家甚至认为，这一法院比美国联邦最高法院都出名，主要是因为该院的首席大法官勒缪尔·肖做出的诸多影响力深远的判决意见。勒缪尔·肖在马萨诸塞州最高法院首席大法官的位置上工作了三十年（1830—1860），是“美国法的黄金时代”的法律巨人之一，在任期间，他撰写了超过 2000 个判决意见。法维尔案在马萨诸塞州最高法院的判决获得一致意见，或许是勒缪尔·肖任职期间最为人所知的同时也是最有争议性的案件。③

在审理“法维尔诉波士顿伍斯特铁路公司”案的过程中，肖撰写的判决书首先谈到了侵权责任中的一个基本原则即“雇主责任”（respondeat superior④）。肖认为，雇主的责任限于其雇员的侵权造成的对于公众的损害，但是，不适用于“法维尔诉波士顿伍斯特铁路公司”案的情形（即一名雇员的疏忽造成另一名雇员的损失）。据此，肖从三个方面做出有利于被告的判决：第一，法维尔这样的雇员对于雇佣期间的风险应当自负其责。这意味着他在选择这份工作的时候，就应该预见到相应的风险，雇主

① JOHNSON J W. Historic U. S. court cases 1690—1990：an encyclopedia ［M］. New York & London：Garland Publishing，1992：287.

② 同上。

③ 同上。

④ 薛波. 元照英美法词典［M］. 北京：法律出版社，2003：1190.

与雇员之间的“默示合同”迫使雇员一方接受其在雇佣期间可能出现的风险，要不他就不必接受这份工作，此即“自担风险”原则。第二，（雇员）应当采取的“措施”。也就是说，雇员在工作过程中，既要注意自己的行为，也要注意同事的行为，这样才能最大限度地保证安全。第三，针对法维尔的辩护律师洛林的观点（“法维尔”案不同于1837年英国的财政法庭审理的“普利斯特里诉福勒”案以及1841年南卡罗来纳复审法院审理的“默里诉南卡罗来纳铁路公司”案，因为，法维尔与那位直接导致其受伤的惠特康姆在铁路不同的部门工作），肖认为，尽管涉案的法维尔以及那位造成其右手伤残的工友不在同一个部门，但是，他们都受雇于同一个雇主。因此，肖否定了洛林律师“不同部门”的观点，将“共同雇员原则”扩大到法维尔案。①

点评

美国的侵权行为法源自英国，属于州法调整的范围，涉及的对象有人身、财产、生产事故、交通事故等诸多方面。至少在19世纪上半叶甚或到了19世纪末之前，美国侵权法确立的基本原则包括过错责任、风险（自愿）负担原则等。在对被害人提供保护与侧重保护企业利益之间，法律更多地保护企业一方，意在不让企业受到太多侵权责任的拖累，从而促进整个经济的快速发展。②

这就是我们讨论的这个1837年“法维尔诉波士顿伍斯特铁路公司”案的大致背景。这个案件的判决因为出自马萨诸塞州最高法院法官们的一致意见，判决书由当时在美国司法界享有巨大声誉的勒缪尔·肖来执笔，影响力可谓一时间巨大而深远，判决书中的“共同雇员原则”后来几乎被

---

① JOHNSON J W. Historic U. S. court cases 1690—1990: an encyclopedia [M]. New York & London: Garland Publishing, 1992: 288.

② 郭义贵，方立新. 外国法制史 [M]. 北京：清华大学出版社，2010：235.

美国其他每一个州的法院采纳。[1] 当然，勒缪尔·肖是否在该案的判决中表现出对于当时下层阶级的敌意则是一个需要全面考量的问题。因为，就在“法维尔”案判决后大约一周的时间里，肖撰写了“马萨诸塞州诉亨特”案的判决书，这是一个承认工会有权存在的判决，在当时美国工会生存十分艰难的时刻，“亨特”案的判决被称为“美国工会制度的大宪章”（Magna Charta of American Trade Unionism）。肖在当时美国铁路方兴未艾之际，参与审理了很多与铁路公司相关的案件（铁路公司与乘客、公路旅客以及铁路公司雇员之间的争端），铁路公司几乎都是胜诉的一方，“法维尔”案也不例外。因为，肖相当清楚，如果他判决原告法维尔一方获胜的话，至少，对于1842年尚在困境中挣扎的新英格兰地区的铁路公司而言，将无疑是雪上加霜。[2]

因此，在几乎整个19世纪，不仅是在美国，而且在西方其他一些国家，侵权行为法的基本原则大体上有利于企业，而非雇员。这种倾斜或偏向十分明显，是司法界一种普遍的取舍，对于社会底层的劳工当然是颇为不利的，但却有利于资本主义经济的发展，与当时社会的现实基本吻合。相关数据显示，截止到1900年，美国工业事故（industrial accidents）每年有3.5万人死亡和200万人受伤。也正是这种工伤事故的频繁发生，法院对于受到工伤事故的工人一方给予一定的同情，“法维尔”案确立的“共同雇员原则”实际上逐步被转变，“例外规则”以及“安全地点规则”等均是对“共同雇员原则”的完善或否定。到1900年，相当之多的律师采用成功酬金的方式来帮助贫苦的工人打官司，使得他们可以对自己的雇主提起诉讼。而且，震惊于工伤事故一再产生的严重后果，立法机构也开始限制“共同雇员原则”的适用。例如，1908年，美国国会通过了《雇主责任法》，废除州际铁路公司适用“共同雇员原则”。截至1911年，有25个州通过法律修改或完全废除铁路公司适用“共同雇员原则”。不仅如此，

---

① JOHNSON J W. Historic U. S. court cases 1690—1990: an encyclopedia [M]. New York & London: Garland Publishing, 1992: 289.

② 同上。

在20世纪早期，美国州一级法律开始采用“工人赔偿法”。这个时候的行政机关实际上也从法院接手了对于工伤事故的处理权力。在相关立法方面，威斯康星是第一个通过赔偿法的州（1911），密西西比是最后一个州（1948）。此外，在20世纪，通过集体谈判的方式，许多的劳动管理合同都对雇员在工作中的工伤事故事先做出明确规定。① 从这个意义上，我们可以清晰地看到，随着形势的发展与变化，美国有关工伤事故的法律也在发生诸多相应的转变。如果说先前的“共同雇员原则”有失公平，是当时兴起之际的早期美国工业社会对处于弱势工人一方的不仁道的体现，相关司法有“助纣为虐”之嫌的话，那么，同样随着社会的不断发展和进步，相应的法律对于社会起到的是一种积极推动的作用。而且，不仅是司法，行政机关的适度参与、立法机构的大力推进，这些有益的合力都是促使现代美国社会健康运作的动力。

小结

19世纪早期以来，英美的侵权行为法经历了诸多变化，其中一个较为显著的转变就是由先前的对于企业或雇主的侧重保护，逐步向处于相对弱势的劳工一方权益的保障。由于司法直接面对工业生产过程中出现的许多错综复杂的事故以及由此而来的权益之争，因而法院首先利用自身解释法律（尤其是在相关立法在一时之间尚未出台的时候）的便利，充分发挥普通法中的分析与识别能力，做出一系列并非全然正确甚或今天我们看起来颇为不解或荒谬的判决。“法维尔诉波士顿伍斯特铁路公司”案就是19世纪30年代美国的一个经典判例，尽管它出自马萨诸塞州最高法院，但却机缘巧合地影响到当时及其后几十年类似案件的审判，个中缘由值得探讨。

“法维尔诉波士顿伍斯特铁路公司”案之所以产生，当然离不开当时

① JOHNSON J W. Historic U. S. court cases 1690—1990：an encyclopedia [M]. New York & London：Garland Publishing，1992：290.

美国社会经济发展的大背景。在自由资本主义阶段，侵权行为法不太可能更多地限制企业或雇主，因而屡见不鲜的就是在工业生产过程中非因自身原因遭受侵害的众多劳动者得不到相应的赔偿。同样，今天我们看起来有失公平的“共同雇员原则”之所以逐渐退出历史舞台，与美国经济社会的发展相关联。到了这个时候，立法、行政走到司法的前面，反过来推动着司法的进步。

18. 柯提斯诉德·鲁西（1843）：双重标准的司法

Cortes v. de Russy（1843）［Louisiana Supreme Court］

案情梗概

这是一个婚姻悲剧案件，主要讲述了男方家暴（又与其酗酒成性有关）和猜忌并因此故意杀人（假想中的情敌或情夫），而后潜逃至墨西哥，又借助于当时的法律制度惩罚女方的故事。

该案发生在路易斯安那西北的纳基托契。

案件的相关证据不仅显示当时美国妇女的地位相对低下，还涉及男方多次在婚姻关系中使用暴力或暴力威胁女方导致离婚的种种社会问题。此案也使我们能够洞察到美国内战之前路易斯安那州最高法院的运作方式。①

通常，对待配偶的通奸行为，在当时当地存在着两种不同的司法标准：妻子受到严厉的对待，丈夫则获得原谅。根据1827年路易斯安那州准许离婚的法律（规定），妻子一方只要有通奸行为，丈夫就可以提出离婚；而妻子只有在丈夫在家中拥有情人，或者在公开场合和其他地方公然拥有情人，才能够提出离婚。

该案的诉讼于1842年3月应丈夫一方（柯提斯）的请求，在纳基托契地区法院开庭，时间是在原告杀害了他妻子（德·鲁西）所谓的情夫并逃到墨西哥参军（时逢德克萨斯共和国与墨西哥交战）之后。1843年，路易斯安那州最高法院批准二人离婚，并因为妻子的通奸行为，他们年幼的孩子由丈夫监护。②

在七年的婚姻中，柯提斯时常酗酒，虐待妻子，他的嫉妒心不时发作，随后又会后悔。这种情况在20世纪有关暴力丈夫希望在婚姻中保持对于妻子的优势地位的研究中，比较典型。他有时显得亲昵，有时却又狂躁，甚至当着岳父的面也毫不掩示，以至于有一次其妻的叔叔命令柯提斯滚出去。③

为了证明自己暴力及虐待的合理性，柯提斯指责女方有通奸行为。大约在1840年，他指控有一位熟人与她有不正当关系，但后来认错并道歉。在1840年或1841年，他的嫉妒主要围绕其妻叔叔的一位单身汉律师朋友詹姆斯·M. 盖尔斯展开，后者曾在非正规读书场合借书给她和她的朋友。因为总是嫉妒，柯提斯另外设计“在公共场合诋毁他的妻子”。他邀请盖尔斯陪同他的妻子去剧院，因为他的生意使得他不能够陪同。但是，当所有的人坐下来的时候，柯提斯来了，“拉着脸”，以显示他不喜欢盖尔斯陪

① JOHNSON J W. Historic U. S. court cases 1690—1990: an encyclopedia [M]. New York & London: Garland Publishing, 1992: 29.

② 同上。

③ 同上。

同他的太太。①

经历过几次与被害人盖尔斯之间的纠葛和冲突，1842 年 3 月 13 号（星期天）大约下午四点钟，柯提斯来到盖尔斯和他的合伙人约翰 · E. 茹斯拉克的房间。当时，二人正在吃饭，柯提斯残忍地枪杀了盖尔斯。之后，柯提斯若无其事地走向街道，“当然，无人敢于追捕。”②

确定他的妻子再也不会回来，他在纳基托契地区法院提起离婚诉讼，但却被朋友说服，逃往墨西哥，他委托律师为他打官司。为他辩护的七名律师来自当地顶尖的律师事务所。柯提斯太太只有十天时间准备答辩，显然无法对诉讼做充分准备。两周之后，詹姆斯 · G. 坎贝尔法官，也是少校的一位朋友，做出缺席判决。当这一裁决没有得到回应时，她的十天时间延长为五周。坎贝尔法官在纳基托契审理此案一直到 1842 年 9 月的开庭期，允许柯提斯太太在本州内外收集证据。③

在 11 月的开庭期，原告、被告以及被告的证人都离开了路易斯安那。德 · 鲁西少校代表自己的女儿，两周前在墨西哥城寻找柯提斯。他希望这起官司被驳回，因为，原告现在是一名外国居民故可能会获得延期审理，以便搜集有利于自己女儿的关键证据。④

这个开庭期的法官不再是少校的朋友坎贝尔，而是乔治 · R. 金，他以前是当地的一名律师，之后不久进入刑事案件中的过失及上诉法院工作。他不再发布延迟令，并责备缺席的被告没有使用“哪怕是一般的勤奋”去寻找证人或通过委托的方式获得他们的证词。没有柯提斯的证词，他的妻子对于相关事件的描述就缺乏确凿证据，她的辩解在上诉过程中经受了很大的质疑。⑤

地区法院提出的主要问题是 2 月 10—11 日被指控的通奸，以及随之而

---

① JOHNSON J W. Historic U. S. court cases 1690—1990：an encyclopedia ［M］. New York & London：Garland Publishing，1992：29.

② 同上，1992：32。

③ 同上。

④ 同上。

⑤ 同上，1992：32 - 33。

来的夭折男婴的合法性（案件开庭前，柯提斯太太早产，婴儿不久夭折）。柯提斯太太的的辩护律师则极力证明：马丁和菲林的证言显示，2 月 10—11 日晚上，不可能有什么通奸，生产只不过是早产。四位医生的证言也支持了她的主张。

乔治・R. 金陪审团查明如果不是因为离婚导致的夫妻分居。在当时，一般意义上的离婚不是逃避司法，就是被证实有通奸行为。陪审团根据乔治・R. 金的指令，发现分居的真相和有利于柯提斯太太的监护权。输了官司之后，柯提斯被责令负担诉讼费。

在同一个开庭期，柯提斯是涉及蒸汽船公司破产的一个被告。若非他打赢离婚上诉，他的七名辩护律师将会拿不到钱。实际上，等柯提斯 1846 年死于墨西哥的时候，他在路易斯安那的债务已经超过了他的财产数。因此，他的律师最终也没有拿到相应的费用。

案件审理期间，有一个陪审员艾力佳・克拉克在法庭外，不接受法官明确的司法指令，告诉证人说通奸缺之足够的证据。不幸的是，这位多嘴的陪审员给柯提斯的律师提供了上诉的理由。[①]

上诉案 1843 年在亚力山德拉开庭期审理。柯提斯的律师需要反驳对于柯提斯犯罪的指控，并推翻对于柯提斯太太的判决。

柯提斯太太的辩护律师有四位，他们提出了一个有说服力的观点，即除了她的小叔子和医生外，其他证人均证明她行为检点，这些人均做出有利于她的辩护观点。

基于自身的经历，布拉德法官（其妻指控他与某位年轻的女邻居通奸，双方因此卷入一场漫长和激烈的诉讼）倾向于相信柯提斯太太和盖尔斯有通奸行为。此外，布拉德的兄弟查尔斯在涉及柯提斯的一起诉讼中同为被告。[②]

不同于以往的做法，布拉德法官对于柯提斯案的种种解释显示，他相

---

① JOHNSON J W. Historic U. S. court cases 1690—1990: an encyclopedia [M]. New York & London: Garland Publishing, 1992: 32 – 33.

② 同上，1992: 33 – 34。

信柯提斯太太通奸成立。他认为，法庭没有义务“对证据进行分析”，他抛弃了陪审团的判决意见。布拉德不相信柯提斯——那个在写给他的信中提及他的荣誉并对他充满赞誉的人会堕落到无耻的、耍花招的地步。布拉德法官代表法庭发言，批准柯提斯夫妇离婚，孩子的监护权交给时在墨西哥军队中的上尉柯提斯，并判令他的妻子支付所有的诉讼费用。①

这位法官不仅罔顾路易斯安那州的法律，即通奸的成立需要得到证实，配偶一方的陈述并非充分的证据。而且，法官也拒绝承认和解后，柯提斯针对太太的暴力证据。法官对于离婚行为限制、和解和诉讼费用承担的裁定在后来的路易斯安那州的案件中被引用，上述裁定连同该案作为丈夫拒不离婚、谋杀妻子所谓的情夫的经典案例而被载入联邦的《美国法律汇编》。②

点评

1934 年，路易斯安那州的两位律师出版了纳基托契的一位律师威廉·隆·托米的日记，日记涉及 1842 年詹姆斯·M. 盖尔斯这位所谓的情夫的被谋杀。在注释说明中，编辑者准确地分辨出案件中的当事人一方的妻子并不存在路易斯安那州最高法院撰写法律意见的法官亨利·亚当斯·布拉德错误地想象出来的通奸行为。

该案的原始手稿档案，（记载了）州最高法院 1843 年在亚力山德拉的开庭审理情况，揭开了几个与荣誉、控制或忍受牵扯到一起的人，包括一些证人。引人注目的是，这些手稿在美国内战中被保存下来，因为，美国西部的法律档案在内战期间被转移过，其中的一部分被联邦军队转移到华盛顿特区，后来在一代人之后，才又回到当地法院。③

① JOHNSON J W. Historic U. S. court cases 1690—1990：an encyclopedia [M]. New York & London：Garland Publishing，1992：34.

② 同上，1992：29。

③ 同上。

据此我们可以认为，这个发生在 19 世纪 40 年代的路易斯安那西北的纳基托契的奇案值得深入研讨。因为，如果参与过此案的律师威廉·隆·托米的日记不假的话，那么，该案至少有五个方面的问题。

（1）此案的原告柯提斯其人应当是在极端嫉妒的情况下，公然杀害了假想的情敌单身汉律师詹姆斯·M. 盖尔斯，并畏罪潜逃到墨西哥城，最终死于该城。只是令人不解的是，这位杀人犯居然通过律师向被告（他的妻子艾米丽·德·鲁西）提起诉讼，以证明其妻子不忠。

（2）在案发当时，离婚并非完全不可以（例如，通过阅读，我们知道，1827 年路易斯安那法律准许离婚。当然，该法对于男女双方请求离婚的规定有失公平），但却是不得已而为之的事情，特别是对于女方而言。根据我们阅读到的相关记载，艾米丽·德·鲁西因为不能够忍受其夫长期的家暴和无端的猜疑，其实早就想离开对方，但却因故未能诉诸行动。

（3）这个案件双方均聘请有不止一名律师，那位潜逃在外的原告还有 7 名当地不错的律师替他打官司。也就是说，在杀人之后，这位原告还知道运用法律为自己争取所谓尊严或荣誉乃至孩子的监护权利。至于律师的作用，当然是在当事人委托的范围内，忠实地履行自己的义务，维护自己一方当事人的合法权益。

（4）打官司就是打证据，这一点，在该案中也不例外地体现出来。

（5）此案之所以被后人误解，主要原因应当是记录该案的法官布拉德与参与过此案的律师意见相左。尤其是布拉德法官，因为自身的某种原因，枉顾案件的事实，批准柯提斯夫妇离婚，孩子的监护权却给了当时在墨西哥军队中的柯提斯，责令柯提斯夫人承担所有的诉讼费用。这真可谓是“葫芦僧断葫芦案”，这位多少有些莫名其妙的法官大人实际上帮了畏罪潜逃的原告一个大忙。此等令人质疑的判决，意味着被告一方在婚姻关系上有过错。至于那位公然持枪杀了人的原告，却并未受到法律应有的惩罚。这也是这个案件的编写者在撰写这个案件的时候给出副标题或疑问“妻子的通奸比其夫的谋杀罪更加糟糕吗?”的原因。

小结

婚姻家庭关系中的夫妻、父母、子女的不平等是19世纪西方社会的常态，这个案件可谓是当时夫妻关系不平等的一个缩影或典型。

19世纪40年代的美国也不可能有家庭暴力一说，更谈不上有相关的法律来制约家庭暴力。有关家庭暴力的定义、对于这种非正常家庭内部的行为及其法律上的规制等，无疑是20世纪末21世纪初的事情。例如，就美国社会而言，1994年，美国国会通过《针对妇女的暴力法案》（*The Violence Against Women Act*）。而且，为了保证该法案的实施，克林顿政府拨付超过2300万美元用于支持对家暴实施者一方提起公诉，同时对受害者一方给予更多的尊重。[①] 也就是说，直到我们讨论的这个案件发生大约一百五十年之后，美国才有了钳制家庭暴力的法律。

1843年这起案件的最终判决不无瑕疵。那位残忍地杀害他人的原告不仅逃脱了法律应有的制裁，而且还可以通过其聘请的多名律师指控其妻子不忠（但却缺乏相应的证据），试图为自己的家暴以及谋杀行为披上一件合法或合乎当时社会道德的外衣。审理此案的法官由于自身某种不便言明的原因，居然枉顾事实，判决柯提斯夫妇二人离婚，并将二人所生小孩的监护权判给潜逃在墨西哥的原告。如此种种离奇的不该发生的故事只能说明，当时的司法存在某些明显的瑕疵，且没有机会得到矫正。就当时的社会舆论导向以及主流的道德观念等而言，丈夫针对妻子的家暴并未得到应有的谴责或适度的制止。

所以，总体上来说，这个案件折射出了当时社会的某些不同于今日美国的夫妻关系不平等的事实以及个别法官值得质疑的判决，是我们了解彼时路易斯安那州的婚姻家庭关系及其相关法律的一面镜子。

---

① REID S T. Crime and Criminology ［M］. 8th ed. New York：McGraw – Hill，1997：251，258.

19. 卡里诉丹尼尔斯（1844）：水权之争

Cary v. Daniels, 49 Mass. 466（1844）

[Supreme Court of Massachusetts]

案件梗概

1833 年之前，威廉·H. 卡里是查尔斯河上少数几位拥有两个磨坊的共有人之一，两个磨坊分别处于高低不同的地方。共有期间的做法是打开低处磨坊的大门放水，以减缓上流磨坊的回水。1833 年，掌管上游磨坊的两位共有人将高处的磨坊和相邻的一块地转让给第三人，后者在 1837 年又将上述磨坊和土地的所有权转让给了卡里。低处的磨坊及其相邻的土地，被先后转让了好几次。最后，到了 1838 年，阿尔伯特·丹尼尔斯成为低处的磨坊及其相邻土地唯一的主人。由于低处的磨坊坝被河水冲走，丹尼尔斯修筑起一个新的、更大的磨坊坝。这个新的磨坊坝比原来的高，并因此导致河水倒流影响了上游卡里的磨坊水车轮，妨碍了卡里对自己磨坊的正常使用。于是，卡里提起对丹尼尔斯的诉讼，声称对方有两个不法行为侵害了自己的权利：（1）对方的行为影响到了他对于磨坊的正常使用。（2）对方的行为影响到他进入低处的磨坊土地和在低处水坝打开大门的权利。①

案件的审理适用了陪审制，并做出了有利于原告的判决，原告因此获得总计400美元的赔偿。这个案件后来到了马萨诸塞州最高法院，审理该案的就是当时担任该州最高法院首席大法官的莱缪尔·肖。在该案的判决意见中，肖运用了当时在涉及水的法律问题方面的较为权威的"合理使用原则"（the reasonable use doctrine）。肖认为，水的商业价值值得强调；水可以用于磨坊和机械，是一种既有利于磨坊主，也有利于公众的使用。但是，在"合理使用原则"的基础上，肖进一步提出了"优先占用原则"（the doctrine of prior appropriation）。简言之，对于某一段河流的优先占用（用于磨坊工作）是一种财产权的表现。因此，遭受先前业已建筑起来的水坝的回水进而造成损失只不过一种不便，但不等于构成法律上的损害。②

将上述原则适用于"卡里诉丹尼尔斯"案，肖认为，丹尼尔斯无权修建一个高于其之前的水坝的新水坝，州最高法院因此做出维持陪审团先前判决的决定（即被告的行为构成对于原告磨坊的妨碍）。但是，州最高法院对于原告提出的第二项请求却并未予以支持，原因是所有权如果处于分离状态，处在上流的不动产所有人无权进入低处的磨坊所在地。③

点评

这个案件如果放在今天讨论，可能属于相邻关系问题。但是，在

① JOHNSON J W. Historic U. S. court cases 1690—1990: an encyclopedia [M]. New York & London: Garland Publishing, 1992: 313.

② 同上，1992：313-314。

③ 同上，1992：314。

案发地——美国马萨诸塞州的查尔斯河所在地，当时（19 世纪 30 年代）的法律似乎并无明文规定，或者缺少大陆法系国家式样的法律明文规定。

当然，该案运用普通法的原则和规则，同样也可以解决当事人之间的纠纷。而且，在当时法律并无明文规定的情况下，审理案件的马萨诸塞州最高法院首席大法官莱缪尔·肖创造性地从英国普通法中的“合理使用原则”（这一原则由当时的一些著名法学家约瑟夫·斯托里以及詹姆斯·肯特等人大量使用的河岸权引申和发展而来，“合理使用原则”意味着河岸边的每一位所有权人均有平等地使用自然水资源的权利，并不得因此对于河流上游或下游的土地所有权人造成损害①）推导出“优先占用原则”，从而给这一案件画上句号。

小结

所谓“水权”这种说法如果放在古罗马时期，估计是没有的。因此，如果此案发生在古罗马，很可能会使用相邻关系原则来处理。据我们所知，很早即诞生的《十二铜表法》（前 451—前 450）中的一表就较为详细地涉及相邻关系的规定。

当然，我们这里讨论的是 19 世纪 30 年代美国马萨诸塞州的一个案件，因为被告的原因，原告一方遭受损失以及如何处理的问题。磨坊在当时一般修建在水流附近，应该是利用水力做动力进行操作。如果造成不便，当然需要很好地处置。案件最终在马萨诸塞州最高法院终审，审理该案的又是那位著名的莱缪尔·肖首席大法官。其独特之处在于，从“合理使用原则”推导出“优先占用原则”。这也说明，在社会变迁或发展较快的年代，且立法暂时跟不上的情况下，司法是可以有所作为的。而且，近现代英美

① JOHNSON J W. Historic U. S. court cases 1690—1990: an encyclopedia [M]. New York & London: Garland Publishing, 1992: 313.

的司法能动主义色彩比较浓厚，这也正好可以推动社会的进步。当然，放到今天，我们会依据民法的原则和规则来处理此案，我们很可能会要求被告排除妨碍、赔偿损失等并举。

20. 人民诉坦纳（1852）：不无争议的死刑

People v. Tanner, 2 Cal. 57 (1852) [California Supreme Court]

案件梗概

该案是一起因为盗窃引发的死刑判决，即便是在当年，也不无争议。

案情比较清楚：被告乔治·坦纳盗窃了1500磅的面粉、6麻袋土豆、5小桶糖浆、2.5桶谷物、1小桶细面和1.5桶马鲛鱼，因而触犯了修改后的1850年的加州刑法典。法庭陪审团的裁决是“重大盗窃罪成立，处以死刑”。地区法官戈登·N. 摩特支持上述裁决，坦纳上诉至加州最高法院。依据1851年法律，乔治·坦纳就会成为第一个对其死刑判决提起上诉的人。①

1851年加州制定法修改了1850年刑法典中赋予陪审团对于抢劫案的

① JOHNSON J W. Historic U.S. court cases 1690—1990: an encyclopedia [M]. New York & London: Garland Publishing, 1992: 35.

裁决权：可以处一年至十年徒刑，甚至死刑。重大盗窃罪处以相同的刑罚。轻微盗窃罪（即盗窃财物价值在50美元以下）处“在县监狱六个月以下，或……罚款500美元以下，或……在背部鞭刑50以下，或……上述罚款或监禁或鞭刑由陪审团裁定”。因此，立法机构将不正常的淘金热地区人们适用的行为纳入正式的法律之中。①

坦纳是在1852年4月3日犯罪的，1852年4月14日受审，同年4月24日在对方法院上诉败诉，同年5月24日在州最高法院赢得申诉的机会，但在6月16日败诉，并在一周之后被执行死刑。最终，西部上诉判决书经常传达给律师界，并通过传媒传达给大众。1852年5月16日，旧金山日报《阿尔塔加利福尼亚》将州最高法院的全部文档公之于众。在预告单和专门意见合订本出现之前，西部的报纸经常将新出现的州的法律报告给所在州的人们。②

在“人民诉坦纳”案中法律的狭隘问题涉及一位陪审员公然反对（适用）死刑。加利福尼亚州的最高法院裁决，陪审员本着良心上的不安宣布反对死刑足以依据当前制定法将该名陪审员从重大盗窃罪案的审判中排除在外。首席大法官休·C. 默里代表达成一致的法庭意见。根据针对制定法的解释的理由，地方法官将上述那名陪审员排除在外的做法与相关制定法冲突，因而被否定。立法者已经规定，在“可能被判处死刑”的案件中，陪审员“既不得被允许，也不得被强迫充当陪审员”。鉴于刑事制定法规定有死刑这一事实，对于该陪审员和地区法官将该陪审员排除在外的命令的质疑成立。③

点评

该案出现在美国西部“淘金热”（gold rush）时期。据说“淘金热”

---

① JOHNSON J W. Historic U. S. court cases 1690—1990：an encyclopedia［M］. New York & London：Garland Publishing，1992：35.

② 同上。

③ 同上。

始于 1848 年 1 月，当时有一位名叫詹姆斯·马歇尔的木匠兼工程师在沿着美国河流的一个锯木厂发现了金块，随后有了更多的发现，引来一批又一批的淘金者，著名的美国西部民歌《哦，苏珊娜》由此广泛传唱开来。因为淘金热，这个之前只有 1.8 万人的地方，在两年内人口猛增到 10 万人。到了 1860 年，更是达到 38 万人之多。①

比上述“淘金热”稍早一些的是“加利福尼亚热”。加利福尼亚原本是墨西哥的一个偏远省份，但与美国某些部分在地理位置上比较接近。当地人口共计 7000 人左右，当时墨西哥政府在当地管理较为混乱，这就给一部分美国人自由进入和定居等提供了便利。随着对于该地财富的渲染，越来越多的美国人来到这里。1842 年，美国太平洋分舰队的海军指挥官托马斯·凯茨比·琼斯准将的舰队开进蒙特利湾，宣布加利福尼亚并入美国。②

因此，通过快速财富积累和迅速崛起的城市，加利福尼亚的淘金热给立法者在应对街头犯罪以及警戒委员会替代合法权威方面带来挑战。作为主要源自大众司法立法努力的一部分，以及将制定法带入与某些文化上一致可接受的针对犯罪的死刑，加州的立法机构规定重大盗窃罪可处以死刑。③

小结

历史已经清楚地告诉我们，加利福尼亚原本属于墨西哥。1842 年由于美国舰队的入侵，这一块土地就此易主。此后，为了应对人口的急剧增长和社会形势的快速变化，加利福尼亚州在刑事立法方面采取一种重刑主义的策略，因而对于盗窃之类的犯罪可以适用死刑。当然，这种畸重的法律

---

① DAVIDSON J W, GIENAPP W E, HEYRMAN C L. Nation of Nations: A Narrative History of American Republic [M]. New York: McGraw-Hill Companies, 1994: 510.

② J. 布鲁姆，等. 美国的历程：上册 [M]. 杨国标，张儒林，译. 杨国标，校. 北京：商务印书馆，1988: 448-450.

③ JOHNSON J W. Historic U. S. court cases 1690—1990: an encyclopedia [M]. New York & London: Garland Publishing, 1992: 35.

遭到时人的反对也就不足为奇。

立法上的问题其实给当时的司法界带来困扰。所以，我们看到，除了对这一重大刑事司法实施的狭义判决，当时的加利福利尼州最高法院对于相关刑事立法和公共政策进行了评论。该州最高法院首席大法官默里写道“本庭并非有意”“讨论法律中的政策”。随后，他顺着这一思路，批评立法者的行为“与当今的智慧与经验相左”，并认为适用轻于谋杀罪的死刑“对于每一个有见识人士的常识而言，都是难以接受的”①。

尽管从个人的角度来说，该法庭不喜欢如此的惩罚规定，但它还是承认自己的作用是有限的。第一，该法庭需要维护立法上已经确定的公共政策。这就是需要“指出执法中的错误”。而指出错误反过来会“确保对于被裁定为违法行为惩罚的恰当执行”。第二，法庭要实施公共政策，因为它是人民通过自已恰当选举出来的代表的意见。“法律裁定，”默里写道：“违法应该受到死刑惩处，而允许陪审员坐下来参与重大盗窃的审理。（但是）陪审员宣称他们不愿意适用这种惩罚，则将会使得这一惩罚的设计者的意图归于无效。”这样的结果将会是“对于正义的嘲讽”。法庭的义务就是预防“正义的实施变成一种嘲讽”。司法的作用就在于支持法律中的公共政策的表达，而不考虑个人的人生哲学。② 这种表达，其实带有几分无奈。也就是说，面对相互矛盾的态度，州最高法院最终选择的是法律和政策，而非部分民众的反对意见。

---

① J. 布鲁姆，等. 美国的历程：上册［M］. 杨国标，张儒林，译. 杨国标，校. 北京：商务印书馆，1988：448 -450.

② 同上。

21. 布拉德韦尔诉伊利诺伊州（1873）：女性跻身律师界的首次抗争

Bradwell v. Illinois, 18 U. S. (1873) [U. S. Supreme Court]

案件梗概

麦拉·科尔比·布拉德韦尔（Myra Colby Bradwell）是开业律师詹姆斯·布拉德韦尔的妻子，也是当时颇负盛名的一家法律周报《芝加哥法律新闻》的主编和负责人，并在其丈夫的指导下一直学习法律。通过她自身办报的经历、参与慈善组织和为妇女争取选举权的活动等，她也清楚地知道当时的社会针对女性设置的一些法律上的限制。例如，伊利诺伊州的法律限制已婚妇女订立合同。为此，她的丈夫事先给她申请到一份特许，才使得她能够从事上述法律周报的负责工作。此外，她也负责起草伊利诺伊州的允许已婚女性掌管自己收入的立法。[①]

1869 年，一位名叫阿拉贝拉·曼斯菲尔德的妇女被爱荷华州的律师界接纳为成员。也是在这一年，布拉德韦尔向伊利诺伊州申请做执业律师。她已经通过了所需的资格考试，但却被拒之门外，理由是她是一位已婚妇女（这意味着她不能够与律师同行及与客户签订合同）。于是，她提起诉讼，但在州内的两次诉讼均以失败告终（伊利诺伊州最高法院的判决理由是她作为女性这一事实即足以使得她不得做开业律师）。布拉德韦尔不服，向美国联邦最高法院提起上诉。[②]

美国联邦最高法院一直到 1873 年才对布拉德韦尔的上诉做出判决。巧的是，她的案子与更为著名的“屠宰场案件”在同一天做出判决，前后两个案件的辩护律师均为当时赫赫有名的律师马修·H. 卡彭特。在布拉德韦尔的上诉案中，卡彭特特别突出地抨击了伊利诺伊州的法律是对《美国宪法第十四修正案》中的特权与豁免条款的违反。[③]

为了阐明自己的观点，卡彭特着重引用美国联邦最高法院大法官斯蒂芬·J. 菲尔德在“卡明斯诉密苏里州”案（1867）中的一段文字，意在说明在追求幸福的过程中，所有的职业、所有的荣誉以及所有的职位均无一例外地向每一个人开放。在法律面前，对于上述所有这些权利的保护，都是平等的。[④]

美国联邦最高法院大法官塞缪尔·F. 米勒代表联邦最高法院撰写了案件的判决意见。判决意见承认，美国公民确实享有特权与豁免权，各州不得减损这些特权与豁免权。但是，获准在某州法庭做执业律师的权利却并

---

① JOHNSON J W. Historic U. S. court cases 1690—1990：an encyclopedia ［M］. New York & London：Garland Publishing，1992：461.

② 同上。

③ 《美国宪法第十四修正案》于 1868 年通过，其中的第一款涉及各州不得制定或实施限制合众国公民的特权或豁免权的法律以及对于合众国的公民不得拒绝给予平等保护。杰罗姆·巴伦，托马斯·迪恩斯. 美国宪法概论 ［M］. 刘瑞祥，潘嘉玢，颜福祥，等译. 北京：中国社会科学出版社，1995：328.

④ JOHNSON J W. Historic U. S. court cases 1690—1990：an encyclopedia ［M］. New York & London：Garland Publishing，1992：461.

不包含在内。当然，米勒没有讨论性别以及执业律师的特殊性，但却表达了大法官约瑟夫·P. 布拉德利发表的观点即男性应当是女性的保护者和防御者，“妇女至高无上的命运和使命就是发挥其作为妻子和母亲的高尚而又仁慈的作用。”①

在美国联邦最高法院的判决做出之后，麦拉·科尔比·布拉德韦尔没有再向伊利诺伊州的律师协会申请执业。但是，最终在1890年，通过伊利诺伊州最高法院的一项提议，她被获准进入律师界。②

点评

至少近代以来，欧美女性争取与男性平等权利的呼声一直不绝于耳。在英国女王伊丽莎白一世统治时期（1558—1603），为女性辩护的小册子的突然问世就是一个颇为典型的例子。17世纪在这方面的觉醒则是对于女孩受教育的支持，法国的马丽亚·德·戈尔内的两篇文章（分别发表于1622年、1626年）即不同凡响，并得到包括男性在内的一定程度的呼应。出生于英国、后移居北美殖民地的女诗人安妮·布拉德斯特里特献给伊丽莎白一世的赞美诗包含有对于两性不平等的质疑；在她的另外一首诗中，安妮·布拉德斯特里特实则优雅地讽刺了那些认为女性不适宜男性工作的观念。在荷兰，安娜·马丽亚·范·舒尔曼尽管是一位女神童和语言学家，也只被允许在乌得勒支大学不露面，在窗帘后面做讲座。1638年，她为女性适宜学术生涯辩护的拉丁文著作出版，该书受到广泛的阅读和称赞，其新版出现在莱顿（1641），并被译为法文（1646）和英文（1659）。北美独立战争期间，艾比盖尔·亚当斯不仅感叹于女性受教育的机会甚少，而且质疑女性在政治、法律方面权利的缺乏，在与其夫约翰·亚当斯的通信中，希望他“记得女士们”。在1782年，她抱怨妇女被“排除在荣

① JOHNSON J W. Historic U. S. court cases 1690—1990: an encyclopedia [M]. New York & London: Garland Publishing, 1992: 461-462.

② 同上，1992：462。

誉和公职之外”，并“在立法方面被剥夺了发声的权利”。1848 年，在美国纽约的塞尼卡福尔斯，第一个为妇女争取自由的组织建立起来，并立即受到欧洲女权主义者的密切关注和响应。这个时期的英美等国的女权主义运动可谓齐头并进，以美国的女权主义运动更为大胆和更有成就。例如，从 1836 年开始，为数不多的妇女挨家挨户地收集签名，寻求对于已婚妇女财产权的支持。十二年后的 1848 年，终于在相关立法方面初见成效，并在 1860 年有所扩展。几乎同时，英国的女权主义运动也收到了类似的效果。①

我们这里探讨的“布拉德韦尔诉伊利诺伊州”案就发生在 19 世纪 60 年代末，并一直上诉到美国联邦最高法院，恰好是英美女权主义运动方兴未艾之际。尽管一时之间难以取得预期效果，却已见胜利的曙光。而且，到了 1890 年，原告最终如愿以偿地进入律师界。

小结

女性在以男权为中心的时代其实被剥夺了在政治、经济、社会等多方面的诸多权利，处于不平等的地位。所谓“男主外，女主内”的观念或与之相近的观念不仅是在中国，即便是在 19 世纪 60—70 年代的美国，同样存在且占主流。例如，1873 年的美国联邦最高法院多数派法官的判决意见基本上就是这类观念的典型表达。

当然，近代以来，随着一部分思想先驱的大力推进和倡导，以及女权主义在欧美国家的逐步兴起，此种局面得到不断改善。“布拉德韦尔诉伊利诺伊州”案应当是这一过程的一个缩影和较为成功的事例，说明在外界和自身共同努力的情况下，女性的权利可以得到一定的彰显。

由于美国联邦最高法院所处的特殊地位及其具有的影响力，这一案件实际上起到了一种标杆式的作用，意味着原告以及与之怀有同样梦想的女性试图进入女性难以涉足的律师界的障碍在一时之间难以逾越，但却预示

① SCHNEIR M. The Vintage Book of Historical Feminism [M]. London: Vintage UK, 1996.

着坚冰并非不可以被打破。而且，借助于司法寻求问题的解决无疑是一种较为妥善的途径或办法，对于社会的进步、人们思想观念的改变等的意义更为直接和强烈。

22. 屠宰场案件（1873）：《美国宪法第十四修正案》的根本性误解？

Slaughters Houses Cases，83 U. S. 36（1873）

[U. S. Supreme Court]

案情梗概

1869 年，路易斯安那州议会通过一项被称为“新月城市股份平台与屠宰公司”合并的法案，并授权该公司在新奥尔良以南修建一座牲畜栏和屠宰场。该法授予该公司一项垄断的权力：在 1869 年 6 月 1 日之后，所有进入新奥尔良的牲畜以及附近三个教区的牲畜买卖或屠宰均需交由该公司完成，在那里，州检查员负责相关检查。该公司以外的肉贩可以以合适的价格向该公司租赁场地，但是，他们必须关闭自己的店铺，在该公司指定的场所准备销售的肉制品。州立法机构通过上述法案的理由是为了提升公共健康、安全和福利，便于集中管理公共卫生，行使的是管理权。当然，在路易斯安那州之前，针对急剧增长的城市群，其他的一些州诸如纽约、马萨诸塞、威斯康星以及加利福尼亚等均以城市公共健康为由，通过了相似的法律规范，路易斯安那州只不过是有样学样而已。①

在新月城市股份平台与屠宰公司的创办者看来，路易斯安那州的上述立法不仅仅具有管理公共健康的作用，其实还有他们看得到的潜在的巨大利益：公司不仅可以给一个人口在 20 万以上的繁华城市（新奥尔良）提供其所需的肉类制品，而且，附近的得克萨斯充足的牛群以及足可预期的带有冷藏设施的船舶和火车车皮会源源不断地到来，新奥尔良终将成为供应全美新鲜肉制品的主要供应地，公司的垄断无疑会给他们带来丰厚的利润。公司的创办者受到上述远景的驱动，为保证相关立法的实施万无一失，故而对支持这项措施的立法者和政客行贿。②

但是，就在 1869 年 5 月，也就是相关立法即将生效之时，一系列诉讼和反诉讼相继出现。首先发难的是大约两年前成立的“屠宰慈善协会”，该协会由一些个体小屠宰户组成，人数大约 400 人。他们聘请约翰·A. 坎贝尔（曾经的联邦最高法院大法官，后在 1861 年辞职，为南部联盟服务）以及当地的著名律师 J. Q. A. 菲洛斯为代理人，两名律师在州地方法院成功地拿到了阻止新月城市股份平台与屠宰公司（以下简称“新月屠宰公司”）垄断生效的禁止令。新月屠宰公司当然不会就此作罢，他们也在当地聘请了律师，领头的是克里斯蒂安·罗斯柳斯（路易斯安那大学法学院的院长）。罗斯柳斯和他的律师团队（也是他的同事）找到另外一名法官，也拿到了一份禁止令，并指控屠宰慈善协会意在通过诉讼干扰路易斯安那州相关法律的实施。③

以上诉讼进行过程中，有更多的人掺和进来，使得事情更为复杂化。

---

① JOHNSON J W. Historic U. S. court cases 1690—1990：an encyclopedia［M］. New York & London：Garland Publishing，1992：252.

② 同上。

③ 同上，1992：253。

因为担心新月屠宰公司的垄断，与此案利益相关的其他一些牲畜交易商人成立了一个“牲畜交易与屠宰商协会”，并很快在新奥尔良以南获得一块土地，在那里建造起牲畜栏和一个屠宰场。这一协会也聘请坎贝尔做代理律师，同样也拿到一份禁止令，反对新月屠宰公司阻挠其客户的计划。随后不久，路易斯安那州的检察总长西蒙·贝尔登介入，并获得针对牲畜交易与屠宰商协会的禁止令。①

1870 年 1 月，案件上诉到路易斯安那州最高法院（之前在低级别的法院双方争讼，法院做出的判决相互抵触）。当年 4 月，路易斯安那州最高法院以五分之四多数做出判决，宣布支持该州议会在 1869 年通过的法律、针对新月屠宰公司的禁止令无效、支持新月屠宰公司的反诉。但是，败诉的一方不服，认为路易斯安那州议会 1869 年通过的法案涉嫌垄断，有违《美国宪法》第十三、第十四修正案，决意将案件上诉到美国联邦最高法院。而且，坎贝尔和菲洛斯这两位代理律师在联邦的法律中找到支持他们这一方上诉的相关条款。②

在等待上诉期间，获胜的新月屠宰公司也没有闲着，该公司与州检察总长采取行动。1870 年 6 月，该公司获得一项禁止令，规定在该公司之外的肉制品不得销售，新奥尔良的警察很快查封一批价值 2 万美元的新鲜肉制品。因为天气热，这批肉制品很快就变质了。几乎与此同时，州检察总长贝尔登获得的针对牲畜交易与屠宰商协会的禁止令也开始强制执行。③

遭受损失的一方转而寻求联邦巡回法庭的帮助，但是，结局却并不如人意。希望只能寄托在美国联邦最高法院的最终判决上，而且，至少联邦最高法院的一名大法官明白无误地表示支持他们的诉求。这个时候也是双方可以达成妥协的时机，因此，在 1871 年 3 月，新月屠宰公司和牲畜交易与屠宰商协会、屠宰慈善协会达成一项协议：后者同意撤回上诉，新月屠

---

① JOHNSON J W. Historic U. S. court cases 1690—1990：an encyclopedia［M］. New York & London：Garland Publishing，1992：253.

② 同上。

③ 同上。

宰公司同意收购对方的屠宰场、给对方相当数量的股份并在新月屠宰公司的董事会中给对方安排几个位置。但是，屠宰慈善协会却不为所动，表示坚持将此案上诉到美国联邦最高法院。①

1872 年 1 月，美国联邦最高法院在双方辩论两天之后，难以达成多数判决意见（其中的一名大法官塞缪尔·尼尔森生病），决定在下一次开庭时双方再度辩论，最终一决胜负。之所以难以做出判决，一个重要的原因就是在美国内战之前，各州几乎享有完全的决定公民个人权利的自由。此外，就是因为《美国宪法》对于州权的明文限制不多。内战后不久通过的《美国宪法第十三修正案》（1865）宣布奴隶制和强迫奴役不得存在，《美国宪法第十四修正案》第一款（1868）则涵盖了正当程序、平等保护等原则，可以作为审理该案的法律依据。但是，这两个修正案依然存在意义不甚明了的问题，需要美国国会和法院解释或适用。②

在美国联邦最高法院出庭辩护的坎贝尔也正是抓住修正案中其意不明的这一点展开论述，强调修正案的解释应当在实质上扩大国家对于公民个人权利的保护。至于路易斯安那州 1869 年通过的那项针对新月屠宰公司的法案，只是保障了少数几个人的特殊利益，而非为了公共健康；新月屠宰公司的垄断有违《美国宪法第十四修正案》，特别是其中的平等保护规定。新月屠宰公司的垄断也有违《美国宪法第十三修正案》，尽管这一条主要针对黑奴和强迫劳役，但新月屠宰公司的垄断有如封建法，实际上构成一种人身上的强制。坎贝尔的上述论断当然遭到新月屠宰公司律师团队的反对，这一新组建的律师团队主要有三人，都是当时法律界的知名人士。他们认为，赋予新月屠宰公司垄断的法律是路易斯安那州管理权限的合法行使。而且，其宪法第十三、第十四修正案并不影响路易斯安那州的管理权限。③ 美国联邦最高法院在 1873 年 2 月 3—5 日听取了双方的辩论，在同年

① JOHNSON J W. Historic U. S. court cases 1690—1990: an encyclopedia [M]. New York & London: Garland Publishing, 1992: 254.

② 同上，1992：255。

③ 同上，1992：255－256。

2 月 14 日宣布判决意见。此时，先前生病的大法官塞缪尔·尼尔森辞职，沃德·汉特接替其职位。沃德·汉特曾经担任过纽约州上诉法院首席法官，也是（州）管理权的强力支持者。还在纽约州法院工作时，他就在一份判决书中要求纽约市的屠宰商将其屠宰场迁出纽约市中心地带。因此，他进入联邦最高法院后，先前的 4 ：4 票的赞成与反对格局很快变成了5：4。[①]

美国联邦最高法院多数派的意见由来自爱荷华州的塞缪尔·F. 米勒大法官撰写，尽管他对于国会通过的公民权利的法案持同情态度。在这份判决书中，米勒大法官认为，源于州一级公民身份的权利不受《美国宪法》第十四条中的特权及豁免条款的保护。至于坎贝尔律师的扩大性解释应当有所限制，否则即不无危险或带有颠覆性，会导致联邦政府的权力扩及到合同、财产所有权、家庭关系、犯罪与惩罚以及诸如此类的很多方面。当然，米勒的观点遭到其他持不同意见的大法官的强烈反对，他们认为多数派的意见其实是对于《美国宪法第十四修正案》的根本性误解。[②]

点评

以上我们探讨的所谓“屠宰场案件”闹上法庭的根本原因在于新月屠宰公司垄断行为获得了当时和当地（路易斯安那州）政府的支持，这种支持不仅体现在州议会通过的专门授予该公司的特权的法律（这种专门针对某人或某法人的立法在 19 世纪似乎并不鲜见）上，还有州警察等执法部门的大力配合。为了维持这种可以预期和实际可见的巨大利益，该公司甚至动用了收买或贿赂相关官员的行为，其行为实际上已经构成犯罪。

至少从这个案件来看，当时公司的特许或垄断由州政府说了算。这种案件如果出现在美国内战之前，似乎不成问题，因为，如同我们通过阅读

---

① JOHNSON J W. Historic U. S. court cases 1690—1990：an encyclopedia［M］. New York & London：Garland Publishing，1992：256.

② 同上，1992：256 - 259。

了解到的，内战之前的美国各州对于个人（应该也包括公司）拥有较大的甚或不受限制的权力。但是，州权与联邦之间的权限划分在美国内战之后有了新一轮的调整，其中，值得注意的是《美国宪法》第十三条和第十四条修正案的出台和解释、适用。正是依据以上两条内战后的宪法修正案（特别是其中的第十四条），双方律师在法庭上针锋相对，充分发表己方的观点。以上修正案尽管足够清晰，但还是有不同解释的空间，因而也给对立的双方律师留下了从不同侧面展开阐述的可能性。当然，最终此案在美国联邦最高法院一时之间也难以决出胜负，形成僵持；只是在大法官换了一人的情况下，才以5∶4的微弱多数做出定论。而且，即便是美国联邦最高法院多数派的意见多少也是不尽如人意，难以说服其他持异议的大法官。

商业活动中的垄断或不正当竞争在案件背景中得到了几乎全面的体现。当然，在当时的美国社会，似乎尚未出现大型的托拉斯之类的企业。根据美国学者的专门研究，所谓的“大企业”（big business）在19世纪90年代早期才形成气候。[①] 但是，无论如何，新月屠宰公司的行为涉嫌垄断和不正当竞争。在维护公共健康的外表之下，路易斯安那州政府实际上对于屠宰行业中不同的企业和个人是区别对待的，其通过的相关法律及其执行已经带有极大的偏见，并与美国宪法第十三、第十四条修正案相冲突，理应予以矫正。至于1873年美国联邦最高法院微弱的多数派意见，正如同其他持异议的大法官们认为的那样，是对《美国宪法第十四修正案》的根本性误解。

小结

“屠宰场案件”在美国法律史上具有较高的知名度，值得我们深入研

① PUTH R C. American Economic History [M]. 2th ed. New York: the Dryden Press, 1988: 329–330.

究。通过阅读，我们可以在案件（cases，应该是复数形式，意味着案件不止一次，也不只是双方，还有一个起诉新月屠宰公司的当事人，因为妥协而退出了诉讼）中获取相当之多的信息，对于当时（内战后不久的美国）的立法、执法、司法等情况有一定的了解和认识。

双方（不限于争讼的双方当事人及其代理律师，同时，还包括持不同意见的法官）争执的焦点在于对当时出台不久的《美国宪法第十三修正案》《美国宪法第十四修正案》（这一条尤为重要和关键）的理解，实际上形成了狭义的理解和广义的理解。简言之，米勒大法官撰写的美国联邦最高法院多数派大法官的判决词体现的是一种狭义的理解，与坎贝尔律师的扩大性解释或理解恰好相反。由于美国联邦最高法院特有的“一锤定音”的地位和作用，案件最终的结论也就止于此。

该案最终的判决对于美国社会的影响力堪称深远，其不利影响一直等到五十多年之后才被消除。在 1925 年“吉特罗诉纽约”一案的判决之后，美国联邦最高法院通过一系列的判决，宣布各州不得违反人权法案中的选定条款。此外，自 1965 年的“格里斯沃尔德诉康涅狄格州”案开始，公民隐私权不得被各州侵犯的原则得以确立，法院依据的正是《美国宪法第十四修正案》中的正当程序条款。美国联邦最高法院在“屠宰场案件”的多数派判决意见也意味着联邦最高法院对于各州依据自己的管理权限对于经济生活的管制，亦即联邦最高法院没有将《美国宪法第十四修正案》作为一种保护私人财产权免受州政府干预的方法。至于联邦最高法院中持异议的几位大法官（特别是斯蒂芬·J. 菲尔德大法官和约瑟夫·P. 布拉德利）的观点同样不乏影响力，他们的观点虽然在当时不占主流，但却在 20 世纪初凸显其价值并获得广泛的支持。①

---

① JOHNSON J W. Historic U. S. court cases 1690—1990：an encyclopedia［M］. New York & London：Garland Publishing，1992：259－260.

23. 合众国诉吉特奥（1882）：公共舆论、专家证词与“精神失常”

United States v. Guiteau, 1 Mackey 498 (1882)

[District of Columbia Court]

案件梗概

1881年7月2日（当天是周六），在华盛顿的一个火车站，当着几个证人的面，长相普通的吉特奥平静地对着总统连开两枪，致使后者严重受伤。当吉特奥想离开火车站的时候，一名地方警察拘留了他。吉特奥在现场的说法是他枪击了加菲尔德，他希望坐牢了事。总统在几个月后去世，吉特奥在那段时间被羁押。公众对于总统命运的关注日益增长，他们对于吉特奥这位谋杀者的背景和其刺杀总统的动机颇感兴趣。[1]

某些在1881年晚夏和初秋时节对吉特奥寄予同情的表示与希望总统可能康复的愿望联系在一起。多数评论者认为，如果加菲尔德能够恢复健康，吉特奥也就是会被送到精神病院而已。也就是说，许多观察者假定，吉特奥在以如此疯狂的方式做这样一件如此缺乏理性的犯罪行为时，肯定是疯了。因此，他们认为，他应该被收治。但是，随着加菲尔德的去世，针对吉特奥的公众舆论发生了变化。为了使总统的死亡有意义（总统不在其位很长一段时间，与大选区疏远），加菲尔德的政敌和墨守成规者开始打算从加菲尔德之死和吉特奥的生命吸取经验教训。在加菲尔德的葬礼之后不久，吉特奥更多地被描述成一个恶棍，而不是一个应该关在精神病院（这并非是19世纪降临在一个被告头上的最悲惨的命运）值得同情的对象。吉特奥逐渐在报纸、歌曲、教堂里被描述成一个精于算计的力图引人关注者和骗子，一个缺乏足够品质的人。例如，吉特奥的父亲与奥奈达社团（19世纪位于纽约北部的乌托邦式社区）短暂的联系作为一种遗传堕落倾向而被广泛谈论。[2]

吉特奥于1881年10月14日正式被传讯。对他的审讯在1881年的晚秋延长了几个月，对其有罪的裁定在1882年的1月5日做出（陪审团只用了一个小时即做出审议意见）。在美国公众的心目中，这次审讯的主要问题是吉特奥的性格。

审讯围绕更为传统的法律问题展开：被告在谋杀时的心理状态。既然事情很明显，即吉特奥扣动了手枪扳机——他也经常公开宣称他就是想杀了加菲尔德——留给陪审团目前的实质性问题就是陪审团是否接受吉特奥辩护律师的意见：吉特奥在杀人的时候，“于法律上而言，他是精神失常的”。吉特奥使他的律师的立场相当微妙。在整个庭审过程中，他坚称他枪杀总统的行为从技术层面或者法律层面上讲，属于精神失常的行为，因

---

① JOHNSON J W. Historic U. S. court cases 1690—1990：an encyclopedia［M］. New York & London：Garland Publishing，1992：36.

② 同上。

为，他的行为听从上帝的意志。而且，吉特奥的姻亲在对其家族史作证时的证言，对于被告人辩护发挥了重要作用。他坚称，家族的荣誉不应因为有证据表明家族中有不稳定的激情遗传而被无端地玷污。当吉特奥的律师们认为他应该依据精神失常的理由被判决无罪时，他们寻求的是英美法中有关刑事责任的分类。对于吉特奥的审讯最后成为 19 世纪美国“精神错乱辩护”的具有示范意义的例子；或者，如同公众所知道的那样，“精神失常”。①

在美国，处理“因精神错乱而无罪”的抗辩的法律的标准变得模糊不清。这些标准自 1843 年由一组英国法官建立的麦克纳顿规则而确立。② 在 19 世纪早期的英国，经过一系列对于被告人的无罪宣判，以及对于法庭允许陪审团对罪犯的“宽大”产生的不满，麦克纳顿规则创设了一套相对简单的规则，法官据此可以告诉审讯陪审团，帮助他们评估被告的心理状态。麦克纳顿规则关于精神错乱“检验”的要点是被告人是否在犯罪时知道他正在做的是犯罪，而且也清楚他的行为实际上和法律上的后果。③

在英美两国的法律权威机构中（在这些机构中，麦克纳顿规则被广泛称赞，尽管并非正式或普遍地在美国各州获得接受），麦克纳顿规则检验精神错乱在早期被视为两种“检验”刑事责任方式的一种折中方案。麦克纳顿检验包括一项要求，即被告的行为没有理智（就好像他是一个缺乏理智的野兽），或者对于他正在做的事情没有意识。此外，根据麦克纳顿规

① JOHNSON J W. Historic U. S. court cases 1690—1990: an encyclopedia [M]. New York & London: Garland Publishing, 1992: 37.

② 1843 年 1 月 20 日，丹尼尔·麦克纳顿（Daniel M' Naghten，或译：丹尼尔·姆纳坦）从背后射杀被害人爱德华·德拉蒙德（罗伯特·皮尔爵士的秘书），导致其身亡。陪审团的裁决是被告人犯罪不成立，理由是被告人精神不正常。1843 年 6 月 19 日，大法官齐聚上议院，就法律上五个方面的问题展开讨论，最终被告被宣布无罪。大法官们根据五个问题中的第二、三个问题的回答，形成了姆纳坦（或译：麦克纳顿）规则。简言之，麦克纳顿规则的构成要件是：（1）被告人因精神不健全而缺乏理智。（2）被告人没有意识到：A. 行为的性质和意义；B. 行为是错误的。在英美两国，麦克纳顿检验标准已成为一个主要规则。对此规则众多的医生和律师也有批评意见。郭义贵．近代英国司法案例选析：刑法篇［M］．武汉：华中科技大学出版社，2020：24－28.

③ JOHNSON J W. Historic U. S. court cases 1690—1990: an encyclopedia [M]. New York & London: Garland Publishing, 1992: 37.

则，要求被告人表达在他犯罪之后，不能够鉴别正确与错误，还要求他不能够辨别正误是因为心智方面的疾病所致，而非无知或只是古怪。因此，麦克纳顿规则几乎强制性地要求医学证据的使用，以便说明被告患病程度，而非简单地被审讯时法案委员会的法案所误导。尽管在吉特奥案件中，他被判有罪，看起来意味着在司法和法律圈内有某种对于精神错乱狭义解释的偏好，这种判决存在相当大的争议。①

点评

在19世纪80年代早期的一段时间里，查尔斯·朱利斯·吉特奥是美国或许世界上被最为广泛谈论的人物之一。在杀害詹姆斯·加菲尔德总统之后，吉特奥成为公众人物——这也是他万分高兴之事。在总统去世之后，作为谋杀案的主角，吉特奥更为出名。然而，即使是关注19世纪末美国政治的学者们通常也难以理解当时围绕吉特奥的狂热。吉特奥最为人印象深刻的是“令人失望的政坛探索者”，其对总统的杀害引发政府行政部门改革的呼吁。然而，对于吉特奥行为历史性的理解却没有把握其在当时及后来长时间的意义。围绕吉特奥的相当令人同情的人格，出现了几种根本性的法律的、医学的乃至伦理的争议。这些争议达一个世纪之久，仍然弥漫着审讯中针对个人犯罪行为的责任如何确定的问题。②

吉特奥案件的审理被认为不仅是麦克纳顿规则作为一种法律上的分水岭在美国的适用，而且，在数个对于精神错乱与刑事责任感兴趣的专业团体之间争议的公开激化方面，起到一种论坛的作用。神经病学家、精神病医生以及心理学家、犯罪学界和国家官员们均在该案中充当“专家证人”，对于犯罪原因、精神错乱的遗传基础、精神病的治疗效果以及其他有关自身专业刊物上争论数年之久的问题，发表了至关重要的不同意见。在吉特

① JOHNSON J W. Historic U. S. court cases 1690—1990：an encyclopedia ［M］. New York & London：Garland Publishing，1992：37.

② 同上，1992：36。

奥案件中，发声最响的专家证人是约翰·P. 格雷，他是纽约州尤提卡精神病院的主管以及《美国精神错乱杂志》的编辑；另一位是爱德华·斯皮兹卡，他是纽约精神病协会的成员。格雷与斯皮兹卡早在吉特奥案之前就是相互争吵不休的专业对手。在吉特奥案件的审理过程中，格雷的证言对于案件的公诉作用甚大，斯皮兹卡对于被告的辩护起到了非常重要的帮助。①

格雷坚持对精神错乱的狭义定义，这一点与麦克纳顿规则的严格适用相吻合。他不愿意接受"悖德狂"这一说法，其在医学界某些专业人士中较为普及，是一种理解最终导致犯罪行为的社会不整合的方式。对于格雷以及他的一些关注精神病院监管的同事来说，真正的精神错乱是一种可以认知但却相对少见的现象；多数没有经过"野兽"测试的对象个体是堕落的、不道德的、任性的或甚至暂时令人感到困惑的。尽管格雷也会承认，某些宣称作案时精神错乱因而被指控的人来自不幸的生存环境，因此更难以抵御犯罪的诱惑，但他仍然坚持认为这些人不适宜在法律上被称为"精神错乱者"。格雷的上述观点在吉特奥案件中颇具分量，而该案本身对于他向更多的人宣扬自己的观点是一个绝好的机会。②

另外，关于精神错乱的原因及其作为一种疾病流行的程度是斯皮兹卡这样的精神病医生关注的焦点。斯皮兹卡的理论基础是欧洲心理学以及他对于解剖学研究可能性的尊重。他在吉特奥案审理过程中坚持的是对于精神错乱的更为广泛的定义。尽管他认为，精神错乱就身体原因而言，主要是遗传性的和器官性的。因此，吉特奥案因为专家之间的不同意见引发公众的注意，这些专家继续在个体选择、环境影响以及遗传在犯罪行为中的作用等方面争执不休。然而，诸如斯皮兹卡这样的精神病医生和格雷这样的精神病院主管之间的争论并非只是天生与后天培养或环境对遗传的不同意见。在更大意义上，针对吉特奥案件的审判，专家们的争议引发了一种公共平台，即对于专家证言应当如何融入刑事案件的审理之中的问题——

① JOHNSON J W. Historic U. S. court cases 1690—1990: an encyclopedia [M]. New York & London: Garland Publishing, 1992: 37.

② 同上，1992：37-38。

这一问题直到吉特奥案件之前，尚未在美国被完全纳入法律讨论的层面。①

小结

就吉特奥一案审判对于公众的影响而言，吉特奥的被判有罪并被处死（1882 年 6 月 30 日执行）给法律界与公众均带来困窘。在该案审讯期间，只有几家公共舆论机构（从报纸到流行歌曲）表达了对于吉特奥的同情。实际上，公共舆论不仅明显地对吉特奥有敌意，而且对于任何对其持有宽容态度的人也有敌意。沃尔特·考科斯是吉特奥案件的主审法官，他决定让陪审团抓住每一次观察吉特奥心理状态的机会，因此，他允许吉特奥有主动参加自己辩护活动的某些自由。这种相对消极的许可使考科斯收到数不清的威胁信和专业的批评意见。而且，当吉特奥日常的监狱看守之一威廉·梅森警官枪击吉特奥之后，不太有名的华盛顿的几家报纸开始为梅森的辩护捐款。有几位编辑评论员抓住这一机会，建议对吉特奥动用私刑将会使得秩序井然，并辩护说梅森只是有公益心而已。②

在围绕吉特奥案件展开的热烈（讨论）氛围中，大多数的报纸专栏作者、政要，以及法律、医学杂志的作者们认为，法律程序以一种合乎秩序的方式进行，从而显示美国社会是依法而治的。但是，在吉特奥被处死数月和数年之后，只有少数几个作者认为公众舆论在吉特奥的判罪及被处死方面作用甚微。争议在于，如果吉特奥杀的是一个不那么重要的人物，有关精神错乱的辩护很可能将被接受。吉特奥在临终前唱的一首奇怪的、孩子气的歌，远超他的古怪行为，使得几位头脑清楚的专业人士相信，在对他审讯的时候，应该宣判他在法律上是精神错乱的。而且，有些解剖学家做了大量的尸体解剖检验，显示吉特奥有可能患有梅毒——一种受到道德上激烈联想的疾病，同时为人所知的是这种病可能在认知生理学意义上导

① JOHNSON J W. Historic U. S. court cases 1690—1990: an encyclopedia [M]. New York & London: Garland Publishing, 1992: 38.

② 同上。

致精神错乱。[1] 如果尸体解剖检验无误，那么，吉特奥被处死也就成为19世纪80年代美国法律史上的一桩冤案。

尽管针对吉特奥的身体状况的专家意见有所缓和，但是，在部分美国人中，认为狡猾的被告人和他们狡猾的辩护律师以精神错乱作为辩护“伎俩”的观点仍继续存在。例如，在1981年针对试图谋杀罗纳德·里根总统的小约翰·欣克利的审讯中，与吉特奥的案件相联系，我们可以发现相当多的相似之处：麦克纳顿规则的主要部分仍然被当作确定被告心理状态的恰当标准被引用；公共舆论方面的民意调查显示，欣克利一方以精神错乱为由的无罪抗辩被认为是对于法律程序的算计和操纵。的确，国会的一些议员争论在几乎所有的情况下，是否祛除精神错乱上的辩护；而且，一大堆专家证人对于该案从不同角度作证，通常对立并使得陪审团成员感到疑惑。欣克利一案尽管比起吉特奥一案而言，结果更有利于被告，显示吉特奥审判带来的复杂问题的程度还是得由美国的司法制度来解决。[2] 当然，我们要说的是，作者这种联系颇有意思：两案被告均是谋杀美国总统之人，均被认为精神状态有问题。而且，两案时间上恰好相隔一百年。但是，有所不同的是，里根总统侥幸生存下来（这一点非常重要，也是区分这两个在时间上相隔一百年的案件的关键之所在），宽恕了对方，凶手也并未被处死。

---

① JOHNSON J W. Historic U. S. court cases 1690—1990：an encyclopedia［M］. New York & London：Garland Publishing，1992：38.

② 同上。

24. 麦克弗森诉别克汽车公司（1916）：从“合同相对性”到产品的“潜在危险性”

Macpherson v. Buick Motor Company，216 N. Y. 382（1916）

[New York Court of Appeals]

案件梗概

1910 年，麦克弗森从“亲密兄弟”（店名）购买别克（型号 10，两个前座，带一个后座，22 马力，车速可达每小时 50 英里）汽车一辆，该车是“亲密兄弟”在前一年（1909）从别克汽车公司购得。别克汽车公司组装自己生产的部件，但有其他一些部件由其他生产厂商提供，涉案的这一辆别克汽车的车轮就是由位于密歇根的弗林特帝国车轮公司制造的。麦克弗森在 1910 年的夏秋使用该车，冬季存放在楼内，次年（1911）5 月重新开始使用。①

1911 年 7 月 25 日，居住在纽约戈尔韦的麦克弗森带上卡尔两兄弟驱车前往萨拉托加瀑布。快到达目的地时，汽车的左后车轮突然出现问题，失去控制的汽车撞上路边一根电话线杆，驾驶车辆的麦克弗森被弹出车外并受伤。在法庭上出示的检测报告确认，麦克弗森在事发时的车速大约为每小时 15 英里。检测报告还证实，车轮辐条的材料并非上好的材料，制造商在这方面没有进行测试。但是，初审法院认为，麦克弗森与别克汽车公司之间没有合同关系，因而不支持其诉讼请求。②

案件上诉到纽约法院上诉庭，推翻了初审法院的判决，其中一名法官持异议。别克汽车公司不服，此案于是到了纽约州上诉法院（该州最高法院）。1842 年英国的一桩先例“温特博特诉赖特”案（Winterbottom v. Wright，在该案中，英国邮政大臣的邮政马车的供应商提供的马车出现故障，驾驶马车的原告受伤，但被告却以“合同相对性”为由拒绝赔偿）被提及用来为被告方的行为辩解，“合同相对性”在此前属于压倒性的责任原则。但是，在“麦克弗森诉别克汽车公司”案的审理过程中，纽约州上诉法院的法官卡多佐并未受限于“温特博特诉赖特”案确立的“合同相对性”（privity of contract）原则，而是做了扩大的解释。卡多佐法官认为，汽车不同于邮政马车。如同有毒的瓶子一样，汽车属于具有潜在威胁性的产品。就好像过于靠近高温环境的咖啡桶会爆炸、不稳固的脚手架会倒塌，使用劣质木料制作的汽车车轮的危险性不亚于不稳固的脚手架。因此，马车时代的先例不适用于今天的情况。③

点评

1916 年纽约州上诉法院审理的这起“麦克弗森诉别克汽车公司”案经

① JOHNSON J W. Historic U. S. court cases 1690—1990: an encyclopedia [M]. New York & London: Garland Publishing, 1992: 298.

② 同上。

③ 同上，1992：299。

历了数年之久，从初审法院对被告做出的有利判决，到二审法院对于初审法院判决的推翻，最后到纽约州上诉法院做出的终审，前前后后实际上经过了三个法院的审理，无论是在时间上，还是在双方耗费的人力、物力、财力上都是一笔不小的投入。

这个案件之所以不太好处理，主要是因为即便是到了20世纪早期，即使是纽约州这种立法方面不可谓不丰富的州，其在法律方面接受英国先例影响的程度仍然比较深。一方面，说明英美之间法律的传承和相互影响。[①] 另一方面，说明在麦克弗森案中，纽约州上诉法院的大法官卡多佐创造性或曰开创性的思维方式，使得他放弃了英国1842年的“温特博特诉赖特”案确立的“合同相对性”原则。

法官们固有的思想观念无疑是审理案件过程中指导或影响其行动的关键性因素，即便是面对不断发展的工业化社会及层出不穷的争讼。这种固守传统的思维模式的法官不仅见之于英国（“多诺休诉史蒂文森”案之所以来回拉锯数年，与其中部分法官秉承的“合同相关性”原则不无关系），也令人多少有些诧异地见之于19—20世纪的美国。当代美国著名法学家伯纳德·施瓦茨在《美国法律史》一书中就谈到了英国上议院通过对“赖兰兹诉弗莱切”案（1868）的判决，为绝对责任原则“开辟了一个新的领域”。但是，美国的法官却“最不情愿接受”[②]。

小结

汽车是工业社会的产物，其雏形可以追溯到1769年法国人N. J. 居纽制造的利用蒸汽做动力的三轮汽车——“卡布奥雷”。当然，汽车迎来其

① 相互影响的例子可以英国上议院的大法官在1932年审理“多诺休诉史蒂文森”（即所谓“啤酒蜗牛”案）时，多数派大法官对于1916年的这个“麦克弗森诉别克汽车公司”案的引用为典型。关于“多诺休诉史蒂文森”案，郭义贵．西方法律名案讲座［M］．桂林：广西师范大学出版社，2019：167－168.

② 伯纳德·施瓦茨．美国法律史［M］．王军，洪德，杨静辉，译．潘华仿，校．北京：中国政法大学出版社，1990：140－141.

大批量生产应当是20世纪初美国福特汽车公司的大力推进。[1]

几乎与亨利·福特同时，别克汽车的创始人大卫·别克（David Buick）也是在19世纪末开始研制汽油发动机，并在1900年研制出第二辆汽车。但是，这个时期的别克汽车数量极少，工厂也面临倒闭，幸而被弗林特货车厂经理杰姆斯买下，并将工厂从底特律迁往弗林特（Flint）。1904年11月1日，经营不善的别克再度被转让给另外一位汽车制造商威廉·C. 杜兰特。由于杜兰特经营有方，别克很快占领汽车市场，成为业界的一匹黑马。1908年，杜兰特创立通用汽车公司（集团）。也是在1908年9月，杜兰特合并了别克汽车公司。[2]

这样说起来，1908年9月之后，别克汽车公司实际上属于通用汽车公司的一部分，但其品牌、生产、经营等没有根本改变。涉案的汽车应该是转手出售的车，估计在麦克弗森之前"亲密兄弟"也没有使用过该车。

这个案件审理的困难应当在于一、二审的多数法官的意见对于这起案件走向的决定性影响，因而一、二审的判决截然相反。到了纽约州上诉法院（该州最高法院），卡多佐大法官的意见占了上风，英国1842年的先例被弃而不用，"合同相对性"理论被代之以"本身具有危险性的产品"（inherently dangerous product）不适用案件这一具有说服力的理由。此外，"公共政策"（public policy）的观念在其中也发挥了一定的作用，这一观念实际上抛弃了先前人们固守的"合同相对性"原则。卡多佐大法官的过人之处在于，他不受陈旧的先例（马车时代的产物）的束缚，做出了符合时代（汽车时代）发展实际的正确判决，并因此影响到了之后的类似案件的审理。当然，再过了大约二十年，也就是20世纪40年代，美国才迎来其"严格责任"原则开始广泛适用的时期，消费者才享有不断扩大的合法权益的保护，制造商的产品责任才逐渐加大，英美古老的侵权行为法才获得进一步的丰富和发展。

---

① 汽车发展史［EB/OL］.［2020-12-02］. https：//baike. so. com/doc/5356909-5592419. html.

② 别克汽车发展历史［EB/OL］.［2020-12-02］. https：//wenku. baidu. com/vieu/2f51a52d2af90242a895e565. html/.

25. 贝克诉卡尔（1962）、雷诺兹诉西姆斯（1964）：从“政治棘丛”到“一人一票”

Baker v. Carr, 369 U. S. 186（1962）; Reynolds v. Sims, 377 U. S. 533（1964）[U. S. Supreme Court]

案件梗概

查尔斯·贝克是田纳西州米林顿市（孟菲斯城急剧发展中的城郊）市长。从“二战”结束到20世纪60年代初，大孟菲斯地区可以明显地感受到两波人口迁徙蜂拥而来：来自田纳西西部以及密西西比北部棉花地的黑人、随公司从田纳西以北迁移的白人专业人士和企业管理者。作为谢尔比县季审法院的主席，贝克可以深切地感受到新来者及其新的需求，但却难以改变现状。于是，他提起诉讼，希望借此解决问题。①

1961 年 4 月、10 月，“贝克诉卡尔”一案原告、被告双方先后两次在美国联邦最高法院展开辩论。贝克和他的几位共同原告认为，田纳西州议会因为不愿对议席重新进行分配违反了该州的宪法。在人口密集地区的选民实际上被剥夺了代表权，因此，他们在州税收方面遭遇了不公正的待遇。依据《美国宪法第十四修正案》中的正当程序和平等保护原则，选区的划分应当与人口比例相当。②

1962 年 3 月 26 日，美国联邦最高法院做出判决，判决词由威廉 · J. 布伦南大法官代表多数派的六名大法官撰写。判决书首先明确，美国联邦最高法院对于此案具有管辖权。判决书用了一定的篇幅来区分“贝克诉卡尔”案与以往联邦最高法院做出的相同案件的判决之间的区别（联邦最高法院在之前的相关案件审理中，往往会以政治性、非司法性质为由做出判决），原因主要在于《美国宪法第十四修正案》获得批准，因而采用司法标准解决相关纠纷的时机业已成熟。③

联邦最高法院多数派的判决意见遭到弗兰克福特大法官的激烈反对。他认为，除了处理种族歧视方面的问题，以平等保护条款的名义将司法强行推进“州政府管理的事务”的做法并非如布伦南大法官描述的那样理所当然。按照弗兰克福特大法官的理解，美国联邦最高法院多数派的判决意见不仅意味着联邦最高法院进入了政治棘丛，而且，还陷在这种政治棘丛中。④

美国社会对于美国联邦最高法院“贝克诉卡尔”案判决的反响不一。

---

① JOHNSON J W. Historic U. S. court cases 1690—1990：an encyclopedia [M]. New York & London：Garland Publishing，1992：127.“贝克诉卡尔”案中的被告乔 · C. 卡尔是当时田纳西州的州务卿，负责为郡县掌管选举记录和选区划分。最高法院废除贝克诉卡尔案的判决，党派操纵选区划分问题再起争议 [EB/OL].（2019 - 07 - 06）[2010 - 12 - 04]. http：//www. sohu. com/a/325256264_100189359.

② JOHNSON J W. Historic U. S. court cases 1690—1990：an encyclopedia [M]. New York & London：Garland Publishing，1992：127.

③ 同上，1992：128。

④ 同上，1992：128 - 129。

对这一判决持支持态度的主要有美国一些大都市的报纸、“美国市政协会”“美国市长协会”以及美国主要的一些工会。当时的美国检察总长罗伯特·肯尼迪将“贝克诉卡尔”案称为“代议制政府发展过程中的一个里程碑”。与艾森豪威尔总统对待1954年美国联邦最高法院宣判校园内的种族隔离的漠然态度截然不同的是，肯尼迪总统表示无条件地赞同。当然，“贝克诉卡尔”案的判决也并非没有反对意见，特别是在美国南部。但是，不管怎么说，“贝克诉卡尔”案的最终判决出台后不久，收到的效果较为明显。在一年的时间内，美国有36个州出现了这方面的讼案。到1963年年底，至少有24个州的立法机构被联邦或州法院宣布违宪。①

1964年的“雷诺兹诉西姆斯”案是对于六个州（阿拉巴马、科罗拉多、特拉华、马里兰、纽约、弗吉尼亚）立法机构的挑战，六个案件合并审理，标志着重新分配选区的革命由此展开。1964年6月15日，美国联邦最高法院对“雷诺兹诉西姆斯”等六个案件合并审理，做出判决。首席大法官厄尔·沃伦代表6名多数派的大法官发表判决意见，强调人口是议席分配唯一合法和宪法上足可辩护的基础。因为，立法者代表的是人民，而非树木、土地或经济利益。对于“雷诺兹诉西姆斯”等六个案件的判决持异议的只有哈伦大法官，他的观点基本上只是对前同事菲利克斯·弗兰克福特大法官观点的重复。②

对于上述判决政治上的反响同样不一。不出所料的是，美国南部立法者中的某些人将上述判决贬低为司法对于州管辖事务的再度入侵。但是，无论反对与否，当时的人们均普遍认为，宪法上的一块里程碑业已树立。例如，《纽约时报》认为，美国联邦最高法院于1964年关于议席重新分配的判决轻松地超越了沃伦法院在1954年废除校园种族隔离的判决。有的法学专家甚至将美国联邦最高法院在1964年上述判决的重要意义与英国

① JOHNSON J W. Historic U. S. court cases 1690—1990: an encyclopedia [M]. New York & London: Garland Publishing, 1992: 129.

② 同上，1992: 130-131。

1688 年的光荣革命相提并论。①

点评

1962 年的“贝克诉卡尔”案以及 1964 年的“雷诺兹诉西姆斯”案只不过是美国社会进入 20 世纪以来半个多世纪的时间里关于选区划分、议席分配等问题的暗流涌动中的某个侧面或典型反映，但其意义却不容低估。

19 世纪末 20 世纪初，美国社会发展提速，城市化、工业化给美国社会带来诸多福利，同时也带来诸多问题。其中，伴随着城市化、工业化脚步的是先前的选区划分以及议席分配等问题明显落后于现实，亟须做相应的调整。但是，囿于党派、集团、个人利益等方面的原因，立法、行政等部门似乎并无改观的动力。在这种情况下，寻求司法的力量似乎就是较为现实而理想的选择。这也再次说明，在社会前进的过程中，不乏先进性的联邦法院，特别是联邦最高法院会充当社会进步的助推器。

当然，依靠司法机构对选区和议席进行变革并不是一蹴而就的事情。我们这里读到的相关信息显示，这一过程也是较为漫长且曲折的。例如，即便是一时之间走在前列的田纳西州在 1870 年通过的州宪法中也要求州议会的两院在选区中根据每一个选区的合格选举人口进行议席的分配，而且，在 1881 年、1891 年和 1901 年也做了重新分配。但是，进入 20 世纪后，田纳西州宪法成为美国州宪法中最古老的一部（即半个多世纪未做修改）。正是由于立法改进之路几乎被堵死，所以，不满于议席分配现状的抱怨者才被迫选择司法途径解决问题，“贝克诉卡尔”案就是这一背景下的产物之一。②

---

① JOHNSON J W. Historic U. S. court cases 1690—1990: an encyclopedia [M]. New York & London: Garland Publishing, 1992: 131 - 132.

② 同上，1992: 126 - 127。

小结

其实，在1962年具有划时代意义的“贝克诉卡尔”案之前，美国联邦最高法院审理过有关议席分配方面的争讼。至于这方面引发的冲突，可谓由来已久，未曾断绝。

例如，20世纪20年代的伊利诺伊州。随着城市化带来的人口急剧增长，城市与所谓的周边乡村地带关于议席分配的问题就争议不断。1925年，库克县的专员委员会投票决定将业已收上来的州税扣留，甚至放言：如果斯普林菲尔德（Springfield）的立法者继续忽略议席重新分配问题的话，他们将脱离伊利诺伊州。①

20世纪40年代中期，有关议席分配的问题重新浮出水面，这一次的焦点是伊利诺伊州国会选区。原告肯尼斯·科尔格罗夫是美国西北大学政治学的教授，代表其他几位学术界人士和芝加哥的律师，在联邦法院提起诉讼，质疑伊利诺伊州国会选区的划分。该案最终被美国联邦最高法院以4票赞成3票反对的微弱多数驳回（当时，罗伯特·H. 杰克逊大法官正在参与纽伦堡审判；在案件审理过程中，首席大法官哈伦·F. 斯通突然心脏病发作去世，所以，只有7名大法官参与该案最终的判决），大法官菲利克斯·法兰克福特代表多数派法官撰写判决书，驳回上诉的主要原因就是缺乏管辖权。② 也就是说，“二战”后不久的美国联邦最高法院实际上回避了这一敏感的问题。

至于后来到了1962年、1964年，美国联邦最高法院审理了包括“贝克诉卡尔”案在内的一系列相关案件，是因为时机成熟了。这种时机或条件包括多数意见或观念带来的有形或无形的冲击、对于《美国宪法第十四修正案》的理解等。在这种背景下，先前所谓的“政治棘丛”也被纳入司法的轨道，人们熟悉的“一人一票”原则终于确立下来。

---

① JOHNSON J W. Historic U. S. court cases 1690—1990: an encyclopedia [M]. New York & London: Garland Publishing, 1992: 125.

② 同上，1992：125－126。

26. 弗曼诉佐治亚州（1972）、格雷格诉佐治亚州（1976）：围绕死刑存与废的争议

Furman v. Georgia, 408 U. S. 232 (1972); Gregg v. Georgia, 428U. S. 153 (1976) [U. S. Supreme Court]

案件梗概

在1971年秋，美国联邦最高法院同意审查三个死刑案件，以便处理死刑是否取代了残酷及非同一般的惩罚的问题，打头的案件就是“弗曼诉佐治亚州”。威廉·弗曼是一位26岁的黑人，在深夜入室盗窃时，杀害了被盗家庭的主人：被害人醒来，吓到了正要逃跑的弗曼；弗曼摔倒，他的枪走火，子弹穿过紧闭的门，击中并杀死正站在另一边的被害人。检方基本上采纳了弗曼关于枪杀偶然性的说法。但是，因为案件发生在重罪的范围内，符合制定法上的“蓄意谋杀”，因此，弗曼属于合适的

死刑案件被告。①

在两起相伴案件中，即“杰克逊诉佐治亚州”和“布兰奇诉得克萨斯州”案件中，被告被指控强奸。杰克逊是一个 21 岁的黑人，被指控强奸了一名白人妇女，他用剪刀威胁被害人，被害人身上有伤痕和皮肤伤，但无须入院治疗。布兰奇是一个轻度发育迟缓的黑人，用枪指着被害人的喉咙，强奸了一个 65 岁的白人寡妇，被害人之后患有后遗症，但不需要医务治疗。②

这三起案件有一些共同之处：三个案件的被告都是黑人，而每一个案件的被害人都是白人。被告及其被害人的种族十分重要，因为死刑歧视性申请成为联邦最高法院判决的主要问题。1930—1967 年间，发生在美国的 3859 件死刑案件的三分之一是针对黑人执行的。如此一来，死刑有可能被认为是被用作种族歧视的工具。③

种族歧视在对强奸适用死刑的案件方面尤为突出。例如，一项由犯罪学家马文・沃夫尔冈和法律教授安东尼・阿姆斯特丹（他在弗曼上诉到联邦最高法院的案件中，提供部分辩护）所做的研究显示，在美国南部十一个州被指控的强奸案被告中，百分之十三的黑人被告被判处死刑，只有百分之二的白人被告被判处死刑。在全美，1930—1967 年间，有 455 名男子因为强奸被处死，其中的百分之九十是非白人的少数族裔。④

弗曼案确实涉及一项谋杀，同样代表着一个重要问题。关于死刑，一种普遍的假设是，其是或应该是适用于最极端的犯罪。尽管任何谋杀都是一个悲剧，但是，没有任何极端邪恶的、粗暴的或恶毒的东西将其与成百上千的引发更为轻微的后果的谋杀判决区分开来——除非被告是黑人，被

① JOHNSON J W. Historic U. S. court cases 1690—1990：an encyclopedia [M]. New York & London：Garland Publishing，1992：45.

② 同上。

③ 同上。

④ 同上。

害人是白人，而犯罪发生在美国南方。①

联邦最高法院关于“弗曼诉佐治亚州”案的判决不同寻常之处在于，它的公开是无签名的。只有布伦南和马歇尔愿意讨论死刑本质上是残酷的和不常见的。道格拉斯、斯图亚特与怀特的重点放在相关州法的用词以及这些法律在执行死刑时的效率问题上。由此得出的结论即死刑缺乏指导原则从而违宪，对于联邦最高法院而言是一个新的方向。也就在一年之前，该院在“麦克古萨诉加利福尼亚州”（1971）一案中提出“把死刑案件的生或死的自由裁量权交付给陪审团”是合乎宪法规定的。“弗曼诉佐治亚州”案使那种“自由裁量权”成为废除死刑的开始。但是，这种逻辑使死刑的恢复依然大有余地。有几个州很快改写了它们的死刑法律，以求合乎“弗曼诉佐治亚州”案确定的标准。②

两种策略有可能使得立法机构通过的法律符合“弗曼诉佐治亚州”案的标准。第一种策略就是使死刑对于某些种类的犯罪而言成为必须的。例如，罗德岛的一项法律规定，由正在死刑期间服刑的犯人实施的谋杀当处死刑。第二种策略就是给陪审团提供标准，以决定在什么情况下某人应该适用死刑。③

佐治亚州与其他州采取的办法就是在死刑案件中，采用两步审讯的方法。第一步，由陪审团决定被告是否有罪，根据上述决定，陪审团再决定判刑。在判刑阶段，由法官指导陪审团确定对于处以死刑的法定标准：相关案件必须至少包括一系列“加重”情节，然后，才能够建议适用死刑。此外，这些情节还必须与一系列潜在的“减轻”情节进行权衡。第二步，所有导致死刑的案件应当自动上诉到州最高法院，并将每一个死刑案件与其他死刑案件进行比较，以确定死刑不是以一种专横或歧视的方式做出。④

但是，佐治亚州的相关立法受到特洛伊·利昂·格雷格案的挑战。格

① JOHNSON J W. Historic U. S. court cases 1690—1990：an encyclopedia [M]. New York & London：Garland Publishing，1992：45 -46.

② 同上，1992：46 -47。

③ 同上，1992：47。

④ 同上。

雷格被指控抢劫并开枪致使两人死亡。在“分为两部分审讯”的判刑阶段，陪审团考虑三个加重情节：（1）在实施谋杀犯罪的同时，被告是否正在实施另外一种重罪；（2）被告实施犯罪的目的是否为钱财；（3）谋杀是否“粗暴和肆无忌惮的卑鄙”。陪审团一致认为，第一和第二种情节成立，并达成一致意见：四项死刑，其中两项为谋杀，另外两项为抢劫。①

将格雷格的判决与弗曼的判决相比较，会觉得不可思议。如果说弗曼犯下谋杀罪是因为他是一个蹩脚的盗贼，格雷格就是故意和“冷酷地”枪杀两人，以夺取他们的财产。尽管我们需要注意不能仅仅根据两个案件即做出结论，但是，这一比较新的指导原则包含了如此含义：对最邪恶的谋杀犯保留死刑。②

回顾佐治亚州最高法院对于抢劫罪死刑判决的撤销。该法院注意到，在佐治亚州，死刑很少适用于抢劫犯罪，而且，在首次定义抢劫罪的加重情节之后，陪审团不能够恰当地区分抢劫罪中的加重情节。对于格雷格而言，是获得一次死刑还是几次死刑，结果都是一样的。③

点评

死刑的存废在20世纪之前可能不成其为一个很大的问题。因为，尽管不乏种种争议，但几乎所有的国家均在适用死刑对待其个别的社会成员。争论比较多的是死刑的执行方式以及是否应当公开执行死刑等问题。例如，英国在1868年以后，不再公开执行死刑，而是在监狱内这样的场所行刑。④

---

① JOHNSON J W. Historic U. S. court cases 1690—1990: an encyclopedia [M]. New York & London: Garland Publishing, 1992: 47.

② 同上。

③ 同上。

④ 例如，1864年7月9日，来自德国的犯罪嫌疑人弗兰兹·穆勒（Franz Muller）在一列火车上杀害英国伦敦某银行高级职员托马斯·布里格斯（Thomas Briggs）被判处死刑并被公开执行。行刑当天（1864年11月14日）早上6点前，许多人冒雨（后来雨停）赶到新门监狱门口断头台观看，人数很快超过1万。DECHARNE M. Capital Crimes: Seven Centuries of London Life and Murder [M]. New York: Random House UK, 2013: 221 - 240.

20 世纪以后，包括英国在内的一些国家废除了死刑。[①] 但是，死刑依然是一个争论不休的问题。

美国对于死刑的使用被认为在 20 世纪 30 年代达到高峰。尽管在 20 世纪 60 年代，美国大多数州的死囚室依然保留，社会已经改变了对于死刑的看法。美国公民自由联盟和全国有色人口促进协会使人相信，死刑是为穷人和黑人违法者设计的，并且从 20 世纪 50 年代以来为每一个死刑犯人提供法律帮助，希望最终废除死刑。死刑的执行逐年下降，在 1967 年停止，因为各州均响应美国联邦最高法院的一个动议。在 1972 年，受到三位上诉人的影响，联邦最高法院同意是否判处死刑须以“违反美国宪法第八条和第十四条修正案，构成残酷和非同一般的惩罚”为条件。联邦最高法院在“弗曼诉佐治亚州”一案的判决中，以 5 票赞成 4 票反对的微弱多数有效地废除了美国的死刑，宣布现存的多数规定批准死刑的州法律违宪。然而，这不是联邦最高法院对于死刑最终说不：四年后，在“格雷格诉佐治亚州”一案中，联邦最高法院赞成州一级制定法中关于死刑的新规定，实际上又恢复了死刑。死刑的痛苦经历在 1977 年犹他州对于加里·吉尔莫动用死刑后不久，重新开始。因此，美国有学者认为，如何看待美国联邦最高法院在法律上最具争议问题的明显的“变脸”是一个值得注意的问题。对于 1972 年“弗曼诉佐治亚州”以及 1976 年“格雷格诉佐治亚州”这两个案件意见的审视或讨论、比较，就是一个很好的话题，对于我们了解美国联邦最高法院解释美国宪法的相关规定及精神，提供了极好的样本与素材。[②]

首先，把联邦最高法院在死刑问题上的转向归因于一种简单的人事方面的变化即颇有吸引力。因为，弗曼一案的判决投票恰好沿着意识形态而分布。五位赞成废除既存的死刑制定法的法官是自由的沃伦法院时期留任

---

① 英国在 1998 年通过的《犯罪与骚乱法》彻底废除死刑。郭义贵，方立新．外国法制史［M］．北京：清华大学出版社，2010：210.

② JOHNSON J W. Historic U. S. court cases 1690—1990：an encyclopedia［M］. New York & London：Garland Publishing，1992：44.

下来的法官（威廉·O. 道格拉斯、波特·斯图亚特、布里翁·怀特、威廉·J. 布伦南以及瑟古德·马歇尔）；投反对票的四位保守的法官（首席大法官沃伦·E. 伯格、哈里·A. 布莱克曼、刘易斯·F. 鲍威尔以及威廉·H. 伦奎斯特）由尼克松总统任命。尼克松提名的这四位大法官除了其他的品质，就是他们对于犯罪的“强硬”立场。四年之后，自由的道格拉斯大法官被另外一位保守的大法官约翰·保尔·史蒂文斯取代，后者加入支持死刑的大法官这一边。

尽管转向一个更为保守的联邦最高法院的情况确实存在且更为重要，但是，其自身并不能解释死刑恢复的原因。大法官之间对于死刑支持或反对还有更多的说法。的确，有两位大法官对于死刑表达了自己的厌恶。伯格与布莱克曼都确认，如果他们“有立法权”，他们将投票废除或至少严格地限制死刑的使用。尽管从 1967 年到 1972 年，对于死刑的执行被非正式地暂停，相关资料表明，美国民众寄希望于联邦最高法院在死刑问题上起道德领导作用，弗曼一案的判决依据却并不是死刑自身的道德性。围绕弗曼一案的争议为格雷格案打下了基础。鉴于这些争论，关于罪与罚的问题，20 世纪 70 年代无论是公共舆论，还是专业讨论，均使得格雷格案的判决不可避免，即便是联邦最高法院的人员构成发生了改变。这是因为，在弗曼案中，联邦最高法院没有及时宣称死刑的合宪性（两位大法官的意见除外），而是将重点放在实施死刑的程序上。

小结

美国联邦最高法院同意再次审查死刑是否残酷和非同寻常，并因此违反《美国宪法第八修正案》和《美国宪法第十四修正案》。尽管如同在弗曼案中，美国联邦最高法院不能够达成一致意见，它在格雷格案中，以 7∶2维持对其的死刑判决。依据立法机构代表“人民的意志”这一理论，斯图亚特、鲍威尔和史蒂文斯指出，自弗曼案之后，美国国会和三十五个州新通过的死刑法律，克服了体面标准中的进化标准。他们还建议，死刑对于谋杀案来说，是不必要的“不成比例”。此外，他们认为，报复（即复仇）是刑法的合法目的。因此，无须考虑将死刑令人不快的结果与轻微一些的惩罚进行比较。①

死刑的存废在20世纪60年代以来的美国社会存在较大的争议。相关研究表明，这种争议在1966年达到顶峰，当时有47%的民众反对死刑，但还有42%的人支持死刑，另有11%的人表示对于死刑“没有意见”。②

死刑在20世纪60年代以来的美国其实有一个反转：死刑一度被废除，但是，居高不下的刑事犯罪（特别是其中的一部分恶性案件）又使得人们改变了立场，上述的“格雷格诉佐治亚州”一案就是一个典型，被告人在案发当时所为与之前的“弗曼诉佐治亚州”一案中的被告弗曼之所为具有很大的不同。简言之，两案的不同在于弗曼杀人纯属过失，格雷格则主观恶性极大，没有被宽容对待的余地和可能。

另外，值得一提的是，美国联邦最高法院大法官们的观念和立场实际上或多或少反映了一段时间内美国社会民众的观念和立场。

---

① JOHNSON J W. Historic U. S. court cases 1690—1990: an encyclopedia [M]. New York & London: Garland Publishing, 1992: 47-48.

② 美国死刑制度 [EB/OL]. [2020-12-08]. http://baike.so.com/doc/5403793-5641489.html.

二、《美国悲剧》的法律解读

引　言

美国著名作家德莱塞的登顶之作《美国悲剧》(An American Tragedy)① 一书于1925年问世，距今已近一百年。由于小说中的故事并非完全虚构，而是基于20世纪初美国十多个真实的案例改编，且涉及当时的美国社会现实，涉及贫富对立、犯罪、刑事司法以及影响到司法公正的诸多因素等问题，因而其引发的争议和研究至今仍未停息。

简言之，这是一部扑朔迷离的小说，也正因为如此，才会引发如此之多的争议和持续不断的研究。

与现有的相关研究略有不同的是，本解读的意趣在于从法律的角度对其展开讨论。

总之，仅就法律方面而言，《美国悲剧》可以说给读者提供了一个堪称经典的文本。由于德莱塞的现实主义立场和深层次思考，这部小说虽然距离我们近一百年之久，但其蕴含的丰富内涵及批判意义依然经久不衰。

---

① 也译为《美国的悲剧》。

如果从具体的制度层面展开分析的话，当时美国刑事诉讼制度及其相关的地方检察官、辩护律师、陪审团、刑事证据（直接证据与间接证据等的效力）、刑事上诉制度以及纽约州州长给予的缓刑、减刑及赦免的权力、法律与道德的关系等，均有重新审视的必要。

《美国悲剧》是一部三卷本的长篇小说，它的魅力在于其与美国社会的紧密联系，关涉社会贫富分化，不同阶层群体与个体的生活方式、追求与情感，从多个侧面反映了20世纪初美国城市的样貌。小说通过主人公克莱德短暂的一生中颇为传奇的经历，以三卷本的篇幅，依照时间顺序，分别着重描写了克莱德在堪萨斯城的生活（卷一，约15~17岁），克莱德在莱柯格斯的生活（卷二，约20~21岁），以及（卷三）因为有杀害前女友罗伯达的嫌疑因而受到审判、庭审、收押在监（案发地附近的卡拉基奇县监狱）、被判处死刑并移交到州一级的死牢（奥本监狱）、上诉及其被驳回、死牢中的生活、恳求纽约州州长无果、死刑的执行等。

虽然这部小说的第三卷因其细致入微地描述庭审和监狱等被认为有烦琐之嫌，但是，这并不影响小说的传播和一直以来人们的持续关注。在小说问世后的近一百年间，其魅力不减。

由于这部小说第三卷与美国法律的紧密联系，这一部分恰好成为本解读关注的重点。

仅就法律方面来看，这部小说涉及了英美法律传统中一些令法律人颇感兴趣的问题。例如，陪审制度、抗辩制度、证据制度等。这些看似平常和古老的法律制度在《美国悲剧》中有着较为生动的展现，由此也留下了一些令人深思的问题。比如，英美法中历时数百年之久的陪审制，在面对犯罪嫌疑人的时候，是否总是能够发挥其恰如其分的作用？抗辩制或曰对抗制是否会很好地体现既不冤枉一个好人，又不放过一个坏人的作用？直接证据和间接证据在刑事司法过程中如何展现并被采信？应该“疑罪从有”，还是“疑罪从无”？尤其是在完全没有直接证据的情况下，能否给犯罪嫌疑人定罪量刑？对待贫弱的犯罪嫌疑人，应否给予其法律援助？刑事被告人的“沉默权”为何没有在小说中得到体现？法律与道德的关联度应该保持在哪种程度上才是合适的？这两者之间应当保持一定的距离吗？20世纪初的美国社会及其法律制度，在一百多年后的今天，是否已经时过境迁甚至面目全非？

上述种种疑问或困惑无疑是催生本解读写作的主要动力。

因此，本解读拟从与小说关联度较高的地方检察官、辩护律师、陪审团、刑事证据、刑事上诉制度等入手，审视美国的刑事诉讼制度，并对此展开尽可能深入的探讨。此外，小说中涉及的法律与道德关系、纽约州州长缓刑、减刑和赦免的权力等问题，也因此成为本解读关注的对象。

一、地方检察官的权限问题

小说中地方检察官的形象及其行为是通过奥维利·W. 梅森其人来体现的。有意思的是，尽管这位地方检察官的出场是在第三卷第三章。但是，在第三卷第一章，他的姓名和职位已经被人提及。而且，用了一句话——“当地有点名气的和善变的”——来描述这位地方检察官。

等到梅森正式出场的时候，我们看到的是一个身材矮小、胸脯宽大、腰背宽阔、精力充沛的人。但不幸的是，在他青春期晚期，一张本来令人愉快的甚至引人注目的脸，却被一个破损的鼻子所破坏，给了他一种最不讨人喜欢几乎是阴险的眼神。但是，此人绝不邪恶，相反不乏浪漫和激情。[①] 接下来，小说介绍梅森出生在一个贫穷的农夫家庭，父亲早逝，母亲守寡将其拉扯成人，他在 12 岁时就帮助母亲干活，14 岁的时候，因为滑雪摔坏了鼻子。因为家境贫寒，所以，梅森对于比他生活顺利的人不无

① DREISER T. An American Tragedy [M/OL]. New York: Signet Classics, 2000: 343 [2000-09-01]. 原版英语阅读网，http://www.en8848.com.cn.

敌意。因为摔坏了鼻子，对于招人喜欢的男孩，他怀有嫉恨。所以，按照弗洛伊德的说法，梅森有一种“精神性疤痕”（a psychic sex scar）[①]。这样的一个人出任克莱德一案的地方检察官，意味着案件的审理极有可能隐藏着对于被告方不利的因素。因为，这是一位精力充沛、经验丰富、外貌与心理均有一定欠缺的人，而他的潜在对手克莱德却是一位外表出众、与上流社会具有某种联系的年轻人。

因此，如果我们的解读不错的话，小说中的这位地方检察官梅森与克莱德无形中就形成了一些值得对比的不同与特点。比如说，克莱德尽管出身贫寒，但却来自城市，有着讨人喜欢的外表，与莱柯格斯的上流社会有着某种一般人难以企及的联系。梅森来自农村，外表与心理均有一定不足。小说在梅森正式露面时，不止一次地使用了 handicap（具有缺陷、残疾等意）这个单词，意在说明其心理和生理方面的缺陷或残疾。[②]

梅森的发迹始于 17 岁。从一个地方上的新闻采访员开始，梅森一路节节高升：学习法律，进入律师界，先后成为（纽约州）州下院议员、布里奇堡的助理检察官和两届检察官（每届任期为四年）。仕途顺利的梅森，家庭生活也比较美满。[③]

可以说，梅森作为一个穷小子依靠自身的努力，把握住了机会，成为一个成功人士，实现了自己的美国梦。同样也是穷小子的克莱德也有自己的梦想，希望能够快速脱离贫困。不同的是克莱德寄希望于富家女桑德拉·芬奇利小姐，梅森在开始的时候依靠的主要是自己的打拼。在这方面，这两位不久必将见面的对手（尽管绝非势均力敌）其实起点几乎相同。而且，有意思的是，小说似乎在有意无意之间，分别提及上述二人的 17 岁：克莱德在这一年，因为无意中卷入一场车祸，被迫结束了在堪萨斯一家大酒店相对惬意的工作，离开父母家人，从此开始了长达两年左右颠

---

① DREISER T. An American Tragedy [M/OL]. New York: Signet Classics, 2000: 343 [2000-09-01]. 原版英语阅读网，http://www.en8848.com.cn.

② 同上。

③ 同上。

沛流离的生活。[①] 梅森则在 17 岁这一年，开始了向上发展之路。

回到我们重点讨论的地方检察官权限问题。相关研究显示，美国存在联邦和地方两套检察制度。

就地方检察官而言，绝大多数美国地方检察官由选举产生，对选民负责，不受州长和州总检察长控制。郡级检察官的职位通常只有一个，被称作“地方检察官”（DISTRICT ATTORNEY，DA）。其有权自行聘请助理地区检察官或副地区检察官，并且若没有合理理由不得将其随意解职。

美国的检察机关在立案侦查、庭审以及庭审后的阶段等皆有较大的职权和义务，对于刑事诉讼而言，其是一种极为重要的力量。[②]

因为小说中的大比腾湖沉船事件于 1906 年 7 月上旬发生在纽约州，查阅美国《纽约州宪法》（1894）（该宪法一直到 1938 年才被修改）第十条第一款条文，我们得知治安官、书记员、地方检察官、登记员和州长可以免职。上述官员每三年由选举人选举产生……也就是说，地方检察官一职由选举产生，每三年选举一次。这一点，与德莱塞小说中谈到的地方检察官每届任期四年有出入，估计这应该是德莱塞的笔误。

《纽约州宪法》（1894）第十条第七款规定，若上述司法人员的行为不端等，可以被免职。这部宪法第十三条第六款规定，地方检察官在知道的情况下，如果没有依照职权起诉违法者（违法者得到适当的通知并有机会为自己辩护），将会被纽约州州长撤职。

---

① 《美国悲剧》第一卷第十九章（也是第一卷最后一章）较为详细地介绍了克莱德等人卷入的车祸，大致情况如下：克莱德酒店的同事海格伦德提议，一班年轻男女偷开他人帕卡德汽车（车主在亚洲游行）远游。尽管不无疑虑，克莱德还是参加了。回来的路上，因为赶时间（赶回酒店上班），加上下雪、天黑、路上堵车等，施巴舍撞死一名横穿马路、大约 9 岁的小女孩。当时车辆高速行驶，根本来不及刹车，车祸现场目击证人甚多。最终，汽车撞倒一堆铺路石后倾覆，多人受伤，克莱德与同事兼好友的拉特勒（Ratterer）等人将卡在车里的同伴救出来，开车的施巴舍与车祸中受伤的女友一同被捕，后被判刑。因为恐惧和无知，克莱德等人选择逃离。克莱德在车祸发生后一段时间的张皇失措，是否意味着其性格中潜藏的某些连他自己也未必知道的问题或弱点，于此得以展现，与后来他在大比腾湖沉船事件中的表现似乎具有某种内在的联系。此次车祸意味着克莱德被迫离开自己熟悉的生活和工作环境，特别是家人，此后主要依靠自己来独自面对人生。

② 刘杰．美国检察制度研究［J］．现代经济信息，2015（10）．

通过阅读1894年《纽约州宪法》相关条文的规定，我们可以获得这样一些信息：纽约州的地方检察官由选举产生，每届任期三年，其可能因为行为不端等被免职；也可能在明知的情况下，没有依职权对违法者起诉被纽约州州长撤职。也就是说，尽管上述相关规定在今天的我们看来还不够细致，但在当时可谓基本满足了对于地方检察官在内的官员的制约或潜在的压力。此外，还有一些条款（例如，该宪法第十三条第一至第五款）明确规定相关官员的就职宣誓与不得直接或间接地接受贿赂、免费通行或免签的特权等。

当然，纸面上的宪法规定无疑会显得美好，但要落到实处或执行到位，则需要经过实践的检验。

通过阅读《美国悲剧》，我们可以看到，梅森在获知大比腾湖有人溺亡的惨案后，立刻联想到这是一次难得的机会，可以就此挽救自己摇摇欲坠的政治声望，并可能有助于自己的未来。① 因此，美国学者约翰·塞利尔·巴顿在《美国的闹剧：德莱塞的〈美国悲剧〉中的死刑与刑事司法制度》一文中认为，出于党派竞选和即将开始的法官职位，梅森也不可能扮演一个置身于利益之外的普通检察官角色。相反，他将法庭作为捞取政治资本的场所，并使得暴民的统治与司法公正的界限变得模糊。为此，围绕罗伯达之死，梅森对于相关证据不惜歪曲，而且极力描黑克莱德，让陪审团相信克莱德是一个“最冷血和最黑心的杀人犯”。例如，他将罗伯达生前满满的一箱子个人用品拿出来，让死者的父亲当庭辨认。尽管法官将这一点从证据记录中撤掉，但其目的却达到了。②

作为地方检察官的梅森是否在立案侦查等各个相应的环节依职权履行自己的职务，《美国悲剧》其实给出了答案。

就立案侦查阶段而言，梅森在得知大比腾湖沉船事件后，尽可能迅速

① DREISER T. An American Tragedy [M/OL]. New York: Signet Classics, 2000: 343 [2000-09-01]. 原版英语阅读网, http://www.en8848.com.cn.

② BARTON J C. An American Travesty: Capital Punishment & the Criminal Justice System in Dreiser' An American Tragedy [J]. 2002.

地采取了行动。在他之前，他的共和党派的朋友、卡塔拉基县的验尸官弗莱德·海特（Fred Heit）接到报案电话后，已经和助手一起前往案发地点，初步检验尸体，收集到了相关遗物及证据，包括：克莱德的帽子（没有标志）、女方棕色面纱、罗伯达写给其母奥尔登太太的一封信、死者的脸部（嘴唇、右眼部、鼻子）受过伤，呈棕蓝色。并走访了部分证人，如导游、客栈老板、出租游船的人等，他们都声称见过克莱德（此时不知其真实姓名，以下暂时称“丈夫”或“男子”，未见其尸体）。去现场之前，在电话里，海特请对方（大比腾湖的华莱士，也是报案人）在现场保护好证据。事发当天天气晴好，没有风浪，对于此事的发生，见过死者和男子（经过打捞，未见其尸体，推断为失踪）的知情者均觉得不寻常。

经过了解，导游和大比腾湖和草湖的客店老板得出结论，失踪者至少有以下疑点：去过两个不同地方，使用的姓名不一样（Clifford Gordon 或 Carl Graham），但是，外貌描述应该是同一个人；男子向导游打听大比腾湖人多不多；死者手提包留在肯洛奇，男子的行李随身携带。据此，大家推断：此人使用了卑鄙手段（foul play）。[①]

海特希望下届选举顺利，自己可以担任县法官（任期六年）。由于选举牵涉民主党与共和党不同党派的候选人，因此，此案（难得的大案）可能是选举胜出的关键。这一点，他与现任地方检察官梅森（他同一个党派的朋友）想法一致。

在立案侦查阶段，可以说，作为地方检察官的梅森依照职权，履行了自己的职责。例如，在验尸官海特工作的基础上，梅森迅速采取行动，坐车到比尔茨，通过罗伯达父母及其当地邮局等了解情况，最终，目标指向克莱德。[②]

随后，梅森来到克莱德在莱柯格斯的住所（房东佩顿太太家），在莱柯格斯当地一名警探的协助下，进行搜查（携带有搜查令）。通过比对克

---

① DREISER T. An American Tragedy [M/OL]. New York: Signet Classics, 2000: 337 - 338 [2000 - 09 - 01]. 原版英语阅读网，http://www.en8848.com.cn.

② 同上，2000：341 - 354。

莱德留在房间桌上的部分笔迹（与其收到的请柬相关的备忘录）和他写给罗伯达的白色卡片上的字迹，确信这正是克莱德居住的屋子。在佩顿太太的见证下，警探和梅森打开克莱德房间的大箱子，除了克莱德的生活用品外，发现罗伯达的15封来信及一年前她送给克莱德的私人照片（捆在一起）、桑德拉的字条和邀请函以及克莱德母亲的来信共计11封。①

梅森得知，塞缪尔·格里菲斯一家在格林伍德湖，克莱德在克莱斯顿旅馆。

梅森请布里奇堡的警长带手下依照法律正当程序，就近逮捕克莱德，并关押在当地监狱中。迄今为止，他无疑是杀害罗伯达·奥登的谋杀犯。②

梅森一行人搜捕克莱德，后者在熊湖被捕，执行逮捕的警官克洛特随身带有搜捕令，其不太相信克莱德会是一个典型的罪犯。③

梅森在克莱德不在场的情况下，通过打听，了解到克莱德到达克莱斯顿旅馆的时间为周五上午。梅森认为，克莱德就是杀害罗伯达的凶手。

检方逮捕了克莱德，但是，他不承认犯罪。④

我们知道，20世纪初的美国还没有确立沉默权制度，这种制度是在“米兰达诉亚利桑那州”案(1966)之后才确立起来的。所以，小说中的地方检察官梅森可以直接讯问克莱德，置对方于不得不回答的境地。而且，也可以主观认定对方有罪。此外，梅森认为自己掌握相当多的证据（非直接证据)，以及一些证人（非目击证人)，故不断给克莱德施加压力或巧言诱惑，希望其招认。克莱德则几乎保持沉默，很少说话。

克莱德最担心的是：梅森会将他带到桑德拉等人的面前。梅森利用这一点施压，迫使其承认认识罗伯达。但是，克莱德不承认杀人。梅森借此开始讯问克莱德。

梅森找到克莱德的个人物品，并就克莱德曾经戴过的两顶草帽（一顶

---

① DREISER T. An American Tragedy [M/OL]. New York: Signet Classics, 2000: 357-358 [2000-09-01]. 原版英语阅读网，http://www.en8848.com.cn.

② 同上，2000：358-359。

③ 同上，2000：374-379。

④ 同上，2000：381-384。

漂在出事的湖面，另外一顶克莱德戴着）不断讯问，使得后者处于被动。由于克莱德前后矛盾的解释，检察官认为其嫌疑大，需要认真对付。

所以，一路上，一直到县监狱，梅森以各种问题不断讯问，克莱德没有安静的时候。①

5 名医生联合制作验尸报告，结论是：罗伯达被砸后落水，死于溺水。致命伤在头部，被某种锐器击打。但是，罗伯达在落水后并未立即死亡。因此，这种结论对克莱德较为有利。梅森等人则认为，克莱德或许在落水前没有杀害死者，但有可能击打死者，并在死者昏迷时将其扔到水里。至于克莱德使用什么东西击打死者，尚不得知。

为了印证自己的想法，梅森让克洛特诱骗克莱德顺从其设想，以求得宽大处理。克莱德沉默以对②。

克莱德作案的“凶器”照相机也被从湖里找到。后来，照相机的三脚架也在案发附近被发现，被梅森等人认为这些是导致罗伯达头部受伤的工具，并被见过克莱德和罗伯达的导游、女招待等人证实。

讯问在没有刑讯的情况下进行。检察官助手伯顿·伯里为了坐实克莱德作案，偷偷从死者头上取了两根头发，缠在照相机上。因为，他相信克莱德是凶手无疑。

经过检验，被认为是凶器的照相机和小船上均无血迹。③ 毫无疑问，伯顿·伯里的行为实属陷害他人。

梅森检察官认为证据齐全，可以开庭。早开庭，对于他参加选举、扬名全国有利。但是，他暂时不想公开照相机的消息。

新闻界开始极力渲染这一案件，并要求披露该案尽可能详尽的信息。

罗伯达的部分信件被摘录式地曝光。《星报》记者专访死者家人。

克莱德的伯父塞缪尔·格里菲斯决定介入，问明情况，请自己工厂的

---

① DREISER T. An American Tragedy [M/OL]. New York: Signet Classics, 2000: 385 - 390 [2000 - 09 - 01]. 原版英语阅读网, http://www.en8848.com.cn.

② 同上，2000：392 - 393。

③ 同上，2000：393 - 394。

律师回来。①

听完女儿桑德拉的哭诉后，芬奇利先生调动自己在政界的朋友（州参议院、共和党纽约州委员会主席）阿特伯里律师，请自己的法律顾问一起想办法。担心他们家与杀人犯勾连在一起，特别是桑德拉的信件目前落在梅森之手。

阿特伯里联系到梅森，后者计划将桑德拉给克莱德的信件作为克莱德认罪和避免审讯的条件。芬奇利先生决意不希望其家人与该案件有任何瓜葛，阿特伯里计划再联系梅森。芬奇利一家决定到外地六周，化名，不接受采访等。②

斯米利律师代表塞缪尔·格里菲斯一家来探监。通过交谈，斯米利认为克莱德有撒谎的嫌疑。之前，斯米利与梅森一起对案件有过讨论，因而熟悉该案的一些关键问题，例如，克莱德在案发当日是否有两顶帽子、穿灰色外套、落水后没有施救罗伯达。斯米利提及克莱德伯父的主要法律顾问布鲁克哈特将会来看望他，并给他法律建议。③

塞缪尔·格里菲斯也认为克莱德有罪，因为克莱德在和斯米利交谈的过程中，难以自圆其说，包括死者面部的伤痕问题。他首先要确定值不值得为克莱德辩护（前提是克莱德无辜），他的首席法律顾问布鲁克哈特考虑的是如何有利于克莱德，因为，此时的社会舆论对他非常不利。尽管克莱德与死者都是穷人，但他还有个富人伯父，在莱柯格斯社交层面有不错的一席之地。在布鲁克哈特的办公室里，有一个很能干的卡彻曼先生可用。④

卡彻曼被聘请为克莱德辩护工作做调查、核实。

一个大陪审团被召集，准备对克莱德的犯罪行为进行裁决，以便决定对其起诉还是予以释放。

---

① DREISER T. An American Tragedy [M/OL]. New York: Signet Classics, 2000: 394 - 396 [2000 - 09 - 01]. 原版英语阅读网, http: //www. en8848. com. cn.

② 同上，2000：397。

③ 同上，2000：398 - 400。

④ 同上，2000：401 - 403。

贝尔纳普（梅森的对头、民主党人）律师被聘请做克莱德的辩护律师，其助手是年轻的鲁本·杰夫森。①

小结

经过多年的发展，美国在刑事诉讼方面已经有了很完善的制度。其陪审团制度、非法证据排除规则、庭审证人盘问质证制度、辩诉交易制度等均给我们留下了深刻的印象。②

具体在德莱塞的小说《美国悲剧》中，通过克莱德案的审理，我们可以窥见美国刑事诉讼制度的某些基本运作。例如，地方检察官的重要作用、陪审团的构成及其对于案件走向的决定性影响、庭审过程中抗辩双方的交锋以及盘问质证等。

就本部分重点探讨的美国地方检察官制度而言，其产生于选举。这方面我们通过查阅 1894 年《纽约州宪法》的相关规定可以得知。该州地方检察官由选举产生，任期三年，可以因为行为不端等被免职，也可以因为没有履行职责（例如，不起诉）而被免去职务。尽管上述州宪法的相关规定较为简略，但却已经包含有一些原则性的内容，对于地方检察官的行为具有一定的约束作用。

但是，通过民主形式选举出来的政府公务人员是否就能够很好地发挥其应有的作用，则是一个需要研究和印证的问题。例如，小说中的地方检察官梅森。如果过多地考虑自己的政党利益和个人的仕途等，先入为主，则极有可能造成对于案件事实的误判或有意曲解。

小说中的梅森在案件侦查、起诉阶段颇为凸显的权力，使得读者有理由质疑 20 世纪初美国检察官的权力是否略显膨胀。国内学者的研究显示，19 世纪后期一直到第二次世界大战，是美国检察官自由裁量权扩大的时

① DREISER T. An American Tragedy [M/OL]. New York: Signet Classics, 2000: 404 [2000-09-01]. 原版英语阅读网，http://www.en8848.com.cn.

② 徐泽春. 美国刑事诉讼制度简述 [J]. 法制与社会，2019 (6).

期。但是，其并未到不受限制的程度。[①] 如此说来，梅森恰好处在美国检察官自由裁量权扩大的时期。在这一时期，刑事案件中的被告人一方显得被动甚或渺小似乎也就不足为奇了。

美国学者唐纳德·皮泽在《德莱塞〈美国悲剧〉中的罪与罚：法律辩论》一文中这样写道：德莱塞在《美国悲剧》第三卷用了大量的篇幅戏剧性地反映了美国的法律制度未能保护被指控犯有严重犯罪的公民的正当程序上的个人权利。因此，不足为奇的是，许多评论均涉及克莱德是否犯罪这一问题。德莱塞多方展示了克莱德权利遭到侵害的例子，但在更为广泛的层面提到了美国法律制度的两个问题：（1）法官和检察官的选举（地方层面，而非联邦层面），由于这种选举，这些被选举者会迎合公众的情绪。（2）审讯中的对抗性质，常常使得被告一方的经济资源成为决定案件走向的主要因素。这些不公正的来源是美国法律制度的特点，且不复为新闻。但是，也只有在《美国悲剧》中，这种不正常的情况才会得以充分地表达出来。[②]

皮泽认为，克莱德的权利受到侵犯、未能获得公正审判可以分为三个方面：（1）公诉方非法或不适当的行为（例如，将罗伯达的头发缠绕在克莱德的照相机上）；（2）公诉方迎合地方上的偏见情绪（例如，梅森煽情式的表现，充分利用罗伯达生前写给克莱德的信做文章）；（3）辩护律师没有很好地利用辩护的权利。

其中，最引人注目的是：初审法院的法官没有采纳辩护律师要求异地审判的提议、辩护律师以被告人精神错乱或减轻责任能力的抗辩。

因为布里奇堡是死者出生长大之地，当地人对死者抱有同情。因此，辩护律师请求异地审判，但被法官拒绝。审判结果如何，可想而知。不得已，辩护律师希望以克莱德精神方面的异常为由，为其辩护，却遭到克莱德伯父的反对，因为这会影响到外界对这一家人精神状况

---

① 聂施恒．美国检察制度研究［D］．长春：吉林大学，2011：18－19.

② DONALD PIZER．Crime and Punishment in Dreiser's An American Tragedy：The Legal Debate［J］．Studies in the Novel，2009，41（4）.

的怀疑。①

就小说中地方检察官的梅森而言，尽管绝非平庸之辈，在立案侦查、法庭审理过程中也并非全然罔顾事实，但是由于与政党乃至个人仕途、名利等粘连过于紧密，因而对于克莱德一案最终的走向影响甚大。其中，主要问题是在这个案件（“纽约州诉克莱德·格里菲斯”案）没有直接证据、目击证人的情况下，梅森只能够通过间接证据、非目击证人来指控克莱德犯有一级谋杀罪。在证据不足的情况下，梅森主要依据的是死者生前写给被告人的信件。这种证据上的困窘状态，其实是难以解决的。但是，梅森在这个时候扮演的是一个煽情高手的角色，其利用陪审团的同情心和一边倒的舆论等，不惜极力描黑被告人。此种做法，手段低劣，违反法律，与一个检察官应有的作为相去甚远。因此，德莱塞的这部小说在抨击梅森的同时，其实也是在提醒世人：公权力的行使，应当适度；否则，极有可能失去控制，沦为谋私利的手段或工具。

当然，某些在后来建立或确立的制度是不可能在小说中出现的。比如，刑事被告人的“沉默权”制度。这一制度源自美国历史上著名的具有里程碑式的案件——“米兰达诉亚利桑那州”，其在 1966 年的美国联邦最高法院的判决之后才逐渐进入美国社会，并为人们所熟知。所以，在《美国悲剧》中，我们可以看到，作为某个刑事案件的嫌疑人，克莱德在庭审之前不可能全然保持沉默。

某些见之于 19 世纪的刑事诉讼制度未必就必然出现在小说中。比如，辩诉交易这一颇具美国特色的刑事司法制度。

国内学者的相关专题研究表明，美国刑事案件的审理程序分以下八个步骤（值得注意的是，这些步骤在德莱塞的《美国悲剧》中几乎得到完整的体现）：

---

① DONALD PIZER. Crime and Punishment in Dreiser's An American Tragedy：The Legal Debate [J]. Studies in the Novel，2009，41（4）.

（1）选定陪审团。（《美国宪法》第二条第三款第二项以及《美国宪法第六修正案》规定，公民在一切刑事案件中有权“由公正陪审团予以迅速和公开审理”①，这里的“陪审团”指的是小陪审团，英文为 Petty Jury。小陪审团的职能是参与案件审理，对被告人是否有罪做出裁决。陪审员有一个预先审查的过程，排除可能对案件不公正裁决的候选人。）

（2）开场陈述。②

（3）起诉方举证。（这一环节，对于检察官有较严格的规定或要求。因此，《美国悲剧》中的克莱德一案地方检察官梅森的种种不符合常规的做法估计只是虚构。如果现实生活中确实有梅森这样的地方检察官，那么，这样的检察官及其所作所为也只是一种非典型的检察官和非典型的检察官的所作所为。）③

（4）辩护方举证。（《美国宪法第六修正案》规定了被告与对方证人对质的权利，这一权利可以在预审和审判两个阶段行使。）④

（5）终结辩论。（举证结束后，抗辩双方向陪审团做总结陈述。由检察官开始，辩护律师回应，检察官再予以反驳。在辩论中，检察官只能用证据来合理推论，不可依靠个人主观判断误导陪审团或有意误导陪审团做出错误推论。）

（6）指示陪审团。（此为法官职责。）⑤

（7）陪审团评议。

（8）陪审裁决。（如果宣判有罪，被告即行收监或取保等候课刑。）⑥

---

① 《美国宪法》第二条第三款相关条文：除弹劾案外，一切犯罪由陪审团审判；此种审判应在犯罪发生的州内举行；但如犯罪不发生在任何一州之内，审判应在国会以法律规定的一个或几个地点举行。《美国宪法第六修正案》相关条文：在一切刑事诉讼中，被告有权由犯罪行为发生地的州和地区的公正陪审团予以迅速和公开的审判，该地区应事先已由法律确定；得知控告的性质和理由；同原告证人对质；以强制程序取得对其有利的证人；并取得律师帮助为其辩护。注：后一相关规定不仅是对前者的补充，而且更加明晰。

② 聂施恒．美国检察制度研究［D］．长春：吉林大学，2011：62.

③ 同上，2011：63。

④ 同上，2011：64。

⑤ 同上，2011：65。

⑥ 同上，2011：65。

二、辩护律师在案件中的作用

克莱德的辩护律师在《美国悲剧》一书中充当了非常重要的角色，由此，我们不仅对刑事案件被告人一方的辩护律师及其作用有了具体了解，而且，对于20世纪初美国地方法庭案件审理的一些相关细节问题也有了较为直观的认识。

克莱德辩护律师的获得。我们知道，在大比腾湖沉船事件发生后，克莱德置与之关系十分微妙的同行者罗伯达于不顾，水性不错的克莱德在明知罗伯达不会水的情况下，选择独自游泳上岸，听任其沉入湖中溺亡。上岸之后的克莱德也没有报警，而是偷偷等到夜深人静之时逃离现场。这种十分怪异的举动，其实导致他自己成为案件最大的嫌疑人。①

克莱德的精神状态是否异常这里暂且不予以讨论。我们这里需要探讨的是他成为一起刑事案件的犯罪嫌疑人之后，实际上与美国的法律，特别是刑事法律之间也就产生了某种联系。简言之，我们这里要了解的是，依照美国相关法律的规定，作为刑事案件的犯罪嫌疑人，克莱德是否具有获得律师辩护的权利。

查阅《美国宪法第四修正案》，我们发现，有如下明文规定：人民的人身、住宅、文件和财产不受无理搜查和扣押的权利，不得侵犯。除依据可能成立的理由，以宣誓或代誓宣言保证，并详细说明搜查地点和扣押的人或物外，不得发出搜查和扣押状。从《美国悲剧》的相关描述来看，梅森等人对于克莱德人身和财产的扣押或搜查等，符合相关规定。例如，小说中提到，地方检察官梅森在初步断定克莱德有谋杀嫌疑之后，尽快来到克莱德在莱柯格斯的住所（房东佩顿太太家），在莱柯格斯当地一名警探的协助下，进行搜查（携带有搜查令）。通过比对克莱德留在房间桌上的部分笔迹（与其收到的请柬相关的备忘录）和他写给罗伯达的白色卡片上的字迹，确信这正是克莱德居住的屋子。然后，进行搜查。② 再如，梅森

---

① 至少从19世纪以来，犯罪嫌疑人的精神状态问题引发人们的关注，有时成为特定犯罪嫌疑人是否有罪的重要依据，也是对犯罪嫌疑人定罪量刑时考量的一个重要因素。例如，英国“女王诉丹尼尔·麦克纳顿”（Regina v. Daniel M' Nauhten, 1843）就引发精神病患者杀人是否应该承担刑事责任的巨大争议。

被告因为在1843年1月20日，谋杀爱德华·德拉蒙德（罗伯特·皮尔爵士的秘书）而在中央刑事法庭被起诉。被告在案发当日从背后向被害人（当时正向白厅方向走去）射击。但被告拒不认罪。

被告方证人证明被告在案发时精神不正常，陪审团做出其犯罪不成立的判决。不久，英国大法官们共同讨论了这一案件，从五个方面发表了相应的意见。据说，因为此案，后来形成所谓“麦克纳顿规则”（或译“姆纳坦规则”）。KENNY C S. A Selection of Cases Illustrative of English Criminal Law [M]. Cambridge: The University Press, 1901: 43 -48.

当然，19世纪的英美等国并没有一味地免除精神病患者的法律责任。例如，1906年轰动全美的“哈里·K. 韶案”，与《美国悲剧》克莱德案的原型切斯特·吉列谋杀案几乎同时发生，但结果却有天壤之别。关于哈里·K. 韶当众枪杀当时著名的建筑师和富翁斯坦福·怀特并最终以精神异常为由免于被处罚的详情，可参见：叶童. 世界著名律师的生死之战 [M]. 北京：中国法制出版社，1996：331 -361.

② DREISER T. An American Tragedy [M/OL]. New York: Signet Classics, 2000: 357 -358 [2000 -09 -01]. 原版英语阅读网，http://www.en8848.com.cn.

请布里奇堡的警长带领手下依照法律正当程序，就近逮捕克莱德，并关押在当地监狱中。①

克莱德被捕后，能否获得律师的帮助，《美国宪法第六修正案》在这方面有明确规定：在一切刑事诉讼中，被告有权由犯罪行为发生地的州和地区的公正陪审团予以迅速和公开的审判，该地区应事先已由法律确定；得知控告的性质和理由；同原告证人对质；以强制程序取得对其有利的证人；并取得律师帮助为其辩护。

因此，依据上述法律条文，克莱德无疑有权聘请律师为其辩护。

当然，考虑到小说中的克莱德没有什么钱，聘请律师的费用不是一般收入阶层能够负担得了的。另外，像克莱德这种收入不高的年轻人能否申请律师提供的法律援助，也是值得探讨的。相关学者的研究表明，美国最早的法律援助组织出现于 1876 年的纽约。当时，一个德国移民组织“德国人社团”在纽约一个德裔穷困执业律师和威斯康星前州长的帮助下，成立了一个为德裔穷困移民提供法律援助的机构，雇用律师兼职为德裔移民服务。之后芝加哥成立了一个叫“公正局”的类似机构，不分国籍、种族、肤色、性别向社会公众提供法律帮助。到 1916 年已经有 37 个城市相继成立了 41 个法律援助组织。②

因此，作为案件的一方当事人，克莱德由于没有较好的经济来源，他要自己出钱聘请律师是几乎不可能的。此外的一种可能就是，他可以申请法律援助。或者，由他富有的伯父出钱聘请律师。实际的情况是他的伯父通过自己的法律顾问先做了一定了解，然后通过其法律顾问，再聘请在刑事诉讼领域较为擅长的贝尔纳普和杰夫森出面为克莱德辩护。在 20 世纪初的美国，还没有“米兰达规则”。1966 年诞生于美国联邦最高法院的“米兰达规则”中提到当事人如果请不起律师的，可以为其指定。这种指定，至少在《美国悲剧》中是没有的。

---

① DREISER T. An American Tragedy [M/OL]. New York: Signet Classics, 2000: 359 [2000-09-01]. 原版英语阅读网，http://www.en8848.com.cn.

② 孙建．美国法律援助制度考察 [J]．中国司法，2007 (7).

如果没有专业律师的帮助，类似克莱德这样的被告，面对代表国家的强大公诉人，难以胜诉。这种情况，似乎无须证明。

克莱德的伯父在一审过程中为其聘请的两位律师的费用共计多少，小说没有明确告知。但是，一审败诉后，克莱德母亲询问上诉的费用大概多少时，两位律师的回答是 2000 美元（后来，克莱德母亲竭尽全力通过演讲等募集到 1100 余美元，律师出于同情，似乎并没有坚持 2000 美元的收费标准）。这对于月收入只有 25 美元的克莱德（刨去生活成本，估计所剩无几），无疑是一笔巨款，根本负担不起。

当然，伯父出钱帮忙聘请律师，也就意味着在案件审理过程中，被聘请的这两位辩护律师不得不考虑伯父的意见或要求。这种情况，在案件开始就显示出来，且对于辩护律师的辩护策略的选择以及案件审理等具有几乎决定性的影响。

就辩护策略而言，如果在我们今天的语境下，辩护律师选择为当事人做无罪辩护，效果或许更好。因为，公诉方没有直接证据和直接证人。而且，克莱德始终认为，这是一个（意外）事故。当然，庭审之前，克莱德的两名辩护律师也有一些值得考虑的辩护策略设计，如克莱德的家族精神病问题/可能性或“头脑爆炸”，可以参考“哈里·韶”一案中的被告辩护律师的辩护策略，但因为伯父一家出于出于家族名誉的反对而作罢。辩护律师只好退而求其次，将克莱德说成是一个“道德上和精神上的懦夫”，这种无奈的选择漏洞当然更大。

另外，通过反复训练，让克莱德在法庭上面对公诉人做自己案件的一个证人。当然，这种做法同样面临较大风险，因为，老辣、富有敌意的公诉人梅森不会好对付，根本达不到抗辩双方势均力敌的交锋这种效果。所以，在克莱德业已被梅森和报纸描黑以及在当地民众普遍敌意的情况下，辩护律师颇为奇特的让克莱德做自己案件证人的做法，无异于冒险，几乎没有胜算的把握。这种辩护策略，从一开始就是注定要失败的。

在开庭之前，克莱德的辩护律师异地审判的建议未被采纳，意味着该案的审理难以获得公正的效果。如前所述，原因就在于陪审团成员对于出生在当地的罗伯达的同情和对于与上流社会具有某种联系的被告人的敌视。

从克莱德被关押候审、进入被告席，可以与之直接打交道的几乎就是律师，包括其伯父的法律顾问。而且，在案件审理过程中发挥较大作用的无疑是他的两位辩护律师贝尔纳普和杰夫森。他的伯父一家出于自保或不愿与案件有牵连不会露面；他以往在堪萨斯的为数不多的朋友因故不见人影；他在莱柯格斯期间通过其伯父的关系认识的上流社会年轻人不再与其有任何联系，其中的一两个人后来来到法庭，只是因为与法律相关的专业或兴趣，他们全然没有对克莱德的同情或理解，关注的只是抗辩双方以及抗辩双方的激烈辩论。所以，这一特殊阶段的克莱德，其实能够依赖或信任的主要就是上述两位辩护律师。

贝尔纳普律师年轻的时候，一度与克莱德所处的困境几乎完全一样：也是在两个女孩之间周旋，导致一个女孩怀孕，他选择逃离。但是，按照其做法官和国会参议员的父亲的安排，通过其家庭医生出面，将怀孕的女孩安置在尤蒂卡，花了1000美金以及其他一些必要的费用，最终使得其摆脱这一困境，与另外一个女孩结婚了事。[1] 贝尔纳普律师的上述经历估计不会是孤例，于此我们可以再度感受到金钱在美国社会交往中发挥的重要作用。

伯父将预约辩护聘金、克莱德的介绍信给了贝尔纳普。

处于情绪低落状态的克莱德对于前来监狱找他了解案情的贝尔纳普有信任感，基本介绍清楚，并辩称自己只是在恍惚的状态中无意砸中罗伯达，小船倾覆。[2]

贝尔纳普建议克莱德不要显得太软弱，以免让人感觉其确实有罪或有负罪感。保持镇静，阅读他给克莱德提供的书籍、杂志和报纸。当然，某些话不可以告诉梅森等人。如果梅森等人烦扰，可以告诉他。表面上，他

---

① DREISER T. An American Tragedy [M/OL]. New York: Signet Classics, 2000: 404 - 405 [2000 - 09 - 01]. 原版英语阅读网，http: //www. en8848. com. cn.

② 同上，2000: 407。

认为，克莱德是无辜的。但是，实际上却将信将疑，认为克莱德有（杀人）计划和动机。[1]

善于刑事辩护的杰夫森将担任辩护人之一。推说克莱德有精神病，或者脑病爆发，或许是开脱他的一种不错办法。并提到了可以参考“哈里·韶”一案。[2]

两位辩护律师对于克莱德及其家庭、亲人（伯父）的情况做了一番研究，不断推演，认为克莱德可能在精神恍惚的状态下出错，因此，他们可以设法将杀人情节描绘成罗伯达在听到克莱德愿意娶她、断绝与桑德拉的联系后，欣喜若狂地扑过来，以至二人双双跌倒、受伤、落水。克莱德因为昏头转向，也来不及救人，事后又不敢承担责任而离去。[3]

杰夫森问克莱德：罗伯达在与克莱德交往期间，有没有同时与其他年轻男子交往。对此，克莱德断然否定。

杰夫森问克莱德：事发当时（在小船上碰到罗伯达），其神志是否清晰？克莱德答：否。

杰夫森：家人中有无精神异常者？克莱德：无。

两位辩护律师探讨罗伯达有无可能因为克莱德不愿意与之结婚，在情绪失控的情况下选择自杀（从小船跳入水中），克莱德由于在道德上觉得自己有责任，因而不想说出实情。

但是，两位律师觉得，（克莱德）在事发前使用的虚假姓名登记、两顶帽子、衣服和包均是难以令人信服的问题。在如此不利的情形下，要想获得人们的同情，或改变人们的偏见，十分不易。[4]

这里，我们转述或引用克莱德与两位辩护律师之间就案件展开的讨论等，其实可以从一个侧面展示律师的思维与办案风格，也可以显示出这两位律师的经验和专业能力，特别是其对于案件基本事实的把握。我们知

---

① DREISER T. An American Tragedy ［M/OL］. New York: Signet Classics, 2000: 408 ［2000-09-01］. 原版英语阅读网, http: //www. en8848. com. cn.

② 同上，2000：409。

③ 同上，2000：410-411。

④ 同上，2000：412-414。

道，律师在接受当事人委托后，需要了解事实的真相。其中一个主要了解事实真相的途径就是通过与包括当事人在内的交谈，来获取相应的信息，并进行必要的甄别。某些细微的情节，也需要认真考虑，以便尽可能全面、深入地做好预判和准备。

因此，我们还会看到一些近乎烦琐的对话与尽可能全面的考量和安排。因为，要说服由当地人组成的陪审团，绝非易事。辩护律师们应该充分考虑到各种可能和困难。所以，我们有理由认为，总体而言，两位辩护律师还是比较尽责和细致的。

例如，两位律师商量：将克莱德藏在克莱斯顿酒店附近的西服找出来，洗干净，作为克莱德找人清洗而非藏匿的证明。

律师提到克莱德事发期间携带的照相机、照相机的三脚架，这些都是不利的证据，被检方认为是击打罗伯达的工具，需要清楚。

律师：落水后的衣服如何处理？克莱德：先拧干，然后尽可能使其干燥，再用午餐纸包好，放在包里，上下用松针包好。

律师：有没有对任何人说过砸过死者面部？克莱德：没有。

律师：那么，死者头部的伤痕是小船（倾覆）造成的？克莱德：是的。①

律师：（死者）其他的伤痕是照相机造成的？克莱德：是的。

律师：假设死者面部的伤是由搜寻死者的钩子和杆子所致，包括死者尸体被从湖里打捞上来、从湖边运输到火车站等的过程中的外力所致。

律师：照相机的三脚架未必是碰到罗伯达，小船船弦的可能性也应当考虑。

对于两位律师（主要是年轻的、更为犀利的杰夫森）的分析和假设等，克莱德叹服，并希望因此会获得某种程度的自由。②

两位辩护律师商量的结果是：最好是克莱德伯父一家能够证明克莱德

---

① DREISER T. An American Tragedy [M/OL]. New York: Signet Classics, 2000: 415 [2000-09-01]. 原版英语阅读网，http://www.en8848.com.cn.

② 同上，2000：416。

的精神错乱或“脑猝病”导致其在处理与罗伯达和桑德拉关系的过程中，由于罗伯达的威胁使克莱德感到自己的梦想和计划破灭。但是，与塞缪尔·格里菲斯的家庭法律顾问讨论后，被否决。这种辩护可能会使得他人怀疑这家富裕的人家也有精神错乱的可能。辩护律师只得再想其他办法，但却没有把握。①

两位律师再次探讨：克莱德在经过考虑后，决定与罗伯达结婚。所以，二人在湖边进餐、随身的包放在湖边（因为二人想去摘花）、给罗伯达照相、划船。在小船上，克莱德告诉罗伯达，他打算与之结婚。后者欣喜之余，走向克莱德，克莱德跳起来想拉住她，结果，造成小船颠覆，双双落水，克莱德随身携带的照相机碰巧砸中罗伯达，小船也砸中了她和克莱德，克莱德因此头晕脑胀。在种种因素的作用下，克莱德没有施救，而是选择逃离。因此，克莱德不过是一个道德上的懦夫。②

辩护律师决定从各种细节方面训练克莱德（回答检方的问题）。③

辩护律师希望案件开庭延后，梅森反对，认为理由不充分。最终，州长倾向于梅森的意见，开庭定在8 月5 日。

辩护律师担心十二名居住在卡特拉基县的陪审员因为受到梅森的影响而对被告人不利，向奥伯瓦尔茨法官申请异地开庭的申请被驳回。④

阅读至此，我们可以看到，在正式开庭之前，抗辩双方从自己的立场或利益出发，围绕案件的调查和即将到来的法庭上的正面交锋，业已尽其所能地做了很多工作，为庭审做了很多的准备。公诉方的优势在于其代表的是官方立场，拥有在调查取证方面的诸多优势，能够动用的人力、物力或财力甚多，手中掌握了不少的证据，以及不少的证人。当然，公诉方的困难在于：他们没有直接的证据，也没有案件的目击证人。在当时的客观条件下，要想使得克莱德被指控的一级谋杀罪能够成立，其实并不太容

---

① DREISER T. An American Tragedy [M/OL]. New York: Signet Classics, 2000: 417 [2000-09-01]. 原版英语阅读网, http: //www. en8848. com. cn.

② 同上，2000：417-422。

③ 同上，2000：422。

④ 同上，2000：424。

易。尽管被告人在案发前后的行迹十分可疑，留下不少漏洞，且有故意杀人的动机。但是，仅凭公诉方手中掌握的这些间接证据和证人，是难以给案件定性的。

被告方的辩护律师要做的工作也不容易，而且，很多相关的工作被公诉方抢在了前面。也就是说，等到上述两位辩护律师介入案件调查的时候，公诉方已经在前面收集了大量的证据。而且，如前所述，辩护律师是克莱德的伯父通过自己的法律顾问聘请的，辩护律师的费用由克莱德的伯父出，出于保护自己和自己家人的目的，辩护律师在考虑辩护策略的时候，不得不受到一些限制。例如，克莱德案发时的精神异常或“脑病爆发”是不好提出来的，以免使得伯父一家人的精神是否正常遭人质疑。这种限制，其实束缚了辩护律师的想象和辩护策略的设想，也意味着辩护律师希望借鉴几乎同时发生、影响力极高的“哈里·K. 韶谋杀案”的以精神病状为由辩护的计划不可能实施。

辩护律师的困难还在于：他们准备不足，希望推迟，却被法官否决。由被害人所在地或附近的居民组成的陪审团12名成员由于种种原因对克莱德几乎一边倒地怀有敌意以及报纸的大肆渲染。

克莱德在案发前后的离奇表现和诸多疑点，无形中增加了其辩护律师辩护工作的难度。

当然，辩护律师面对的地方检察官梅森其人成为他们最大的困难。此人精力旺盛，从业经验丰富，与辩护律师之一的贝尔纳普恰好分属不同的党派且在即将到来的地方选举中是竞争对手等，均令人需要格外注意。

梅森后来在法庭上的表现，果然证实他是两名辩护律师不好对付的对手。例如，检察官梅森找到不利于克莱德的七点：（1）克莱德在哪里购买的照相机；（2）克莱德在离开前往大比腾湖前三天，对房东佩顿太太说过他要拍一些照片；（3）某位男子服装店店主奥林·肖特与克莱德熟悉，向他推荐居住在格洛弗斯维尔附近的格伦医生，因为克莱德称某个工人的妻子想做人流；（4）格伦医生被找到，通过照片辨认出罗伯达；（5）在尤蒂卡卖帽子给克莱德的人被找到，其证词被打印并宣誓，被梅森拿走；

（6）“天鹅座号”船上的乡下女孩写信给梅森称她见过克莱德戴着一顶草帽，在沙伦下船；（7）一位居住在宾夕法尼亚州贝德福德的妇女打来电话称7月3—10日，她和丈夫在大比腾湖东岸露营。7月8日下午六时许，他们夫妇划船时，听到一个女人或女孩微弱的凄惨或痛苦的呼声。当然，当初给罗伯达拒绝人流手术的格伦医生没有见过克莱德（罗伯达自己去的）。

而且，梅森决定暂时不透露上述信息，以防辩护律师否定或有所预备。①

这个时候，两顶帽子和手提箱的问题可能是检察官一方的撒手锏。辩护律师一方想抓住的是克莱德到了草湖回心转意（承诺与罗伯达结婚，后者欣喜若狂落水）。

辩护律师的应对之策可以大致归纳如下：训练克莱德准备应付检方的质询；包括其到达草湖后心态的变化、对两顶帽子和携带包的解释、扔在克莱斯顿附近的第四号湖的外套、照相机与死者面部的伤痕不相吻合。当然，如果陪审团不相信克莱德是意外地碰到死者，他会被判有罪。接下来，在有限的准备时间里，律师需要证明克莱德在此案之前的好品格。遗憾的是，在莱柯格斯，表面上的这位好青年实际上表里不一。而在更早的堪萨斯城，他最初的商业努力却使他卷入一桩丑闻。②

这里，本书作者想稍稍对于这一起发生在堪萨斯城的交通事故做一定的论述。我们可以这样认为，在这桩他人偷开汽车肇事逃逸的事件中，克莱德责任不大或不存在直接的责任或根本就没有责任。因为他既没有偷开他人的汽车，也没有在事故发生前像其他几位同伴一样催促“司机”加速行驶。只是因为他太年轻，做出了错误的选择，失去了一次澄清事实的机会。

也就是说，如果仅仅只是与他人一同乘车出游并不构成违法，因而也无须承担法律责任。但是，作为同行者，克莱德等人有向警方和法院作证的义

---

① DREISER T. An American Tragedy [M/OL]. New York: Signet Classics, 2000: 424 - 425 [2000 - 09 - 01]. 原版英语阅读网, http://www.en8848.com.cn.

② 同上，2000：425。

务。而且，由此可以澄清自己在交通肇事致人死亡这一事件中的责任。

从我们今天的理解来看，驾驶车辆的施巴舍没有获得车主的同意，即擅自将他人汽车开出来上路，明显有错在先，且没有证据表明同游者对此知情或鼓动其如此行为。由此产生的交通事故，应当由其个人承担。克莱德等同车人是否需要承担相应的民事赔偿责任可能要做细致的区分：如果知道驾车者偷开他人车辆，估计要承担一定的赔偿责任；如果不知道驾车者偷开他人车辆，应该不负赔偿责任。根据小说的介绍，坐车的这些小伙伴们应该是不知情的，故而可以免除其民事赔偿责任。

被撞死的小女孩横穿马路可能会减轻施巴舍的责任，或者说小女孩在车祸中存在一定过错，但却几乎难以免除施巴舍的主责或全责。因为，他超速行驶，擅自变道。此外，关键是施巴舍是否具有驾车资格。而且，车祸发生后，施巴舍没有停车，更没有积极予以施救，而是选择开车逃逸，将全车人置于危险的境地，更是将自己推上全责的处境。所以，对于他的未经许可开车或没有行车资格开车且交通肇事逃逸的行为，法律不会轻饶。

但是，显然是由于对相关法律规定的无知，没有开车和法律责任的克莱德等人选择了趁乱逃跑，使得自己后来的工作和生活突然变化，特别是远离父母家人，不敢回家，其实十分不利于其正常的成长。很多事情需要自己直接面对，很难及时获得家人（特别是母亲）的帮助和指导。这也因此间接地造成其后来在莱柯格斯工作与生活期间，对于自己未来缺乏清醒的认识和把握。

所以，交通事故可能是克莱德人生进程中一个至关重要的转折点。其后一段为期两年左右的非正常生活方式，都与之有关。

该案审理结果：根据小说中提到的克莱德的一位朋友（也是一同出游的年轻人之一）瑞特拉的介绍，施巴舍被判刑，原因是无证驾车、没有按照信号停车。①

---

① DREISER T. An American Tragedy [M/OL]. New York: Signet Classics, 2000: 112 [2000 - 09 - 01]. 原版英语阅读网, http://www.en8848.com.cn.

遗憾的是，克莱德之前被动卷入的这起交通肇事案件被人利用，成为攻击其一贯品性恶劣的例证。

控辩双方发现，克莱德被羁押期间，他的伯父一家没有一个人前来探望；除了辩护律师，克莱德也不愿意说出自己父母身居何处。

两位辩护律师认为，克莱德的家人有必要出现，为其说句好话。否则，他会被认为是社会的弃儿，一个从一开始就是漂泊者和无用之人，现在又被所有认识他的人抛弃了。

至于他的伯父一家，仅限于提供经济上的支持（打官司），不想牵涉太多。

克莱德不希望他的父母知道他现在监狱，但是，他的姐姐爱思达却偶然读到相关报道。后者立即联系其母亲，母亲不想让克莱德的父亲和弟弟、妹妹知道，跟律师联系，律师希望她们暂时不要管。但是，克莱德母亲的电报被公开，证明其并非没有亲人及关注。克莱德幼年时期与家人一起从事宗教活动的情况对其形象的扭转也有帮助。克莱德的母亲接受媒体采访，讲述了许多外人不知道的他们家的窘迫经历或不幸。但她坚信她的儿子天性不坏，不会杀人。①

这里，我们发现，辩护律师先前的认识是正确的，亦即克莱德的家人有必要出现，为其证明清白和改变人们对其的负面看法。奇怪的是，在克莱德的母亲知道自己的孩子牵涉这桩杀人案件之后，律师却又让其母、姐姐暂时不要管。这种选择实在矛盾，也不利于被告人形象的扭转。克莱德母亲的电报被公开、接受媒体采访等，与辩护律师的积极努力没有关系。所以，仅就此事而言，辩护律师的反应略微迟钝了一点。

律师指点克莱德如何应对不时前来观望他的人，准备一系列问题的回答等，力争以有礼貌的形象出现在外人面前。此时，陪伴他并积极给予其支持和鼓励的就是两位辩护律师了，他的伯父一家人以及桑德拉等人均无

① DREISER T. An American Tragedy [M/OL]. New York: Signet Classics, 2000: 426 - 430 [2000 - 09 - 01]. 原版英语阅读网，http://www.en8848.com.cn.

只言片语，更没有露面。[①] 从这个意义上来说，此时的克莱德并没有处于完全孤立无援的境地，其中两名辩护律师的帮助显得格外重要。

小结

仅就刑事案件中的被告人而言，辩护律师在美国刑事司法过程中的重要性不言而喻。例如，我们研读的这部《美国悲剧》中的刑事案件被告人在这起针对他的“纽约州诉克莱德·格里菲斯”（The State of New York v. Clyde Griffiths）一案中，如果没有律师，特别是他的两位辩护律师在专业等方面细致入微的帮助，情况将如何发展，难以预料。

现代律师制度产生于中世纪的英国，出现在12—13 世纪，与当时英国法律的发展、复杂等不无关系。在这一背景之下，一批有经验、善于与法院打交道、能够帮助那些在此方面见识有欠缺或不便出庭的当事人提供服务的人士应运而生，并在一段时间内逐渐形成了一个较为专业的职业（profession）。[②]

17 世纪后，英国较为成熟的律师制度随着英国殖民者漂洋过海来到北美殖民地，并最终扎下根来。美国独立后，并未抛弃这一传统的法律制度，而是有所发扬光大。典型的事例就是，在《美国宪法第六修正案》中，就有被告人有权获得律师帮助辩护的明文规定。这种宪法上的权利，成为美国社会中被告人一方维护自身合法权利的重要手段，美国的律师随着时代的发展，也获得了较好的发展，其规模与数量、质量等均堪称一流。

德莱塞的巅峰之作《美国悲剧》将 20 世纪初美国律师的形象推到法庭的竞技场上，由专业的律师与公诉人（地方检察官，其实也是律师群体中的一部分）进行抗辩或交锋，由此演绎出一幕幕精彩的故事。

---

① DREISER T. An American Tragedy [M/OL]. New York：Signet Classics，2000：431 - 432 [2000 - 09 - 01]. 原版英语阅读网，http：//www. en8848. com. cn.

② 郭义贵. 论英国早期的律师制度 [J]. 法学评论，2008 (1).

在美国，获得律师的帮助，不仅是宪法上一项明文规定的权利，而且也是基于美国社会现实的考虑。这种现实的情况包括美国法律制度的复杂性使得对于法律不熟悉的当事人必然需要寻求专业律师的帮助，否则，在诉讼过程中，难以保证自身合法权利不受侵害。美国刑事法律中的抗辩制实际上鼓励相对弱小的被告人一方，与相对强大的、代表政府的公诉人一方展开合乎法律规定的对抗，以此厘清事实真相，辨别犯罪与否，达到维护公平正义之目的。

毫无疑问，如果没有律师及其专业化程度较高的服务或帮助，作为被告人一方几乎或很难有胜诉的可能。这种缺乏律师帮助输掉官司的例子可谓比比皆是，于此不必赘述。

当然，作为为社会或个人提供专业法律服务的律师在合理合法的范围内有获得劳动报酬的权利，因而也就产生了律师费用通常高于或远远高于一般收入群体承受能力的问题。在德莱塞的《美国悲剧》中，我们就看到了这种状况的存在。可以说，如果没有富有的伯父来支付聘请两名经验较为丰富的辩护律师的相关费用，克莱德根本就没有能力应对强大的公诉人。这也说明，社会中的贫弱者如果得不到法律的保护，极有可能沦为不公正司法的牺牲品。

尽管20世纪初的美国法律援助制度已经存续了很长一段时间。但是，至少在《美国悲剧》中还没有法律援助制度的现身或被提及。

刑事案件中的被告人在被羁押或审判这样一个特定的时期实际上失去了人身自由，其与外界的联系被人为地中断或受到限制，也因此很容易丧失自主意志的表达，在官方代理人的压迫或诱骗下，做出不利于自己合法权利的行为，这种情况可谓屡见不鲜。例如，在《美国悲剧》中，先入为主的梅森让抓捕克莱德的警官克洛特诱骗克莱德顺从其设想，以求得宽大处理，克莱德沉默。[①] 就此而言，我们只好说，克莱德在这个时候是清醒

① DREISER T. An American Tragedy [M/OL]. New York: Signet Classics, 2000: 392 - 393 [2000 - 09 - 01]. 原版英语阅读网, http: //www. en8848. com. cn.

的，没有落入对方的陷阱。无独有偶，1966 年美国联邦最高法院在审理“米兰达诉亚利桑那州”一案时，提到警方对于犯罪嫌疑人的诱骗。所以，辩护律师在此时就成为被告人与外界联系的几乎唯一的中介。同时，也是被告人主要依赖的对象。

抗辩制的存在与运行其实是一对矛盾。就公诉人一方而言，其需要依法履行职责，代表国家对犯罪行为予以起诉，达到惩罚犯罪的目的。这是一种不容推卸的职责，否则会受到相应的惩罚。前述我们提到的 1894 年《纽约州宪法》中就有这方面的内容。但是，如果公诉人一方权力太大或滥用职权，势必又影响到司法公正，很可能因此侵害到被告人的合法权利。考察美国检察官的权力，我们发现，前述相关研究表明，从 19 世纪后期一直到第二次世界大战，是美国检察官自由裁量权扩大的时期。[①]所以，被告人一方需要辩护律师是一个毋庸置疑的事实。

当然，有了获得律师帮助的这一宪法权利，要实施或真正地享有这项权利，则并不容易。除了聘请律师需要不菲的费用之外，还需要律师能够提供尽可能优质的法律服务，包括律师基于现实考虑做出的辩护策略设计和辩护策略的具体实施。

国内有学者从庭审中抗辩双方叙事的连贯性方面对于《美国悲剧》中克莱德败诉的原因进行了分析。相关研究认为，抗辩双方都会竭尽全力争取己方的叙事会吸引听众特别是陪审团成员的注意和相信。在这方面，作为公诉人的梅森做得更为出色一些。作为陪审团成员无论来自哪个行业，教育背景如何，他们都有自己的生活经历和基本常识，通过律师叙事中提供的信息，可以激活内化储存于他们心智之中的各种知识，找出这些信息之间的照应关系来建立话语之间的语义关联，进而实现语篇即整个叙事的顺利理解。他们是根据生活经验来建构独立于话语的故事的。[②]

不管做何评价，我们可以确信的是，《美国悲剧》中克莱德的辩护律

① 聂施恒．美国检察制度研究［D］．长春：吉林大学，2011：18－19．
② 许绮．《美国悲剧》庭审叙事的连贯性研究［J］．名作欣赏，2020（1）．

师总体上应该是比较尽职尽责的，为克莱德提供了较好的法律服务（包括心理压力的缓解和辩护策略的设计与选择、实施等）。当然，囿于某些客观原因，辩护律师在某些方面未必总是表现得很好。这是因为，克莱德一案最终的结局牵扯太多非法律方面的因素，因而单纯讨论其辩护律师能够或应当发挥的作用，很难说明问题。

三、案件中的陪审团以及审理案件的法院

陪审团成员的选择以及审理案件法院的选择其实是一个十分重要的问题。如果依照克莱德辩护律师的提议，该案异地审判的话，也可能避免某些明显的司法不公。当然，如前所述，审理克莱德一案的法官奥伯瓦尔泽（Oberwaltzer）拒绝了辩护律师的这一请求。

当然，能否异地审判是一个具有较大争议性的问题。因为，依照《美国宪法第六修正案》（1791 年通过）的规定，在一切刑事诉讼中，被告享有下列权利：由犯罪行为发生地的州和地区的公正陪审团予以迅速而公开的审判，该地区应事先已由法律确定。如果仅仅依照上述宪法修正案条文来理解的话，克莱德的案件可以在纽约州的某一地区审理，不必非得在案发地的卡特拉基县法院开庭审理。因为，该地是被害人出生和长大的地方，出于同情和对于富有阶层的嫉恨等，当地绝大多数人的倾向性不言而喻会倒向死者一边，这种极为强烈的情绪自然会影响到由当地人组成的陪审团成员。

据我们所知，陪审团其实包括大陪审团和小陪审团两种。大陪审团在

《美国悲剧》中留给读者的只是匆匆而过的一个模糊印象，小说对此着墨甚少，只是提到一个大陪审团被召集，准备对克莱德的犯罪行为进行裁决，以便决定对其起诉还是予以释放。[①] 这种情况也符合英美法律中关于大陪审团的相关规定。例如，当代美国著名法学家劳伦斯·F. 弗里德曼在《美国法》一书中对于大陪审团（grand jury）有如下描述：大陪审团由非法律人士组成。像普通的陪审团一样，这些人被随意挑选出来。大陪审团数量不一，得克萨斯州的法律规定为 15 ~ 20 人。大陪审团服务期限有限。检察官向大陪审团出示证据，并请求对被告提起诉讼，大陪审团决定是否起诉。如果起诉，案件将进入重罪审判程序。这一有选择的方式见之于加利福尼亚的制定法；但是，“通知”方式更为常见，也更经常地被使用。小陪审团（jury）通常由社区里的 12 名男女组成，他们被认为完全是公正的。原被告双方（或译：抗辩双方）的律师会质疑未来的陪审员——亦即将那些看起来因为某种原因不适合的陪审员剔除出去。有时，甚至无须理由，这一点在被告律师身上表现更明显。当陪审团确定后，审判开始。[②]

弗里德曼的上述对于大、小陪审团及其作用的介绍在《美国悲剧》中几乎得到完美的展现，说明陪审制度在英美法系国家是一个成熟的制度，且行之久远。因此，我们不难看到，小陪审团在小说第三卷有颇为详尽的描述，与克莱德一案的审理几乎伴随始终。

首先，关于小陪审团的挑选就不简单。小说中介绍，控辩双方（梅森与贝尔纳普）挑选陪审团成员就花了整整五天的时间。也就是说，某些具有强烈或明显不公正立场的陪审团候选人在挑选过程中实际上已经被筛选出去。小说中的这些陪审员外表各异，职业分别为农民、乡村店主、福特公司雇员、某个湖滨酒店的老板、销售员、保险代理人。11 人已婚。除 1 人外，都信奉宗教，认为自己可以依据呈现在他们面前的证据，做出公平

① DREISER T. An American Tragedy [M/OL]. New York: Signet Classics, 2000: 404 [2000 - 09 - 01]. 原版英语阅读网，http: //www. en8848. com. cn.

② FRIEDMAN L M. American Law [M]. New York & London: W. W. Norton & Company, 1984: 164.

合理的判决，在开庭之前就一致认定克莱德犯罪成立。①

女性陪审团成员在英美等国的出现则要迟了很多。例如，一直到 1919 年，英国妇女才见之于陪审团。1898 年，美国的犹他州是第一个允许妇女出任陪审员的州，后来，少数几个州亦采用这种做法。一直到 1920 年，《美国宪法第十九修正案》（该修正案第一款：合众国的公民，不得因性别而被合众国或任何一州加以剥夺或限制）的通过，才使得这种局面发生变化。1920 年之后，美国妇女组织开始处理陪审团问题。然而，一直到 1966 年，还有阿拉巴马、密西西比、南卡罗来纳三个州禁止妇女从事陪审工作。② 所以，无论案件最终结局如何，在 20 世纪之初的美国，陪审团成员中的女性无疑是十分罕见的。在德莱塞的《美国悲剧》中，我们是无缘见到女性陪审员的。

另外，根据美国宪法第六、第七修正案的规定以及美国联邦最高法院的相关审判经验，美国陪审团挑选和组成有三个主要原则：（1）陪审团从社区中有代表性的成员中挑选组成；（2）审讯应该在犯罪发生地进行；（3）陪审员必须公正；否则，其将会被否决。③ 如果以上述三个主要原则来衡量《美国悲剧》中的克莱德一案（大小）陪审团的挑选和组成，也看不出有什么问题。

抗辩双方在法庭上的表现自然会影响到坐在法庭一侧的 12 名陪审团成员。

例如，开庭后不久，梅森开始发表公诉词，历数克莱德的父母从事的宗教活动，令人尊敬的职业，克莱德的伯父，克莱德在堪萨斯“戴维·格林伍德酒店”做服务生的经历，与死者的交往，厂规（不得与下属女工交往），克莱德诱惑死者并因为想跻身莱柯格斯上流社会、迷恋某个美貌的富家女而冷酷地拒绝死者结婚的请求，等等。梅森谈到罗伯达离开农村的

---

① FRIEDMAN L M. American Law [M]. New York & London: W. W. Norton & Company, 1984: 439.

② HANS V P, VIDMAR N. Judging the Jury [M]. New York: Basic Books, 1986: 51 – 52.

③ 同上，1986：49。

家乡，来到莱柯格斯打工，是希望通过自己的双手帮助自己的家庭，如今却丧命于大比腾湖底。此时，死者父母、兄弟姐妹难以抑制的抽泣声传遍法庭，无形中增加了陪审员的印象和同情心。年龄上，他将死者说成20岁。实际上，梅森十分清楚，死者23岁，比克莱德要大两岁。梅森强调，克莱德不是他的辩护律师和报纸上一再描述的男孩，而是一个长有胡子的男人（“He has been called by his counsel and newspapers a boy, over and over again. He is not a boy. He is a bearded man”）。在这里，梅森的用意十分清楚，他要描黑作为嫌疑人的克莱德，唤起听众尤其是陪审员的同情心。①

梅森认为，克莱德故意谋杀，以便封口，并展示克莱德作案的示意图，试图掩饰罪证的行为，包括虚假签名、两顶帽子、有意不与死者同一个火车车厢、选择偏僻地方淹死怀孕四个月的罗伯达。②

限于篇幅，我们在这里不拟展示克莱德一案抗辩双方激烈交锋的全过程。总体上，尽管该案并没有扎实的第一手证据，也没有目击证人，但是，梅森的公诉发言（opening charge）应该说甚为成功，达到了非常好的效果。对此，小说有这样一段文字足可证明：这里，他再度停顿，并调整了一下姿势。热切的听众挤在一起，向前探身，如饥似渴地听着他说出的每一个单词。……③

也就是说，由于案件的公开审理一般由公诉人先发言，所以，借用弈棋中的一个术语来说，梅森于此获得先手，也就获得了大展拳脚的机会，争取到了尽可能多的听众，尤其是陪审员。而且，就表演的生动性而言，面部表情与肢体语言均颇为丰富的梅森是知道并很好地发挥了自己在这方面的优势的，与作为听众的陪审员之间实则形成了一种良性的互动关系。试看他的开场白：“陪审团的先生们，毫无疑问，在过去这个星期里，你们很多人既感到精疲力竭，又有些困惑不解。”梅森开始说，“因为，本案

---

① DREISER T. An American Tragedy [M/OL]. New York: Signet Classics, 2000: 440 - 441 [2000 - 09 - 01]. 原版英语阅读网, http: //www. en8848. com. cn.

② 同上，2000：443。

③ 同上，2000：440。

的控辩双方对选出你们十二个人的那张陪审员名单持特别审慎的态度。要找出十二个人来，把这个骇人听闻的案子里所有搜集到的事实递交给他们，让他们根据法律所要求的公正立场和高明见解来加以衡量，这可不是一件容易的事。就我来说，我之所以采取审慎的态度，先生们，只是出于一个动机：要伸张正义。无论恶意也好，还是任何事前偏见也好，都是绝对没有的。直到今年 7 月 9 日，我本人甚至还压根儿不知道有这么一个被告，也不知道有这么一位被害人，更不知道现在他被指控的罪行。可是，先生们，当我一开头听到，一个像被告这样的年龄，受过这样的教养，还有这样的亲友关系的人，竟然会被人指控犯下了这种性质的罪行，说真的，我不由得又是震惊，又是难于置信。可是，后来，我却不能不逐步改变了我的看法。随后，我不得不把我心里最初那些疑虑永远给打消了，并从我逐字逐句地看到的大量罪证中得出一个结论，那就是：我有责任代表人民提起公诉。"

"但是，不管怎么样，还是让我们先从事实说起吧。本案牵涉两个女人。一个女人已经死了。另一个女人……（这时，他朝克莱德坐的地方转过身来，用手指着跟克莱德坐在一起的贝尔纳普和杰夫森那边）由于征得公诉方和被告方的同意，在这里就不提她的尊姓大名了。因为，让她受到不必要的伤害，是没有什么好处的。现在我向你们声明，事实上，公诉方准备提出的每一句话、每一项事实，其唯一的目的，就是：根据我们州里的法律以及被告受到指控的罪行，使真正的正义得到伸张。真正的正义，先生们，真正的，而且又是公正的。不过，要是你们并不是根据本案证据公正地办事，做出正确的判决，那么，纽约州的人民以及卡特拉基县的人民将会呼冤喊屈，而且还是严重的呼冤喊屈。因为，正是他们寄厚望于你们，期待你们正确说明你们对本案的论证和最终判决。"①

从梅森的类似于开场白的公诉词中，我们可以说梅森是一个掌握了高

① DREISER T. An American Tragedy［M/OL］. New York：Signet Classics，2000：439［2000 - 09 - 01］. 原版英语阅读网，http：//www. en8848. com. cn.

超语言艺术的人，一上来，即通过自己的发言，较好地把握住了法庭的气场，准确地抓住了陪审员的心理，使得这十二个人很快不由自主地与法庭众多的听众一样倾听他的声音，倾向于他的观点。例如，在以上公诉词中，梅森不止一次地提到“正义”（justice），并再三予以强调，其意在通过强烈的心理暗示，增强陪审员的印象。而且，最后一段含义清楚的话无形中给12名陪审员施加了极大的压力，将他们推向没有回旋的境地。这种语言艺术能力的娴熟运用在后来的庭审中还会有多次的出现。

小结

陪审制可谓由来已久，在英美等国更是一种颇具特色的司法制度。这一制度在英美等国实行了数百年之久，且延续至今，影响到英美法系之外的一些国家和地区，对于司法公正、司法文明、防止法官的专断乃至行政权力、立法权力对于司法权力的侵害或不适当的干预等，无疑具有重要的意义。西方社会从神判到陪审团参与审判，实则是历史的巨大进步。① 实际上，我们可以将陪审制理解为陪审员分割了，或者说，分享了一部分原本属于法官的司法权力，这对于司法公正应当是一种积极、有效的保障。

当然，抛弃神判之后的西方社会，还有很长一段时间的陪审团被利用或被轻视的时期。1670年，在英国伦敦老贝利审理的威廉·佩恩案件，12名陪审员经过几轮不屈服，最终一致认为佩恩非法集会不成立。佩恩被处以藐视法庭罪，被送往新门监狱，与之同行的还有上述12名陪审员。② 尽管威廉·佩恩一案看似失败了，12名陪审员也因此遭受罚款（40马克）和监禁（交付罚款后获释）的惩罚。当然，该案意味着陪审团相对独立的地位确立起来。

---

① 1215年，拉特兰宗教大会上，教皇英诺森三世宣布废除神判，标志着陪审团地位凸显。此时的陪审团更像证人，后来才转化成陪审团应有的模式。HANS V P, VIDMAR N. Judging the Jury［M］. New York: Basic Books, 1986: 26.

② HANS V P, VIDMAR N. Judging the Jury［M］. New York: Basic Books, 1986: 21-22.

对于美国社会而言，由于选择保留英国法律传统，并且，鉴于英国殖民统治期间对于殖民地陪审团选择自由法律的干预，美国独立后不久认识到了陪审团的重要性，即陪审团是保障个人自由的有力武器。①

概言之，在英美法系国家，陪审团无疑是法庭上不可或缺的存在，其重要作用不言而喻。

即便是在我们今天所处的互联网时代，与20 世纪之初的美国社会在诸多方面已有很大的不同，美国法学家仍然认为，陪审团不应该横遭废除，而是应该获得拯救。②

在德莱塞的这部小说《美国悲剧》第三卷中，我们同样发现陪审团的现身及其重要的甚或决定性的作用。

这部小说更多地讲到小陪审团，因而我们关注的目光也就投射到它的身上。

从这个小陪审团的选任来看，至少就程序而言，似乎不存在什么问题。例如，小说告诉我们，这 12 名陪审员是抗辩双方经过五天的时间挑选出来的。这就意味着，如果候选的陪审员在被挑选的过程中存在偏见或其他不利于公正审判的因素的话，是会被立即踢出局的。

但是，程序正义并不必然等同于实质正义。同理，通过了挑选的陪审员并不等于其没有自己的倾向、立场或微妙的个人情感等最终影响案件走向的因素。我们注意到，这些来自案发地附近的、职业各异的陪审员们对于年轻、漂亮、出生于当地农村的女死者实际上抱有极大的同情，对于尽管出身贫寒但却较之于死者来说家境略微优越且与上流社会有着某种奇妙关联的克莱德是排斥的。

小说似乎并非无意中提到，在这 12 名陪审员中，11 人是已婚人士；除 1 人外，其他 11 个人均信奉宗教。上述这些似乎无关紧要的信息说明，绝大多数的陪审员是有宗教信仰的，对于婚姻制度是认可的，他们构成了

---

① HANS V P，VIDMAR N. Judging the Jury［M］. New York：Basic Books，1986：36.

② 威廉·L. 德威尔. 美国的陪审团［M］. 王凯，译. 北京：华夏出版社，2009：“导言”.

当时主流社会的一部分，是主流社会的一个缩影，因而会以自己的宗教道德观念等衡量他人的行为。克莱德的所作所为（违反所在工厂规定、引诱女性下属、与之婚前性行为并导致对方怀孕又不愿意承担相应的法律责任且周旋于两个年轻、貌美的女性之间，为跻身上流社会而抛弃贫穷的被害人，并有几乎无可置疑的故意杀人的嫌疑等），自然不会引起他们丝毫的好感。可以说，在案件公开审理之前，克莱德的命运几乎就被确定了。

在这12名陪审员中，我们也不可能奢望后来美国故事片《十二怒汉》中的那位独具慧眼、仗义执言、富有理性和较强逻辑推理能力的工程师陪审员的出现及其发生的逆转作用。有意思的是，在德莱塞的《美国悲剧》中，12名陪审员中也有一位少数派。小说中提到，有一个陪审员（druggist：药店老板）不同意公诉方意见，但迫于压力，在投了五次票后，最终屈从。①

英美等国的陪审团在做出判决之前，通常有一个经过审理案件法官的指引（instruction）的环节。当然，如何理解和接收法官的指引意见，却并不是一个简单的问题。在《美国悲剧》中，我们可以看到，审理克莱德一案法官的指引其实带有诱导性，并非十分中立。② 因此，由非法律专业、外行的陪审团成员参与案件的审判时，其应该如何正确地理解和对待审理案件法官的指引，是一个值得认真探讨的问题。

美国匹兹堡律师、杜克大学法学院副教授、美国《司法》杂志编辑顾问委员会成员之一的吉尔伯特·J. 赫尔维格在1970—1971年间主持了一个研讨课，邀请杜克大学法学院15名高年级的学生参与这项研讨活动，目的是对于陪审制展开尽可能全面的审视。在涉及陪审团如何理解和接受法官的指引这一问题时，参与上述研讨活动的学生表达了对于这样一群外行人士（即陪审员）如何能够很好地理解法官的指引，并将相关的指引适用于复杂的案件判决中去的严重关切。他们建议，被召集起来从事审判活动

---

① DREISER T. An American Tragedy [M/OL]. New York: Signet Classics, 2000: 525 [2000-09-01]. 原版英语阅读网，http://www.en8848.com.cn.

② 同上，2000：524。

的陪审员应该有一本书面的小册子，小册子使用通俗易懂的语言，对于陪审员应该发挥的作用以及他们将会遇到的法律原则，有一个清楚的说明。有的学生还建议，陪审员在正式参加审判之前，应接受一段时间的培训。还有人建议，在陪审员宣誓之后、庭审开始之前，法庭对于相关法律的适用以及陪审员应当发挥的作用事先做一个补充说明。甚至还有人建议，陪审员不必再听从法官的指引，他们只需依照法庭提供给他们的相关法律做出判决即可。作为被推选出来的社区代表，尽管对于法律应当予以尊重，但是，陪审员如果发现展现在他们面前的、适用于具体情境的法律有可能造成不公正或不公平的结果，他们可以宣告被告人无罪。①

赫尔维格的上述研讨距今已有半个世纪之久，参与此次研讨课的学生的建议自然不无积极意义。当然，如我们所知，作为一种实施数百年之久的陪审制度要进行较大的变革，绝非易事。就我们这里探讨的《美国悲剧》而言，陪审员确实进行了颇为严格的筛选，耗时整整五天，控辩双方对此都是非常认真、仔细的。这就意味着，有明显偏见或不公正倾向的候选陪审员会在这一环节被淘汰出局。但是，即便如此，我们却不能够保证入选的12名陪审员就不带有自身的信仰、道德观念、个人的情感和立场甚至偏见等这些难以捕捉的东西。我们的主人公克莱德·格里菲斯需要面对的是一群生长于案发地附近的普通人代表，他们中的大多数有着普通人的宗教信仰、道德观念。对于死者及其家庭，他们具有深切的同情；对于一心想向上爬的克莱德其实心怀厌恨。加上公诉人的煽情表演，法官最后的那些倾向性明显的指引，我们不可能指望案件的审判会出现奇迹。

---

① HELWIG G J. The American Jury System: A Time of Reexamination [J]. Judicature, 1971, 96 (55).

四、证据与证人

俗话说，“打官司就是打证据”。这句话，在《美国悲剧》中得到了极好的印证。

相关学者的研究表明，普通法（英美法）上的证据规则形成于 17 世纪，尽管某些规则的形成可能早于这一时期。但是，直到 19 世纪 80 年代，当斯蒂芬写作其三卷本的《英国刑法史》的时候，还是认为，与刑事诉讼相关的证据规则，仅仅只有四条，这四条规则可以被视为证据规则的雏形：（1）被告人和他的妻子无资格作证，意即被告人或者他的妻子不得被迫在法庭上作证反对其配偶。（2）供述必须出于自愿。（3）除被害人关于其死亡原因的临终遗言之外，传闻证据一律加以排除。（4）品格证据通常被认为与案件无关。但是，实践中却放任其存在。[①]

在英美的证据法中，值得注意的是由控辩（或曰抗辩）双方通过咨询，让证人陈述事实的做法，这种做法可以追溯到 18 世纪。按照普通法的

① 易延友．证据法学：原则 规则 案例［M］．北京：法律出版社，2017：53－54.

诉讼程序，在检察官或私人起诉者做开庭陈述后，就是对证人进行询问的环节。也就是说，询问先由控诉方开始，其询问被称为主询问（chief examination）。然后，被告方通过律师（如果没有聘请律师，由被告方自己）进行询问，称为交叉询问（cross-examination）。王室的检察官在被告方交叉询问之后，还可以再询问（re-examination），法官和陪审团在必要的时候，也可以进行询问。主询问的目的：让证人以连续不间断的方式陈述相关事实，并保证其陈述不偏离审判主题。交叉询问的目的：一方面，促使证人讲述在主询问过程没有讲述的对被告人有利的事实；另一方面，验证证人在主询问过程中叙述的事实的正确性。再询问的目的：澄清证人在交叉询问过程中暴露出来的疑点或问题。①

相关证据与证人在《美国悲剧》一书中可谓获得了充分的展现，由此也暴露出了某些值得注意和深入讨论的问题。

首先，无论是否喜欢，但凡认真阅读过德莱塞这部经典长篇小说的读者对于小说第三卷印象深刻的一点就是克莱德一案在预审和正式审理阶段均出现了大量的证据和证人。例如，在确定克莱德是案件的嫌疑人之后，梅森派人抓捕克莱德，并搜寻相关的证据。正式开庭后不久，在其掌握的众多证据中，梅森提到罗伯达生前留给母亲的一封信，这封信留在她的外套没有来得及邮出去。因为天热，外套留在旅馆。对此，克莱德的辩护律师不知情，克莱德本人则不禁颤抖。梅森概括罗伯达信件基本内容是克莱德答应与之尽快结婚（可以采用宗教形式或教堂结婚的仪式），克莱德在沉船事故后的反常表现：（没有施救），拿走自己的物品，等待天黑后选择无人时离开，头戴另外一顶帽子，手提一只干净、干燥的包，制造自己不在现场的假象。但是，当时有人听到死者的惨叫声。梅森并没有目击证人，但他有意震慑对手。梅森的震慑策略一时收到效果：克莱德惊恐不已，辩护律师之一怀疑克莱德没有讲实话，考虑是否从案件中抽身。好在

① 易延友．证据法学：原则 规则 案例［M］．北京：法律出版社，2017：54－55.

杰夫森沉着，提出质疑。①

接下来，证人先后出庭，一共有 127 个之多。证人的证词，特别是拒绝给罗伯达堕胎的医生、案发后见到克莱德的三名猎人（向导）、听到罗伯达最后呼喊声妇女的证词。克莱德的辩护律师竭力反击，寻找对方漏洞。案子拖到 11 月，此时梅森如愿当上法官，越来越多的人对此案的兴趣越来越浓厚。至少在法庭跟踪的报纸记者看来，克莱德是有罪的。但是，在辩护律师的指点下，克莱德面对证人并不畏惧，甚至有些硬杠。②

公诉方请出死者的父亲提图斯·奥尔登，后者尽其所能，基本如实提供相关信息。当死者遗留的包袱、衣服箱子及其物品被出示时，死者的家人痛哭不已（效果不言而喻，特别是对于陪审员来说）。③

公诉方的证人越来越多地出庭：罗伯达以前的闺蜜格瑞斯·玛尔作证罗伯达在遇见克莱德之后的变化，牛顿夫妇作证同上；罗伯达的第二个房东吉尔平夫妇作证罗伯达与某个疑似克莱德的男子秘密交往，他们的大女儿斯泰拉作证提到罗伯达与某个疑似克莱德的男子争吵，大意是不能够让对方进屋，后者扬长而去，罗伯达怅然若失——这意味着克莱德有意让逝者做不愿意做的事情，对于法官和陪审团的影响不言而喻。④

被告方的证人尽管在数量上明显不占优势，也相继出现：两名克莱德和罗伯达工厂的管理人员证明，二人至少表面上看没有违反工厂异性上下级交往的规定；克莱德的房东佩顿太太作证，至少就她本人所知，克莱德在品行和社交方面并无不当之处。⑤

但是，更多的证人及其证言对于克莱德是不利的。例如，奥尔登太太（死者的母亲）证明，罗伯达提到自己的上司克莱德·格里菲斯对她关注；法兰克·哈里耶特等人证明去年 12 月克莱德受邀参加莱柯格斯上流社会的

① DREISER T. An American Tragedy [M/OL]. New York: Signet Classics, 2000: 444 - 445 [2000 - 09 - 01]. 原版英语阅读网, http://www.en8848.com.cn.

② 同上，2000：445。

③ 同上，2000：445 - 447。

④ 同上，2000：448。

⑤ 同上，2000：449。

多次聚会；约翰·兰伯特（斯克里克塔迪的药剂师）证明，今年1月，某个年轻男子（现在证实就是被告）曾经向他打听过人流的药；奥林·肖特、格伦医生也先后出庭作证；奥尔登夫妇的邻居威尔科克斯作证称他听到罗伯达在6月底的某一天（28—30日）在接到自称贝克的男子的电话后，大声说“但是，克莱德，我不能够等这么久。你知道，我不能，也不会”。威尔科克斯先生很肯定就是克莱德这个名字。威尔科克斯的女儿证明，在此之前三次来自莱柯格斯的长途电话通话人自称贝克，有一次，她听到罗伯达提到她无论如何也不会等这么久。至于罗伯达的意思，她并不清楚。罗杰·比恩（乡村免费寄信人）证明，6月7日或8日至7月4日或5日，他曾经收到罗伯达从父母住处发出的不少于15封信，注明收信人是莱柯格斯的克莱德·格里菲斯。莱柯格斯的邮件寄存服务员证明，与前述罗杰·比恩的时间相对应，克莱德通过他收到不少于15封或16封信。①

莱柯格斯一家加油站的经理R. T. 比根证明，7月6日上午大约八点，他看见克莱德向菲尔丁大道走去，身穿灰色外套，头戴一顶草帽，手拿一个棕色旅行箱，箱子一边系着一个棕色的照相机三脚架或其他一个东西（可能是一把雨伞）。克莱德的辩护律师则质疑对方在175码之外的距离何以清楚地看到这是一只棕色的照相机三脚架。②

方达火车站站长证明，7月6日上午，他出售给罗伯达·奥尔登一张去尤蒂卡的火车票。他记得罗伯达，因为去年冬天他有几次见过她。当天，他见到罗伯达拿着前述棕色的包并向他出示，被告也在场，并拿着一个包，上述二人没有交流。③

方达至尤蒂卡的列车长昆西·B. 戴尔证明，他注意到被告坐在后面一节车厢；从后来公开的照片，他联想到罗伯达也在这列火车上，他们之间有过短暂的交谈。后来，罗伯达在某个小站不见踪影。他没有注意到被告

① DREISER T. An American Tragedy [M/OL]. New York: Signet Classics, 2000: 449 [2000-09-01]. 原版英语阅读网, http://www.en8848.com.cn.

② 同上，2000：450。

③ 同上，2000：450。

在同一节车厢。

然后是罗伯达留在尤蒂卡火车站行李室的大衣箱的辨认、克莱德分别在草湖和大比腾湖的虚假姓名签字的比对等。辩护律师提出反对意见。①

庭审第11天，尤蒂卡伦佛大楼的职员作证证明克莱德与罗伯达实际到达的时间及行为、克莱德为二人的签名为来自锡拉丘兹的“克利福德·戈登先生及夫人”；尤蒂卡“明星服装店”的一名职员证明克莱德买草帽时的行为及大致外貌；然后作证的是尤蒂卡至草湖列车的列车长、草湖旅社的主人，旅社的一名女招待证明在进餐期间听到克莱德与罗伯达关于当日结婚不可能、需要等到次日的争吵。②

之后作证的是载着二人去冈洛奇的列车长，之后是大巴车的司机兼导游，称克莱德说草湖人太多，拎着自己的包，却留下罗伯达的包，并声称他们会回来的。③

然后作证的是大比腾湖旅店的老板、船主、林子里（见到克莱德）的三个人，他们（上述三个人）的证词对克莱德案的影响很大，因为，他们称克莱德见到他们时甚为惊恐。验尸官以及其他见到沉船和罗伯达尸体及最后一封信的一些人的证词；其后的许多证人（从船主、乡村女孩、克兰斯顿的汽车司机、克莱德到达克兰斯顿和熊湖、对于他的追踪和抓捕的人）的相关证词，这些证词均不利于克莱德，足以将其描黑为一个虚假的、逃避的、害怕的人。④

最严厉和最具破坏性的证据（the severest and most damaging testimony）是照相机及其三脚架，梅森据此对克莱德定罪。为此，厄尔·纽科姆等人依次出庭作证，称他们到达犯罪现场后，发现上述物品，克莱德被捕后却竭力否认自己拥有这些东西。对此，辩护律师表示反对。梅森再让某个出售体育用品和照相机的商人出庭证明，5月15日至6月1日之间的某一个

---

① DREISER T. An American Tragedy [M/OL]. New York: Signet Classics, 2000: 450 [2000-09-01]. 原版英语阅读网，http://www.en8848.com.cn.

② 同上，2000：450-451。

③ 同上，2000：451。

④ 同上，2000：451。

时间段，被告（他熟悉）来店里选购“赞克”牌照相机及三脚架，采用分期付款方式。对于涉案的照相机和三脚架，销售商约瑟夫·弗雷泽予以辨认和确定。弗雷泽的上述作证使得克莱德大感意外、被动，觉得还不如起初就承认自己有照相机和三脚架。①

打捞罗伯达尸体和照相机的证人作证、照相机里面的照片被冲洗出来，其中 4 张很像罗伯达，包括两张合影中的人清楚无疑就是克莱德。对此，辩护律师无力反对或要求排除。草湖酒店女招待证明，7 月 7 日晚她曾经进入克莱德与罗伯达住的房间，见到上述照相机和三脚架。之后，五名医生出庭宣誓作证，提到罗伯达脸部和头部的伤、罗伯达落水后可能并未死亡，但可能失去意识。至于死者的伤的原因，医生们较为慎重，推测为钝器导致。对此说法，两名辩护律师不予认可。

死者主要的伤在头盖骨顶部，深到足以引起血凝块，相关照片可以为证。

罗伯达的尸体被打捞上来后的一系列脸部照片被展示，她右脸上的瘀伤大小被显示出来，尺寸与照相机的两端恰好一致。伯顿·伯利（验尸官的助手）出庭作证，称他在照相机的镜头和盖子之间发现两根死者的头发。对此，辩护律师贝尔纳普极力反对，并拔下自己的一根头发当场质问对方能否以此为据。②

罗格·多纳休太太作证，7 月 8 日傍晚五点半到六点之间，她和丈夫在案发地搭好帐篷、外出划船和捕鱼时，在距离岸边半英里或距离环绕月亮湾的树林或陆地北麓四分之一英里处，她听到一声呼叫。对此，辩护律师提出质疑，异议成立。③

梅森依次念了罗伯达的 17 封信，满带情感，甚或放声大哭，死者家属

---

① DREISER T. An American Tragedy [M/OL]. New York: Signet Classics, 2000: 451 [2000-09-01]. 原版英语阅读网，http://www.en8848.com.cn.

② 同上，2000：452。

③ 同上，2000：453-454。

悲痛不已，甚而昏厥。①

时间到了下午五点，法官宣布次日接着庭审。报社记者和特约记者、画家等人低声议论即将到来的辩护成功可能性等（以精神和道德方面的欠缺为由）。克莱德在一片嘘声中离开。②

第二天上午八点，城市的各大报纸头条铺天盖地而来。梅森排山倒海式的公诉词给被告及辩护律师以巨大的压力，要想说服陪审团克莱德绝非彻头彻尾的恶棍十分困难。梅森获得成功，受到诸多庆贺；克莱德想的是他的家人、桑德拉等人读到报纸后的可能的反应。他将作为证人出庭为自己辩护。③

辩护律师贝尔纳普开始辩护，指出公诉方给被告的标签（成熟、长着胡子的男人、恶棍等）并不属实，被告只是一个 21 岁的年轻人，其早年在堪萨斯的车祸经历不应该成为其一贯作恶的证明，他与同龄的少年一样清白无辜，诸多的旁证不足为证。贝尔纳普并不认为克莱德有罪，仅凭间接证据的司法难免铸成大错。贝尔纳普提醒陪审团注意不要因为地方的、宗教的、道德的理论或偏见而做出错误的判断。被告没有犯罪的意图或行为。

贝尔纳普否定被告与死者有正式的订婚。这是因为死者怀孕，被告才被迫同意与之结婚。被告是一个懦夫，而非彻头彻尾的、铁石心肠的罪犯。④

贝尔纳普认为，克莱德与死者去尤蒂卡、草湖和大比腾湖并使用虚假姓名在旅馆签名等，均为精神、道德上的恐惧或胆怯所致。精神上、道德上的怯懦不能够成为判处某人死刑的依据（包括死者落水后，他不是积极营救，而是逃跑）。

---

① DREISER T. An American Tragedy ［M/OL］. New York：Signet Classics，2000：454 - 456 ［2000 - 09 - 01］. 原版英语阅读网，http：//www. en8848. com. cn.

② 同上，2000：456。

③ 同上，2000：457 - 458。

④ 同上，2000：458 - 460。

但是，他没有杀害死者！①

受到贝尔纳普律师辩护的成功以及杰夫森律师鼓励的克莱德上证人席，准备回答辩护律师的问题。但是，听众对于克莱德角色的转换甚为不满，起身，法庭一片跺脚声，法官只得高呼“秩序！秩序！”并要求听众保持安静。②

杰夫森律师开始询问此时作为证人的克莱德，从其出生一直到现在的主要经历。克莱德的证词从他父母在伊利诺伊州的昆西传教活动开始，他12～17岁在堪萨斯的主要活动，包括断断续续的教育（小学六年级左右程度）、不情愿地参与父母的传教活动、17岁进入堪萨斯最好的酒店做服务生一年多时间、离开酒店的原因——车祸，当时他约17～18岁。从这个时候开始，梅森不时打断，贝尔纳普相应地不时提出异议。杰夫森问到克莱德在堪萨斯车祸后的一系列反应（包括流浪两年左右，艰难谋生度日），意在证明其同事贝尔纳普关于克莱德宗教、道德上的怯弱，梅森反对。③

杰夫森让克莱德讲述他逃离堪萨斯后大约两年里的艰难生活，意在给陪审团一个印象，即克莱德不是如此善变。④

杰夫森继续询问克莱德与罗伯达的交往与顾忌（工厂相关禁止性规定）、二人真诚相爱的持续状态直到×小姐的出现。⑤

杰夫森开始询问×小姐在去年年底前不知情状态下的出现，此时克莱德与罗伯达仍然处在相爱的状态，但二人对于未来并无确切计划（即是否结婚），亦即二人均无恋爱对象，寂寞中相遇相恋。⑥

克莱德：因为×小姐无意中的出现，他对于罗伯达的感情不复存在，尽管他内心不无挣扎。这个时候他与×小姐认识不太久，没有向罗伯达提

---

① DREISER T. An American Tragedy [M/OL]. New York：Signet Classics，2000：461 [2000－09－01]. 原版英语阅读网，http：//www. en8848. com. cn.

② 同上，2000：462－463。

③ 同上，2000：462－465。

④ 同上，2000：466。

⑤ 同上，2000：466－469。

⑥ 同上，2000：469－471。

分手，因为担心伤害她。但是，实际上中断了与罗伯达的交往或联系。[①]

就在此时，克莱德得知罗伯达遇到麻烦（意指怀孕）。他想帮她走出困境，但却没有与之结婚的想法。当然，尽管找了两个人，却没有办法解决堕胎问题。[②]

杰夫森问到克莱德：在没法帮助罗伯达堕胎的情况下，如何行动。但先问到克莱德的收入、支出情况。此时，梅森再度干扰，遭到杰夫森的反击，二人口角，法官提出警告。对此警告，杰夫森先道歉，但指出梅森的不是；梅森做了一个不太像样的道歉。[③]

杰夫森继续询问克莱德，似乎不受刚才影响：克莱德与罗伯达在均无法找人帮忙堕胎的情况下，罗伯达的反应（逼婚）、克莱德的拒绝（否则工厂是待不下去的，二人也没有钱结婚）、克莱德也无意再去做服务生；克莱德计划从经济上帮助罗伯达和她迟早会出生的孩子，但却不会与之结婚。总之，两人在结婚问题上达不成一致。[④]

杰夫森继续询问克莱德是否有计划地谋杀罗伯达，以便与×小姐结婚，克莱德坚决否认。[⑤]

克莱德拒不写回信给罗伯达的原因获得合理解释——还是担心罗伯达回到莱柯格斯揭露他，影响到他的工作、亲戚及未来的一切。之后与罗伯达一起出行也没有什么计划，只是模糊地想与她在哪里见面，希望能够说服她离开自己。但是，7 月不期而至，他也没有明确的计划，只是想去某个花钱不多的旅游景点。倒是罗伯达在尤蒂卡提议去北面的湖泊。他在旅馆保存地图和文件夹的行为被梅森认为有很值得怀疑的企图。至于从莱柯格斯后街离开，是不想让自己和罗伯达被人误解。后来与罗伯达分坐不同车厢、使用克利福德·戈登夫妇的虚假签名，都是为了掩盖行迹。两顶帽

① DREISER T. An American Tragedy [M/OL]. New York: Signet Classics, 2000: 472 - 474 [2000 - 09 - 01]. 原版英语阅读网, http://www.en8848.com.cn.

② 同上，2000：474 - 476。

③ 同上，2000：477 - 479。

④ 同上，2000：479 - 482。

⑤ 同上，2000：483。

子，因为一顶已经弄脏了，另外一顶他喜欢就买了。在事发现场丢了一顶，他就戴上另外一顶。确实，他有照相机，也一直带在身边，他也确实在6月18日第一次到过克朗斯顿。他之所以起初否认，是因为担心说不清楚罗伯达的意外身亡。

至于事发当日穿的外衣，因为打湿了，又有泥巴，他在树林中将衣服卷在一起，到达克兰斯顿酒店后就藏在一些石头后，打算回来后请人干洗。见到辩护律师后，他才说出事情真相。①

然后就是解释他与罗伯达一起到尤蒂卡和草湖：他打算讲出自己对于×小姐的爱，求罗伯达原谅和理解，给他自由，并承诺尽全力帮助她。如果她拒绝，他将离开莱柯格斯，放弃那里的一切。但是，当他见到疲惫、无助的罗伯达时，他又不忍心采取行动。而且，这个时候他只有50美元。选择草湖是因为便宜（两人每天5美元），这也是罗伯达的选择，目的是帮助女方散心。②

克莱德叙述：第二天上午二人到达草湖，乘坐不同火车车厢，使用假名“克利福德·格拉汉姆”在旅馆签字（头字母与包上的“C. G”一致），并刻意改变笔迹。罗伯达的想法是：熬过这一段，二人结婚，孩子有个名分，之后再分手。到了草湖，下午划船时，罗伯达情绪不稳，克莱德改变想法（与之结婚），但没有告诉对方（还是割舍不了×小姐以及莱柯格斯的生活等）。让对方给自己24小时考虑一下。罗伯达不想待在草湖，经过咨询，他们决定去大比腾湖，因为该湖最美。总之，此时的克莱德摇摆不定：与罗伯达结婚，不让她过于伤心；或不与之结婚，做一个普通朋友。③

为何带午餐：克莱德的回答是，因为罗伯达的包装满了，克莱德的包还有空间，另外还有照相机和露在外面的三脚架。他们担心赶不上吃饭。

杰夫森：打算返回冈洛奇？克莱德：是的。

---

① DREISER T. An American Tragedy [M/OL]. New York: Signet Classics, 2000: 483 - 484 [2000 - 09 - 01]. 原版英语阅读网, http://www.en8848.com.cn.

② 同上, 2000: 485。

③ 同上, 2000: 486 - 488。

杰夫森：你问到司机兼导游草湖是否人多还“紧张”？

克莱德：问过，这应该正常，也不会紧张，一般人也会这样问。

杰夫森：到了大比腾旅馆和湖上划船时，你们二人心情如何？

克莱德：既不坏，也不好，愿意与罗伯达结婚。罗伯达看起来很开心。①

我们谈到大比腾景色很美、哪里吃午餐，然后划到湖西岸边寻找睡莲。她很高兴，我不忍心打断。我们划船一直到下午两点，之后，我们停下来吃饭。②

杰夫森让克莱德在一张大型地图上用指示杆指示当天他和罗伯达的行动轨迹，特别是悲剧发生的某些细节。船翻了，二人落水，原因是罗伯达情绪不稳——先是哭泣，后是大喜。事情发生太快，根本来不及反应。③

克莱德：船沉后漂走，无法以此施救，罗伯达在水中挣扎，他不敢靠前。为了自保，他游向岸边。叙述之后，克莱德意识到自己其实因为顾忌太多而没有采取正确的行动。④

杰夫森让克莱德当众向上帝发誓：自己所述均属实，没有击打罗伯达或将其推入湖中；没有故意倾覆小船或采用任何其他方式导致罗伯达死亡；这是一个没有经过深思熟虑的事故。⑤

杰夫森一问完，梅森马上开始不停地讯问克莱德，多有恶意、讽刺（包括讽刺律师指点如何回答）甚或威胁。梅森从克莱德随身携带的照相机问起——克莱德在被捕时不承认，现在又承认了，意味着他撒谎。而且，不容克莱德分辩。⑥

其次，关于克莱德心情的变化（即从不想与罗伯达结婚到愿意与之结

---

① DREISER T. An American Tragedy [M/OL]. New York: Signet Classics, 2000: 489 [2000-09-01]. 原版英语阅读网, http://www.en8848.com.cn.

② 同上，2000：490。

③ 同上，2000：490-491。

④ 同上，2000：491。

⑤ 同上，2000：491-492。

⑥ 同上，2000：492-493。

婚)。对此，梅森的策略是：以克莱德被捕不久后检方获得的口供，攻击克莱德在法庭上与杰夫森之间询问的矛盾之处。[①] 这也再度说明，“沉默权”的缺失导致的相应后果或某种不利于被告的可能。此外，面对梅森这样的强势、老练的公诉人，年轻、对于复杂的法律颇为少知的克莱德显然不是对手，这也印证了美国最高法院（沃伦法院）在米兰达案判决词中的担心——公诉人与嫌疑人双方不可能势均力敌或力量对等。

梅森再度使用罗伯达的某封信，质疑克莱德对于罗伯达态度的转变(在大比腾湖之前无动于衷，不顾对方苦苦哀求，直到最后一封语含威胁的信件才与对方会面并外出)。

贝尔纳普忍受不住梅森的跋扈，提出质疑，法官不予采纳。[②]

梅森发问：罗伯达事发当时在船尾？然后，让人将打捞起来的沉船搬到法庭，让克莱德展示当时情况。贝尔纳普反对，法官许可。梅森让自己的助手纽卡莫扮演罗伯达，克莱德展示。贝尔纳普认为此举荒谬，因为，纽卡莫的身体不同于罗伯达。梅森换一个女孩上来，但是，贝尔纳普反对，因为，水上与陆地等情况有差异。而且，不同的人对突发事件的反应也不同。[③]

陪审员之前已经受到公诉方的影响甚多，特别是五名医生关于死者头部受到的重击、照相机上的头发、先前那位女人声称听到的惨叫等，几乎都认定被告犯罪成立。[④]

次日上午，法庭审理继续。梅森强势依旧，克莱德虽有辩护律师的打气，但底气不足；当地舆情对其不利，认为其犯罪成立。梅森的质询从克莱德改变主意开始，随即展开对于一个人落水后大概多久被淹死的质询，克莱德称不知道。[⑤]

---

① DREISER T. An American Tragedy [M/OL]. New York: Signet Classics, 2000: 493 - 495 [2000 - 09 - 01]. 原版英语阅读网，http://www.en8848.com.cn.

② 同上，2000：495。

③ 同上，2000：495 - 496。

④ 同上，2000：497。

⑤ 同上，2000：497。

梅森：克莱德游上岸后，为何不呼喊他人施救?

克莱德：以为罗伯达当时已死亡。

梅森：你可以游泳 500 米上岸，却不游向 35 英尺外的一只翻过来的船。

梅森：你和罗伯达在克拉姆湖划独木舟的时候没有出事故，却在大比腾湖划小船的时候出事，意味着你不在乎她。①

梅森坚持认为克莱德有意摆脱罗伯达，克莱德否定，法官采纳辩护律师的意见。但是，梅森却步步紧逼，克莱德尽管倍感压力，却也并不承认。

梅森提到堪萨斯的交通事故，借以讽刺克莱德。贝尔纳普提出反对，法官支持。梅森提到在大比腾湖克莱德与罗伯达落水时，二人之间的距离。克莱德称不知道，后认可梅森估计的 1 ~ 1.5 英尺的距离。梅森连续追问二人之间落水后以及漂流后的大致距离。克莱德先是称不知道，后改口大约 8 英尺远。②

梅森追问：落水后，罗伯达的位置？如果克莱德可以游泳 500 米上岸，为何不将距离 35 英尺左右的小船推送给罗伯达?③

梅森：为什么上岸之后的克莱德如此冷静处理照相机三脚架，而就在此前不久却惊恐不已？总之，梅森一口咬定克莱德故意谋杀，并决意将其描黑。尽管贝尔纳普极力反对和抗议，认为这是一种不公正的审理（mistrial)，对于己方的当事人不公平，因而会影响到陪审团，也难以阻止疯狂、固执己见的梅森。④

在梅森的步步紧逼之下，克莱德的辩解显得乏力，不仅印证了贝尔纳普对克莱德先前的描述（精神与道德上的懦夫），而且梅森成功地使陪审团相信克莱德没有讲真话，确实对于罗伯达之死负有刑事责任。因为，他

① DREISER T. An American Tragedy [M/OL]. New York: Signet Classics, 2000: 498 [2000-09-01]. 原版英语阅读网, http://www.en8848.com.cn.

② 同上，2000：499-500。

③ 同上，2000：500。

④ 同上，2000：501。

可以游泳 500 米，却不肯施救。[①]

梅森：一个大约 140 磅的男人却不愿意救助一个 100 磅的落水女子，因为怕她将自己抓住并拖入水里。还有一个状态良好、可以载 3 ~4 人的小船就在 15 ~20 码开外（可用）。

梅森略带调侃地问到克莱德有关罗伯达的头发颜色、质地等，并出示据称是死者的一束浅棕色头发，令克莱德心慌神乱，增强陪审团的印象。[②]

梅森拿出克莱德的照相机和缠在照相机上死者的两缕头发，逼迫克莱德承认他用照相机砸了死者的脸部。克莱德尽管被压制，但却拒绝承认砸死者。[③]

梅森继续连珠炮式地发问：沉船事件发生后的克莱德何时通过大比腾湖南部的森林到达三英里湾？沉船之后到此时（次日凌晨四点）都干了什么？在森林等待太阳升起是想让自己看起来更正常一些？睡得好吗？有没有做些美梦？关于三英里湾，你是如何知道它的船和（营业）时间的？……在森林里，你遇见那三个人的时候，问了他们什么问题？[④]

梅森：克莱德缺乏对于死者的尊重——在三个地方使用三个不同的姓名，意在显得罗伯达与三个男人在一起；为什么不单独开房间？死者淹死后，你想将此秘密不告人，是为了保护她的名誉吗？

贝尔纳普：您这不是提问，而是演说。

梅森：收回。[⑤]

然后，梅森抓住克莱德是否为精神和道德上的懦夫纠缠不休，以此来证明克莱德就是一个蓄意谋杀他人的杀人犯。

克莱德不承认，梅森吼叫着让他回答“问题”，杰夫森反对，认为这是一个有争议的问题，与本案事实无关。法官支持辩护律师意见。梅森对

---

① DREISER T. An American Tragedy [M/OL]. New York: Signet Classics, 2000: 502 [2000 - 09 - 01]. 原版英语阅读网, http: //www. en8848. com. cn.

② 同上，2000：502。

③ 同上，2000：503。

④ 同上，2000：504。

⑤ 同上，2000：505。

此（辩护律师的支持和帮助）当然十分恼怒。①

梅森不断利用克莱德辩解中的矛盾之处，对其攻击。这里，他提及罗伯达“逼婚”，克莱德的不愿意，以此说明克莱德并非贝尔纳普所说的“精神和道德上的懦夫”。②

梅森继续，使用的依旧是间接证据。此时，他选择罗伯达给克莱德的一封信中的部分段落，并就其中的某些句子纠缠不休。而且，让克莱德解释死者的信件及其某些特定句子。也就是说，梅森的意图还是不断描黑克莱德，且收效显著。此时，抗辩双方均可感受到对于克莱德的“强烈的公众蔑视和愤怒”（the strong public contempt and rage）。③

当然，梅森并未就此放过克莱德，而是从海量的（公诉方的）证据中，随意抽取一个或数个对克莱德进行智力测验、搅扰和折磨。④

此时庭审过程中出现了一个小插曲：某个伐木工怒吼，要求立即处死克莱德这个“该死的混蛋”，被法官立即请出法庭并让人将其拘捕，那些没有就座的旁听者都被请出法庭。⑤

梅森继续挖掘陷阱，试图从逻辑联系上迫使克莱德就范。焦点一：克莱德无意与罗伯达结婚；焦点二：克莱德确定自己会回来；焦点三：克莱德为什么在沉船前将自己房间所有的东西打包好并上锁？⑥

值得注意的是，上述连珠炮式的问题之间其实并无紧密联系。但是，梅森决意让克莱德无法给出满意的回答。

梅森：克莱德租房退租？离开莱柯格斯时身上有多少钱（大约 50 美元）？旅行花了多少（20 美元）？

---

① DREISER T. An American Tragedy [M/OL]. New York: Signet Classics, 2000: 505 - 506 [2000 - 09 - 01]. 原版英语阅读网, http://www.en8848.com.cn.

② 同上，2000：507。当然，作为读者，我们认为，上述标签“精神和道德上的懦夫”未必全然准确，对此标签，克莱德自己并不认可，“I never said I was a mental and moral coward.”（“我从没说过我是一个精神和道德上的懦夫”）。

③ 同上，2000：508。

④ 同上，2000：508 - 509。

⑤ 同上，2000：511。

⑥ 同上，2000：511 - 512。

接下来，梅森将被告与死者一起沿途的花费细账做了一个清单，共计24.65美元。其中，大比腾湖租船费克莱德没有事先打听：与草湖价格不同，每小时50美分，而不是35美分。而且，沉船事故后，克莱德匆匆离开，没有实际给付。对此，梅森出示了租船方的账单（或故意没有记住或没有预付成为一大疑点），这也是公诉方的攻击要点。对此，克莱德一时难以应答。梅森：唯独这笔钱记不住?[①]

克莱德稍后回答：不知道为什么自己忘记了这一笔。

梅森再次将此与克莱德“计划杀害死者”联系在一起。[②]

梅森：罗伯达去世后的第二天（7月9日），你在赌场一餐饭花去13.20美元还记得吧?

你被捕时，身上被搜出80多美元，记得吧（注：桑德拉给的）?

对于80多美元的来历，克莱德坚持不说出，意在不让桑德拉被牵连其中。[③]

当然，这样一来，其实使得自己陷入绝境。正是这一紧逼，使得克莱德陷入犹豫不决的状态。而且，拒不回答是不行的，检察官认为被告人不尊重法律。

这里再度说明，“沉默权”在此案中不存在。

梅森出示一些黯淡无光的照片的复制品，复制品中有罗伯达以及除桑德拉之外的人。第一张是面露笑容的罗伯达（7月8日沉船前），后面三张是沉船前在十二号湖的克朗斯顿酒店拍摄的（6月19日）。

梅森：6月19日前后，罗伯达心情都是郁闷的。梅森又出示沉船事故后克莱德拍摄的另外四张照片，用以说明克莱德根本不在乎不久前发生的沉船事件。克莱德断然不想牵扯出桑德拉，也不好说明沉船事件后自己不

---

① DREISER T. An American Tragedy［M/OL］. New York：Signet Classics，2000：514［2000-09-01］. 原版英语阅读网，http：//www.en8848.com.cn.

② 同上，2000：515。

③ 同上。

开心的状态。[①]

之后，克莱德对在法庭的所有人以及更多的希望通过报纸了解案情的人发表了一个简短的发言，说明自己在沉船事件后对于罗伯达的难过之情，与罗伯达去大比腾湖等地并非自己所愿，没有更好的办法也不想为自己没有做的事情被捕。[②]

但是，梅森不会让克莱德轻易逃脱，随即又抛出熊湖某厨师的证词：事发后的第四天，克莱德与×小姐在一起亲热相拥甚至亲吻。[③]

庭审告一段落，贝尔纳普认为总体来说，克莱德的自我辩护超出了想象。但是，需要再次打气。[④]

庭审继续，出庭11名证人，其中公诉方4名证人，被告方7名证人。

其中一名辩方证人是医生，罗伯达尸体打捞上来的当天刚好在大比腾湖。他的证词看似有利于克莱德，但是，因为其学历和开业经历却遭到梅森的质疑。另一名伐木工人作证，罗伯达的尸体打捞上来，从大比腾被运到肯洛奇的路上存在颠簸，贝尔纳普据此推断，这可能会加重罗伯达脸部、头部的伤痕；但是，公诉方证人（开车的司机）却认为路途平坦。与克莱德共过事的两名工厂的管理人员证明，根据他们的了解，克莱德在工作期间细心、忠诚，有价值。其他地位较低的工厂同事证明，克莱德行事严谨、谨慎。据他们所知，克莱德没有做过坏事。但是，梅森在对上述人等交叉询问时，当即指出，他们不知道克莱德与罗伯达的交往及此二人之间的人际关系或罗伯达的麻烦。[⑤]

贝尔纳普为克莱德做最后辩护，耗时一天。重点在于指出克莱德的怯懦，没有很好地处理其面临的复杂局面，特别是与罗伯达的关系，对于后者缺乏公平，但不至于如此残忍。陪审团不能够因此认定这位年轻人就犯

---

① DREISER T. An American Tragedy［M/OL］. New York：Signet Classics，2000：517－518［2000－09－01］. 原版英语阅读网，http：//www. en8848. com. cn.

② 同上，2000：518。

③ 同上，2000：518－519。

④ 同上，2000：522－523。

⑤ 同上，2000：523。

了起诉书对其指控的罪行。

公诉方出示的证据属于间接证据。没有救死者，只是怯懦的表现，但不等于犯罪。①

梅森最后也花了一天时间，极力证明克莱德残酷，是一个“有胡子的成年人”，重复相关证据，痛斥克莱德，重述罗伯达的悲惨遭遇，希望陪审团对其定罪。②

奥伯沃泽法官指引（instruct）陪审团：本案只有间接证据，但其时常比直接证据更可靠。动机不一定非要去证实。

陪审团可以认定其有罪或无罪。就看陪审团如何看待当时二人落水及其随后的情况：只是没有救她，不构成；蓄意谋杀，构成。我并不要求你们在定罪方面保持一致。但是，我奉劝你们中的任何一位，如果发现自己错了，不要固执己见。③

陪审团的裁定：有一个陪审员（druggist·药店老板）不同意公诉方意见，但迫于压力，在投了五次票后，最终屈从。

陪审团意见（通过陪审团团长）：克莱德一级谋杀罪成立。④

此前，杰夫森来到监牢看望克莱德，发现其情绪低落，安慰他，认为这一审判自始至终都是不公正的，梅森的所作所为在任何一级高级法院都会被认为是不公平或不恰当的，申请上诉应该得到批准。⑤

小结

《美国悲剧》第三卷第二十至二十六章，均围绕克莱德是否谋杀罗伯达一案的正式审理展开，美国司法制度于此得到了极为生动的展现。不仅

---

① DREISER T. An American Tragedy [M/OL]. New York: Signet Classics, 2000: 523 - 524 [2000 - 09 - 01]. 原版英语阅读网, http: //www. en8848. com. cn.

② 同上，2000：524。

③ 同上。

④ 同上，2000：525。

⑤ 同上，2000：526。

抗辩双方在卡特拉基县法院斗智斗勇，展开激烈的争辩，而且，相关的证人、证据等在法庭上也陆续登台亮相，展现在听众和传媒（主要是报纸）前。

围绕克莱德一案的证人和证据是我们这里关注的重点。当然，对于公诉方而言，由于他们更早地介入案件，司法资源更为丰富（较之于被告方的辩护律师而言）。故而公诉方寻找证人、搜集证据的工作在正式开庭前早已经完成，且并未告知被告方律师。对于被告方的两名辩护律师来说，接受委托（委托人并不是案件的当事人之一的被告克莱德，而是克莱德伯父）后，时间上较为紧迫，准备时间不够，相关信息的掌握不如公诉方。

就数量而言，证人不可谓不多。例如，德莱塞在小说中提到，先后有127名证人出庭。这些证人，绝大多数是公诉方的证人，其倾向性无须多言。证据方面，与案件看似关联度不大的证据可以用“海量”二字来形容。

但是，按照英美法律有关证人和证据的规则来看，公诉方其实不仅不占优，而且颇为窘迫。因为，他们手上掌握的并非直接证据，也没有案件的目击证人。因此，理论上来说，要想将这种既无直接证据，又无目击证人的疑难案件办成铁案，无疑具有极大的困难。换言之，案件缺乏坚实的证据基础。①

这个案件后来居然以克莱德一级谋杀罪成立结案，只能说明，案件审理过程中出现了某些不正常的情况。不正常情况其实并不包括与案件相关的证据（包含地方检察官梅森的助理为了陷害克莱德，故意将死者的头发缠绕在据称是克莱德作为凶器的照相机上），而是在最大的程度上，身为地方检察官的梅森先入为主，对嫌疑人怀有极度的偏见，因而尽可能地煽情，使得本身即不乏主流的宗教、道德观念以及仇富心理的陪审员们的情

---

① 近年来，美国学者的相关研究显示，即使是目击证人，对一次复杂事件的记忆也会深受新信息的影响。因此，将目击证人的证词抬高到其他证据形式之上的做法值得质疑。约翰·M. 康利，威廉·M. 奥巴尔. 法律、语言与权力［M］. 2版. 程朝阳，译. 北京：法律出版社，2007：220.

绪发生极度的倾斜。

此外，在法庭内外，当时传媒（主要是报纸）的大肆渲染，也对案件的走向起到了不容忽略的作用。例如，小说第三卷第二十三章提到：第二天早上八点，出现在报摊上的各大城市的报纸，用最醒目的大字标题告诉读者："对格里菲斯一案提起的公诉以大量令人印象深刻的证据结束""谋杀动机与杀人手段现已公之于众""死者脸部和头部的痕迹与照相机的一角吻合""死者信件被饱含深情阅读后，其母当场晕倒"。①

当然，作为当时主要的传媒，美国的报纸无疑受到美国宪法修正案第一条中的言论自由或出版自由的保护。我们不能够奢望在当时的环境下，克莱德向有损其名誉的报纸提起诉讼。

而且，传媒在司法等活动中能够发挥的作用是多方面的，可以让尽可能多的人在不能够亲临其境的时候，了解案情及其进展情况。当然，它也很可能造成某些误解。这种不无矛盾的情况无论是过去，还是现在，抑或是将来，都将难以祛除。例如，在克莱德一案过去了大约八十年之后，轰动一时的 O. J. 辛普森案中，现代传媒（包括电视等）同样发挥了其难以取代的重要作用。

回到《美国悲剧》的证人和证据。克莱德冤案的构成与相关报纸的不实报道当然具有某种关联。当然，更值得探究的是，从一开始，身为检察官的梅森就先入为主，对被告人持有偏见，并极力挤压年轻的被告人，竭力恶意地描黑克莱德，其相关行为已经不属于一个检察官应有的行为范畴。如果说克莱德的审判是一种悲剧的话，那么，这位表现显然过度的检察官应该是悲剧的有力推手。

美国学者萨莉·德伊·德瑞格在《西奥多·德莱塞与〈美国悲剧〉中的美国刑事司法制度》一文中认为，梅森使用的重杀器就是罗伯达生前写给克莱德的满是情感的恳求其与之结婚的信件，这种举动足以打动在场的

① DREISER T. An American Tragedy [M/OL]. New York: Signet Classics, 2000: 457 [2000-09-01]. 原版英语阅读网, http://www.en8848.com.cn.

听众。[①] 上述在场的听众当然包括12名陪审员，梅森的表演主要是针对这12个人的，而且，获得了成功。“您这不是提问，而是演说”（“Your Honor,” interjected Belknap, “this isn't a question. It's an oration.”）[②]，克莱德的辩护律师贝尔纳普倒是一针见血地指出了梅森拙劣的表演。

在英美等国，对于法律并无深入了解或研究的陪审员是否能够很好地充当案件公正的评判者，历来是一个不乏争议或曰疑虑的问题。对此，国外有学者认为，陪审团制度中仍然充满着非理性。[③] 换言之，以今天我们的专业眼光来看，身为地方检察官的梅森手上其实没有过硬的一手证据，也没有案件的目击证人，依赖的只是死者生前恳求嫌疑人与之结婚的信件。但是，就是这些不足为证的信件，使得陪审员做出了自己的判断。

当然，除了死者遗留的这些难称证据的信件，影响到陪审员的还有其他一些非理性因素，诸如宗教、道德观念、仇富心理、城乡对立、对于死者及其家属的同情心等。

克莱德一案审理过程中，一个较为独特的情况还包括作为案件被告的克莱德自己出庭作证，独自面对公诉方。这种看似不同寻常的做法，其实不乏先例。例如，相关研究表明，在英美等国，至少从19世纪开始，被告人被允许在宣誓之后，可以作证。[④] 当然，两名辩护律师的这种做法其实没有什么把握或胜算，可以说是一种冒险或心存侥幸的行为。因为，无论怎么训练和打气，克莱德要面对的是一个专业经验丰富、精力充沛、对自己怀有极大偏见甚至仇视的地方检察官梅森。这种绝非势均力敌的较量，几乎不可能指望有理想的结果。

展现在法官面前的证据是否均获得采纳，当然不可一概而论。在克莱

① SALLY D T. Theodore Dreiser and the criminal justice system in an American Tragedy [J]. Studies in the Novel, 1990, 22 (4): 429-440.

② DREISER T. An American Tragedy [M/OL]. New York: Signet Classics, 2000: 505 [2000-09-01]. 原版英语阅读网, http://www.en8848.com.cn.

③ 萨达卡特·卡德里. 审判为什么不公正 [M]. 杨雄, 译. 北京: 新星出版社, 2014: 278.

④ 同上, 2014: 280.

德一案审理的过程中，有些证据因为与案件无关或根本就是伪证，自然被当庭否决。例如，那位先入为主的检察官助理故意将死者几根头发缠绕在照相机上的所谓证据是站不住脚的。抗辩双方中的任何一方提出异议且被证实不足为证的证据被排除的也有相当一部分。这种对于证据的异议的提出，在真实的审判过程中，十分正常。例如，还是以 1994 年的 O. J. 辛普森案为例，据统计，到案件结束，（抗辩）双方向法官兰斯·伊托（Lance Ito）提出的异议居然有一万六千次之多。①

《美国悲剧》中还涉及一个问题，那就是法官对于外行的陪审员的指引（instruct）。一般意义上，这种指引不会引发误导。但是，在德莱塞的这部小说中，法官对于陪审员的指引，似乎并没有如此的中立，特别是指引中的几段话："但是必须记住，所有的证据决不因为是间接证据就不被信任或被推翻。有时候，间接证据也许比直接证据更可靠"。"我并不是说，你们在判决时必须保持一致，但我愿意奉劝你们中的任何一位，要是在仔细考虑之后，发现自己错了，可千万不要过分固执，还不肯让步"。②法官的这种指引，其实不无倾向性，对于陪审员判断的做出不会没有影响。

---

① 萨达卡特·卡德里．审判为什么不公正［M］．杨雄，译．北京：新星出版社，2014：323.

② DREISER T. An American Tragedy［M/OL］. New York：Signet Classics，2000：524［2000－09－01］．原版英语阅读网，http：//www. en8848. com. cn.

五、堕胎问题

德莱塞的《美国悲剧》在1925年问世，出版后不久即很畅销（据说，1926年年底已经售出5万册以上），出版商策划有奖征文，题目是“克莱德·格里菲斯一级谋杀罪成立吗?”征文获奖者阿尔伯特·李维特是当时华盛顿与李大学的法学教授，之前他给德莱塞写信，称赞其对于法律问题的完美虚构。李维特不是一个平凡之人：参加过“一战”、受过神学与法学训练、与进步的学术圈有联系，并发表过若干关于刑法中故意的论文。

在论文中，他明确表达出自觉的现代刑法观念。但是，其获奖论文在当时并未引起较多的关注。在美国国会图书馆仅有一篇留存下来，直到1991年被菲利普·戈博发现。但是，该论文其实非同寻常，可以分四个部分讨论。第一，克莱德无罪，也没有救助罗伯达的义务，罗伯达的死亡由一系列事故造成，与法律没有联系。第二，克莱德按照基督教的伦理标准，是有罪的。第三，陪审团的判决是正确的。陪审团不会相信克莱德所谓的“改变主意”（change of heart）。第四，社会或国家对此有无责任。对于国家在性教育方面的政策，他强烈抨击。他认为，如果措施得当，罗伯达本来是不会死的（可以堕胎或节育的话）。关于死刑，他认为一般来说是合理的。因此，他觉得克莱德没有理由被允许活下去。但他又说，如果克莱德有更好的社会条件的话，他应该成长为一个更好的人。所以，国家对于三个人——克莱德、罗伯达以及没有出生的胎儿的死亡负有责任。①

阿尔伯特·李维特的这篇八十多年前的获奖论文有其过人之处。当然，放在我们今天讨论的话，争议依然存在。例如，克莱德是否犯有故意杀人罪？陪审团的判决是否存在问题？基督教的伦理在今天是否适用？国家或社会是否负有某种责任？在李维特上述问题的基础上，我们似乎还可以讨论其他一些问题，诸如克莱德的家庭（主要是他的父母）对于他的教育和健康成长是否需要承担一定责任？克莱德自己是否需要承担某种责任？等等。

我们估计，如果在今天的语境下，前面三个问题的答案极有可能是否定的。第四个问题，亦即国家或社会是否负有某种责任，答辩很可能是肯定的。也就是说，李维特对于当时美国社会在性教育方面政策的抨击是正确的。

美国学者大卫·盖斯特在《判处死刑：美国小说与死刑》一书中指出，对于性的不同态度可能是克莱德与罗伯达等人悲剧的主要因素，小说中有好几处涉及这一问题。例如，克莱德与堪萨斯酒店的几个服务生到妓院、克莱德在芝加哥著名的工联俱乐部工作期间的见闻令他震撼（俱乐部成员根本不涉及性的问题，女性不得加入）、克莱德与罗伯达的（非法）婚前性行为。②

克莱德后来陷入困境或危境的原因还有：家庭联系的缺乏以及传统家庭价值观的缺失。在这方面，其父亲阿萨可能难逃其责。例如，克莱德软弱、摇摆不定的性格与其早年的家庭生活不无关系。缺乏必要的实用技能，克莱德要想实现自己的脱贫致富梦想，十分艰难。所以，小说实际上

① FARMER L. Penal Modernism：An American Tragedy [J]. Critical Analysis of Law，2014 (1).

② GUEST D. Sentenced to Death：The American Novel and Capital Punishment [M]. Jackson：University Press of Mississippi Jackson，1997：71.

强调了家庭和社会对于青春期年轻人的重要作用。严格的管控对于年轻人（包括罗伯达）其实不无益处。[①]

当然，除了前述犯罪的危险性、婚外性行为、非正常的家庭生活、不充分的教育以及青春期的重要性外，美国梦提倡的成功与在社会上出人头地更加值得关注。[②]

上述从家庭、社会乃至于个人方面寻找罪错原因的视角和方法确实具有一定的价值和意义。这里，我们的讨论重点将放在与堕胎相关的法律问题上。顺便说一句，由于种种原因，支持或反对堕胎在美国社会的争议由来已久，并延续至今。例如，2019 年 9 月 18 日，美国北达科他州一项有关堕胎咨询的法案被联邦法院法官判决临时禁止实施。根据该法案的要求，内科医生被强制要求告知患者一项被医生普遍认为不准确的信息，即堕胎药物的效果是可逆的。[③]

相关研究揭示，美国的堕胎法律制度在一百多年的历史长河中，经历了长时间的争论，同时也经历了漫长的变革。堕胎已不单单是一个普通医疗层面的问题，而更多的是一个深刻的政治、权利乃至伦理道德的问题。对于不同的利益团体来说，堕胎具有不同的含义，因而引发的争议才如此广泛。[④]

根据我们的了解，堕胎可能是引发克莱德与罗伯达悲剧至关重要的原因。假设当时对于这一问题较为宽松，相关法律规定不是如此严厉的话，那么，悲剧发生的可能性可能会小很多。但是，相关研究表明，19 世纪中叶以后一直到 1910 年的美国，对于堕胎有着颇为严厉的法律规定。[⑤] 克莱德与罗伯达悲剧的发生，碰巧在上述这一较为特定的时期。

按照小说的介绍，克莱德在堪萨斯那起足以改变他和其他同车伙伴命

---

① GUEST D. Sentenced to Death: The American Novel and Capital Punishment [M]. Jackson: University Press of Mississippi Jackson, 1997: 71 -72.

② 同上，1997：72 -73。

③ 孙皓辰. 席卷美国的堕胎争议仍在继续 [J]. 检察风云，2019 (3).

④ 汪晓晗. 美国堕胎法演变的影响因素 [J]. 法制博览，2019 (3).

⑤ 刘征. 美国堕胎立法之历史沿革 [D]. 上海：华东政法大学，2010.

运的交通事故之后，其生活轨迹无形中发生突变或巨变，偷开他人汽车、造成一名小女孩命丧车轮下的施巴舍还因此被判负有刑事责任。

克莱德逃离堪萨斯到达的第一个地方是圣路易，通过《星报》获知他的担心成为现实：车祸中的死者是堪萨斯一位中产家庭11岁的女孩，施巴舍和西佩小姐被捕，警察在医院等候二人醒来，施巴舍被指控盗窃和杀人。为了保护自己，施巴舍供出所有同车者的姓名，并声称这些人执意让他开快车。酒店的斯库尔斯先生给警察和报纸提供了所有服务生的姓名和住址。报纸也记录了他和其他几位乘车者的母亲们的难以置信的反应。①

与这起车祸的其他人一样，故事的主人公克莱德由于无知和恐惧，选择逃离自己熟悉的堪萨斯，离开父母和家庭，辗转圣路易、芝加哥等地，到异地谋生，备尝艰辛，由此展开一段不可知的或难以预期的人生。从芝加哥来到莱柯格斯的克莱德，可以说生活和工作暂时稳定下来。但是，内心的孤寂与举目无亲却难以排遣，青春期对于异性的渴求和交往难以获得正常的满足。

应当说，克莱德来到莱柯格斯后不久，与异性的交往还是比较谨慎和克制的。例如，极力讨好他的狄腊德，知道其是富有的工厂主塞缪尔·格里菲斯的侄子，对其刻意奉承，将其介绍到自己的社交圈，认识自己女友的闺蜜，年轻、貌美的瑞塔（Rita）。克莱德与瑞塔的感情发展较快，对此，克莱德有几分疑虑。恰在此时，他收到伯母代表伯父一家的家宴邀请函，故而决定与狄腊德、瑞塔等人保持距离。②

囿于经济地位的巨大悬殊，伯父一家其实与他保持着距离，克莱德在这个冷漠的家庭是得不到温暖的。非但如此，堂兄吉尔伯特对于他的态度是十分恶劣的。后来，在伯父的坚持下，克莱德被升职到印花部担任管理人员，手下有25名女工。正是在这个部门，克莱德从女工中挑选助手，罗伯达·奥尔登（23岁）以其出众的气质、容貌、智力入选。

---

① DREISER T. An American Tragedy［M/OL］. New York：Signet Classics，2000：108－109［2000－09－01］. 原版英语阅读网，http：//www. en8848. com. cn.

② 同上，2000：145－146。

罗伯达来自附近一个较为贫困的农夫家庭，先前在另外一个工厂工作过，其生活圈子也比较狭小，有一定的孤独感，不多的娱乐为偶尔看看电影等。到克莱德手下工作，对于她也是一个崭新的机会。[①]

此时的克莱德也是颇有孤寂感，尽管伯父及其家人给他打开了上流社会的一扇门，但是，他被排斥在外。罗伯达属于有宗教、道德、矜持的姑娘，清楚贫富之间难以逾越的鸿沟，不完全像通常的美国女孩，与移民/外国姑娘之间有隔膜，但有距离，赢得了她们的尊重。

克莱德与罗伯达二人暗生情愫，但未表白，对于彼此的现状均不满意。克莱德搬到寡妇佩顿太太的出租屋，其实与狄腊德等同龄人隔断联系，目前的邻居不是太老，就是比较沉闷，无法正常交往，孤寂感也就更深。当然，堂兄事先的警告——不得与女工非正常交往对他影响甚大。

克莱德内心还是向往上流社会的，并迷上游泳、划船等活动。孤独中的克莱德也会时而回想自己在堪萨斯短暂的快乐时光、与狄腊德等人的短暂交往以及自己在莱柯格斯受到伯父、伯母、堂兄等人的冷遇，思考自己来此地是否错误等问题。[②]

某天，在湖边他巧遇罗伯达和她的闺蜜。克莱德抵挡不住罗伯达的魅力，决定与之秘密交友。[③]

所以，概言之，克莱德清楚自己所在工厂有关部门负责人不得与手下女性工人交友的规定。当然，听从自己内心的召唤无疑会付出代价。如果他不是工厂主的侄子或不是因为不切实际的想向上爬的话，完全可以选择离开伯父的工厂，另谋他就。虽然不一定很快富裕，但也不至于将事情弄到后来不可收拾的地步。

如果是旁观者明智建议的话，我们可以让他依靠自己过一种在自己努力和能力范围内的尽可能过得去的生活。所以，克莱德的悲剧未必完全是

---

① DREISER T. An American Tragedy [M/OL]. New York: Signet Classics, 2000: 169 - 170 [2000 - 09 - 01]. 原版英语阅读网, http: //www. en8848. com. cn.

② 同上，2000：176。

③ 同上，2000：179。

“美国的悲剧”。某种意义上，是他个人不明智的选择或局限加上不切实际的想向上爬的野心和幻想所致。所以，尽管完全依靠自己未必能够实现美国梦，但是，不至于如此早地梦碎，致使罗伯达和她肚子里未出生的孩子、克莱德自己共计三个人均丧失生存的机会。

罗伯达的怀孕应该是出乎她本人和克莱德的意料的。婚前性行为在当时的美国社会无疑是一种受到主流社会排斥的行为，由此带来的后果大致有如下几种：一是未婚男女尽可以在法律允许的范围内就此结婚，通过合法的形式步入婚姻家庭的殿堂，就此祛除窘境。二是通过一定数额的金钱，帮助女方打胎，从而解脱困境。克莱德后来的辩护律师之一贝尔纳普在年轻的时候就是如此处理的。当然，这涉及一笔不菲的费用，包括给前女友人流和分手的费用。而金钱方面，恰恰是克莱德这样收入微薄的穷小子难以承受的。三是远走高飞，无情地抛弃女方和私生子/女。克莱德的姐姐爱达就遭遇了情人的欺骗，落得十分尴尬的境地，给自己和家人留下诸多悔恨。四是铤而走险，谋杀女方，以期摆脱困境。

克莱德的问题主要在于他的梦想与现实之间差距较大，桑德拉的出现和示爱，使得他看到了向上爬的更大可能性，故而他不会考虑完全依凭自身之力奋斗，而是想通过桑德拉跻身上流社会。所以，第一种方式他是不会考虑的。也就是说，这个时候他不会选择与罗伯达结婚。而要摆脱罗伯达，需要费一番周折。

克莱德能够获得的帮助几乎没有。资源（金钱/人脉）确实有限，主要还是贫穷所致。经济能力有限，基本上只能够维持自己的生活，其微薄的收入所剩不多，因而克莱德也完全不可能选择第二种方式。所以，贝尔纳普模式不适用于克莱德。他能够考虑和支付的就是私下地通过自己有限的人脉，以尽可能低的代价寻找堕胎的药物或敢于冒险帮助罗伯达堕胎的医生。

首先是问药，克莱德借故离开工厂，来到斯克尼克塔迪寻找堕胎的药品，却接连被婉拒。最后接纳他的一家药店给他一包特效药，要价6美元。但是，罗伯达服药后并无效果。

克莱德写信给老朋友瑞特拉（现在芝加哥）求助。[1]

克莱德再度来到之前的药店，店主得知其寻医的打算，改变了口气，借口堕胎非法。[2]

估计这位店员并非完全恐吓克莱德。

因此，可以推测，当时的美国法律对于堕胎是禁止的。

克莱德与罗伯达想通过医生帮助堕胎同样存在极大的法律风险。

由于当时的社会和法律非但不鼓励这种行为，而且排斥和打压，因而克莱德与罗伯达想通过这种途径解决问题的可能性也难以实现。在《美国悲剧》中，我们读到克莱德与罗伯达为了打掉不期而至的胎儿，两度来到居住在格洛弗斯维尔的乡村医生家里。尽管这位格伦医生也曾经冒着风险帮助几个家境不错的未婚先孕的女孩人流，以此使得她们脱离窘境。但是，当这位医生了解罗伯达的困难后，意识到这种行为（帮助堕胎）太危险了，在道德和社会层面都是错误的，而且是犯罪的（It was too dangerous and ethically and socially wrong and criminal into the bargain.）。[3] 因此，以克莱德和罗伯达极为有限的资源，求医问药解决困境的路子对于他们而言其实被堵住了。

这种未婚先孕的行为估计也不会受到他们双方或一方家庭的理解和支持，但是，他们这种局面却有可能得到自己家庭有限的支持和接纳。笔者于此设想：如果罗伯达告知自己的家人，或者，克莱德求助于自己的母亲，事情最终或许不会朝着不可挽回的方向发展。极有可能是，克莱德迫于双方或一方父母的压力，选择与罗伯达结婚（哪怕这种婚姻关系如罗伯达所预料，不会维系太久）。或者，再度选择逃离。无论是上述哪种结局，罗伯达和她尚未出生的孩子均有存活下来的可能。小说中的罗伯达曾经提

① DREISER T. An American Tragedy [M/OL]. New York: Signet Classics, 2000: 262 [2000-09-01]. 原版英语阅读网，http://www.en8848.com.cn.

② 同上，2000：263。

③ 同上，2000：273。

议他们二人去丹佛，寻求克莱德父母的帮助。但克莱德不同意。[1]

罗伯达后来的“逼婚”一个主要原因是她不便公开这段私情，也不想在当时的主流社会不体面地生活下去。如果她与自己的父母谈谈，很可能会获得亲友的帮助或形成对克莱德的压力。最后，事情结局未必这么惨。

就人生的重大抉择而言，这两个悲剧人物都没有经验，也没有较好地从家里亲人那里获得帮助或较好的建议。他们共同的问题是没有求助家人。

反过来说，他们家中的亲人不是距离太远，就是疏忽了。

第三种模式，亦即抛弃罗伯达和没有出生的孩子，远走高飞，却与他想跻身上流社会的目标发生冲突，也没有被克莱德采纳。

第四种模式，当然与法律、道德等相违背，无疑是不可取的，也是最愚蠢的行为。在真实案件中，切斯特·吉列就选择了这种最不应该的方式，也使得自己走上了一条不归之路。根据真实案件改编的《美国悲剧》，克莱德在罗伯达的“逼婚”压力之下，也曾有过伺机除掉对方的恶意或冲动。但是，最终的情况是阴差阳错或恍惚之间，克莱德来不及实施杀人计划，一场意外的沉船事故发生。

当然，小说中的克莱德还有另外一种可能，那就是与他后来倾心不已的富家女桑德拉一道私奔。但是，经过考虑，距离 18 岁还有三四个月的桑德拉对于这种大胆的提议最终还是拒绝了。小说借桑德拉之口告诉我们，当时女子结婚年龄在 18 周岁以上。查阅相关研究，我们知道，桑德拉所言不虚。[2] 桑德拉也不想因此激怒其父母，可能是担心事情最终不好收拾。而且，也就是三四个月的时间，她就年满 18 岁。当然，如果克莱德执意如此，且桑德拉愿意跟从其私奔，也可能桑德拉的父母接受这一事实；也可能相反，克莱德借此想跻身上流社会的美梦非但不会得逞，还有可能被对

① DREISER T. An American Tragedy [M/OL]. New York: Signet Classics, 2000: 284 [2000-09-01]. 原版英语阅读网，http://www.en8848.com.cn.

② 关于当时的结婚年龄，美国绝大多数州规定，年满 18 周岁的男女可以结婚。未满 18 岁、已满 16 岁的男女要求结婚的，须获得父母或法官的同意。夏吟兰. 美国现代婚姻家庭制度 [M]. 北京：中国政法大学出版社，1999：18.

方父母以诱拐的名义告上法庭。因为，美国法定成年的年龄是18周岁。对于桑德拉这种几乎完全依赖家庭经济方面资助的女孩而言，要想结婚，无疑还需要其父母在财产等方面的支持。否则，即使到了21岁，如果没有父母的首肯，至少一段时间内，桑德拉也难以自立，克莱德也不会如愿过上富裕无忧的生活。

无论如何，当时美国法律对于堕胎的限制性规定，使得小说的主人公陷入绝望的境地，由此而来的结果是三条人命先后丧失，悲剧因而产生。

小结

考察一百多年以来的美国社会，有关堕胎的争议层出不穷，至今仍未停歇，甚至与美国的大选等牵连到一起，以20世纪70年代初的“罗伊诉韦德”案甚为典型。以法律规制堕胎，或许是美国社会的一大特色，值得深入讨论和研究。

19世纪的美国，女性生育率出现严重的下降，由此影响到家庭的人口规模，成为当时社会的一个严重的人口统计学特征。到20世纪之初，美国有着世界上最低的人口生育率。对此，历史学家们展开讨论。伴侣式婚姻以及对于已经出生的孩子的更多的情感关注或许可以部分地解释生育下降问题，当时的妇女似乎也将生育控制视为增加她们自主权的一种方式。但是，男性立法者对于上述情况甚为担忧，并逐步加大干预的力度，将原本属于私人事务的生育控制和堕胎上升到犯罪的层面，将传播生育控制信息和实施堕胎的行为纳入法律打击的范围。①

1880年发生在美国北卡罗来纳州的“北卡罗来纳州诉斯莱格尔”案是一个具有里程碑意义的案件，标志着法院与立法机构对于堕胎问题的立场发生转变。在某种意义上，这种转向显示了医疗界日益增长的反对堕胎的

① HALL K L，WILLIAM M，FINKELAMN W P. American Legal History：Cases and Materials［M］. Oxford：Oxford University Press，1991：281.

影响力。美国医学会将终结堕胎视为自己的主要目标之一，其领导者认为，通过堕胎法律方面的改革这样的方式，医学界可以扩大其道德上的影响力，扩展科学的医疗实践，以排除助产士的影响，从而垄断医疗保障业务。立法机构紧随其后，通过了涉及面更为广泛的法律，对于堕胎妇女和帮助其堕胎者予以更加严厉的制裁。堕胎被认为是一种具有危险性的行为，各州在拯救妇女免于死亡和因感染和发热导致的不孕方面，能够发挥一定的作用。尽管在大多数的州，堕胎是一种犯罪行为，但是，堕胎却禁而不止，只有很小一部分实施堕胎行为的人受到起诉。因为，公众对于堕胎的需要自动地形成了一个地下交易市场。比起贫穷和社会底层的妇女，有身份和有钱的妇女可以非常容易地获得尽可能完善的手术。新出台的这些堕胎法实际上限制了所有妇女自由选择的权利。[①]

未婚先孕在20世纪之初的美国并非是一个简单的个人问题，它考验着当事人，逼迫他们拿出应对之策，尽可能妥善地解决自己面临的困局。在法律层面，趋于保守的社会不会轻易地给堕胎让路，这就使相当一部分人不得不选择某种不无风险的方式。

《美国悲剧》通过主要人物的遭遇，谈到了堕胎问题。这个问题不仅仅是一个社会问题、道德问题，同时或曰更重要的是一个法律问题。我们相信，如果不是因为这个问题牵扯法律，罗伯达和克莱德的悲剧或许不会上演，或者，以如此极端的方式收尾。换言之，当时相关的严苛堕胎法律规定，使得罗伯达这样的穷困女性不可能通过公开的方式摆脱未婚先孕的窘迫，只得私下里求医问药。由于这种行为非法，药店和医生轻易不敢冒险。当然，如果克莱德像他的辩护律师贝尔纳普年轻时候一样，有一个有钱的老爹，事情无疑会变得容易得多。

---

① HALL K L, WILLIAM M, FINKELAMN W P. American Legal History: Cases and Materials [M]. Oxford: Oxford University Press, 1991: 282 - 283.

六、金钱问题

在讨论这个问题之前，我们可以肯定的是，作为一种流通物或支付手段，金钱具有极大的便利性，而金钱本身并不是问题。但是，如果一个社会陷入对于金钱的崇拜或者为金钱左右，则这个社会无疑存在着某种病态。

《美国悲剧》中的克莱德也是一个怀揣梦想的年轻人。当然，以他自身的经历和所处的相对贫困的家庭环境以及不利的经济地位，要想实现快速致富，可能性几乎微乎其微。这应该是他在面临几乎无所不有的富二代桑德拉时（年轻、美貌、巨额的家庭财富、大量的娱乐与休闲时间等）不由自主地选择抛弃更为穷困的罗伯达的主要原因。

金钱在美国社会（当然包括其司法）中的作用或重要性不言而喻。如果没有克莱德伯父的资助，克莱德根本请不起两名相对出色的辩护律师贝尔纳普和杰夫森，案件的第一审结果显然也不会有任何悬念。当然，在肯定克莱德伯父对于一审相关费用等资助的同时，我们可以看到，如果其能够出庭作证，证明克莱德品性并无瑕疵，则效果应当更好，对于自身形象也不无益处。

案件一审失利后，克莱德的上诉不再得到伯父的资助，一时之间，辩护律师也不会关注案件的上诉。所幸的是，克莱德的母亲表现令人钦佩，其通过传媒和社会的帮助（通过多处演讲）获得所需相关费用。换言之，如果没有克莱德母亲等人的努力，克莱德根本就没有上诉的可能。因此，从一个侧面来看，对于贫困人群而言，当时的美国有无法律援助，甚为重要。[①] 尽管相关研究显示，美国社会从19世纪70年代即已出现了法律援助，且恰好始于纽约。但是，《美国悲剧》中我们获取不到这方面的只言片语。

与贫困人群获取司法方面的援助十分有限形成对照的是，某些理应出庭作证者（譬如，小说中的桑德拉·芬奇利）却因为家庭十分富有，不仅可以免于出庭，而且其姓名仅仅以×小姐代称。这一点，清楚地显示，至少在当时的美国社会，司法其实是一种“选择性的司法”。

与克莱德、罗伯达等人形成巨大反差的是，在美国社会上层，为数不多的一部分人因为拥有超出一般人很多的财富，可以过着无忧无虑的生活。例如，小说中的克莱德伯父一家，尤其是与克莱德年纪相差不大、才智相当、外表颇为相像的堂兄吉尔伯特·格里菲斯。只是因为有富裕的父亲，吉尔伯特在学业上、生活上、事业上可谓一帆风顺，可以对于他不喜欢的堂弟克莱德颐指气使。

克莱德因为贫困，实际上被剥夺的东西甚多：首先是教育。近年来，国内相关研究表明，美国自建国以来对于教育就比较重视，公立学校在其中发挥的作用尤为凸显。例如，美国从1870年的760万学生增加到19世纪末的1270万学生。《学校》一书写道，美国“为儿童提供的教育比全世

① 在美国，如果没有辩护律师的帮助和支持，作为案件被告一方的当事人要想通过自己对复杂的法律制度的一知半解，几乎注定只会败诉。这方面的事例不胜枚举。例如，某公司女职员与上司的婚外情引发的职场矛盾从而走上法庭，女职员一方因故两次辞掉代理律师（主要还是难以支付高额的律师代理费），最终选择面对对方三名著名律师，自我辩护失败。而且，她的父亲因为不满法官的判决，竟然在枪杀法官后开枪自杀身亡。叶童．世界著名律师的生死之战［M］．北京：中国法制出版社，1996：199－229.

界其他任何国家都多”。①

小说中的克莱德应该读过几年书。他在卡特拉基县法院出庭为自己作证时，提到从他父母在伊利诺伊州的昆西传教活动开始、他12～17岁在堪萨斯的主要活动，包括断断续续的教育（小学六年级左右程度）、不情愿地参与父母的传教活动。但由于父母传教流动性的影响，其接受的学校教育不仅时间短，而且其有限的教育稳定性也不足。因此，比起他后来认识的富裕家庭的子女，在接受教育方面，其不足很明显。所以，在这些人谈论大学的时候，他没有什么发言的机会。这种并非自愿的、不充分的受教育经历，当然还是经济原因造成的。也就是说，在家庭教育、学校教育方面，克莱德是先天不足的，原因主要是家庭经济困难造成的。这种教育方面的先天不足，实际上也造成了其后来的思维或见识等方面的局限、处理问题的狭隘等。②

有意思的是，《美国悲剧》通过克莱德的辩护律师之口，提到了几乎同时发生的“哈里·K. 韶枪杀怀特”案这一轰动一时的大案。③ 当然，哈里·韶之所以能够逃脱法律的制裁，主要还是因为其十分富有，请得起当时一流的律师为其辩护。否则，即便是其精神病获得证实，也未必能够侥

① W&L 等一下等一下. 美国教育体系（一）[EB/OL]. 2017-10-14 [2020-05-29].

② 这里有必要提及真实案件中的被告人切斯特·吉列。根据美国学者大卫·盖斯特的相关研究，吉列没有受过什么教育，8岁就开始干活谋生，14岁时被父母抛弃。后来一个偶然的机会到一个富有的叔父开的工厂工作。尽管社会地位不高，收入一般，但因为叔父的缘故，与上流社会建立起联系。被害人格蕾丝·布朗与吉列在同一个工厂工作，是一名秘书，怀有吉列的孩子。为避免丑闻和摆脱对方，吉列骗对方到纽约的大綦斯湖，将其从小船上扔到水里，任其溺水而亡。而且，有证据显示，死者在溺水前，曾经遭受嫌疑人网球拍的多次击打，身体多处留有伤痕。吉列受审期间，不知道收敛或低调行事，故而被认为毫无忏悔之意。GUEST D. Sentenced to Death The American Novel and Capital Punishment [M]. Jackson: University Press of Mississippi Jackson, 1997: 45-47. 但是，如果我们反思一下，不难得出这样的结论：吉列作为一个弃儿，几乎没有接受过什么教育，不能够正常地处理与他人的关系，这种欠缺显然不是他自愿选择的结果，而是其家庭和社会的失职，因而较之于克莱德，其悲剧色彩应该更为浓厚。

③ 关于“哈里·韶”一案，可参见：叶童. 世界著名律师的生死之战 [M]. 北京：中国法制出版社，1996：331-361. 案件梗概：1906年6月25日，哈里·韶当众持枪连续三次近距离射杀据称骚扰其妻的著名建筑师怀特。他之所以能够逃脱杀人罪的指控，主要在于其家庭十分富有，可以聘请一流的律师为之辩护。辩护律师的主要策略是以哈里精神错乱为由展开辩护，指责死者对于哈里·韶夫妇婚姻的侵犯行为等。

幸免于刑事处分。

尽管克莱德在财富方面与哈里·韶有天壤之别，但是，德莱塞的描述却使得二人在精神状态方面具有相似性。例如，就在溺水发生之前，克莱德突然出现了恍惚；在更早的时候，克莱德的梦境或幻觉或内心深处出现了诱惑其作案的无形驱动力量。甚至于在被处死前夕，克莱德的内心再度出现那种恍惚或麻痹。

德莱塞将类似的案件类型化并予以分析。他认为，人们对于克莱德有误解。他并非是一个“向上爬的恶棍”或“最冷血和最黑暗的杀人犯”。①

除了1906年的“哈里·韶”案，美国学者大卫·盖斯特还提到德莱塞在创作《美国悲剧》期间发生的另外一个大案即1924年内森·利奥波德（19岁）和理查德·勒布（18岁）有预谋地绑架和谋杀14岁的罗伯特·弗兰克的案件。② 两名杀人犯均来自芝加哥南部富裕、显赫的犹太人家庭，均有很高的学习天赋，均已大学毕业。为防止罪行暴露，他们肢解被害人尸体，并泼上强酸以阻碍确认身份。案件很快告破，著名律师克拉伦斯·达罗担任被告人的代理律师。控辩双方争议的焦点在于被告人精神是否正常，为此，聘请当时的著名精神病学家做出专业而详细的报告。最终，两名被告人被判终身监禁，不得假释。法院之所以没有对两名被告进行死刑判决，唯一的理由就是他们年轻，这一点与达罗的观点一致。③此案辩护律师成功的辩护，也给了德莱塞以启示。克拉伦斯·达罗知道传媒的力量，因而恳求陪审团不判处被告人死刑。达罗的辩护词成为德莱塞写作的重要来源。根据德莱塞的传记作者理查德·李奇曼介绍，德莱塞在1924年密切关注上述案件。当然，弗洛伊德心理学方面的影响胜过达罗的辩护词。达罗强调，他的当事人是比较正常的孩子，只不过受到了非正常

---

① GUEST D. Sentenced to Death The American Novel and Capital Punishment [M]. Jackson: University Press of Mississippi Jackson, 1997: 45 - 71.

② 同上，1997: 45 - 71。

③ 迈克尔·E. 泰戈，安杰拉.J. 戴维斯. 审判故事 [M]. 陈虎，郭春镇，杨瑞，译. 北京：中国人民大学出版社，2012: 94 - 118.

环境——金钱的不利影响。①

回到《美国悲剧》。或许，能够更好地说明面对几乎完全相同的困境之时，因为金钱的作用，当事人或很快脱离困厄，或难以挣脱。如前所述，德莱塞的这部小说看似漫不经心地谈到了克莱德的辩护律师之一贝尔纳普年轻时与克莱德一样，也是陷于同样的麻烦：几乎同时与两个年轻女子交往，导致其中一人怀孕，但此时的他已经移情别恋，钟情于另外一名女子。怀孕的女子自然不会轻易放过他，于是，贝尔纳普干脆一走了之。后来，还是他做法官和国会参议员的父亲的安排，通过其家庭医生出面，将怀孕的女孩安置在尤蒂卡，花了1000美元以及其他一些必要的费用，最终使得其摆脱这一困境，与另外一个女孩结婚了事。② 也就是说，帮助年轻的贝尔纳普从恐惧和困境走出来的还是金钱。因此，我们完全可以就此假设：如果克莱德也有一个有钱的父亲，他的人生几乎肯定是另外一种境况。

小结

19 世纪末 20 世纪初的美国社会，业已进入工业化阶段，城市化的发展程度较高，是一个转型剧烈的时期，贫富分化甚为突出。作为当时社会中较为底层的克莱德及其一家，可以说具有一定的代表性或典型意义。由于各种原因，实际上，这一阶层被无形中剥夺了充分的受教育权、择业权、发展权等诸多权利，在当时的社会中处于极其不利的地位。这种贫富悬殊的情况，在克莱德所处的时代是如此，在今日美国也依然存在。

在《美国悲剧》中，金钱无疑占据着一个十分重要的地位。主要由于家庭的贫困以及个人特殊的遭际，我们的主人公克莱德对于金钱有着极度

---

① GUEST D. Sentenced to Death The American Novel and Capital Punishment [M]. Jackson: University Press of Mississippi Jackson, 1997: 45 -71.

② DREISER T. An American Tragedy [M/OL]. New York: Signet Classics, 2000: 405 -406 [2000 -09 -01]. 原版英语阅读网，http://www.en8848.com.cn.

的渴求。之所以说克莱德具有特殊的遭际，是因为与一般人不同，他有一个十分富裕的伯父。否则，几乎一无所有的克莱德也会与绝大多数的同龄人一样，主要依靠自己勉强谋生。尽管这位富有的伯父并未直接给他数量可观的金钱，但他给了克莱德一个跻身于上流社会的台阶，使他能够以某种较为特殊的身份进入这个神秘的圈子，并极有可能通过婚姻的方式，一举改变自己的命运。当然，就在命运之神向他招手的时候，克莱德却阴差阳错地先与手下的一名女工罗伯达产生了恋情，并导致后者未婚先孕。面对两个贫富悬殊的年轻女子，克莱德的心理天平自然倾向于富家女桑德拉，因为，桑德拉对他意味着一切。但是，囿于自身微薄的薪资和极端匮乏的人脉等资源，他难以解决罗伯达的堕胎问题，从而陷入窘境，并最终以杀人嫌疑犯的身份被推上被告席，遭遇不公正的审判。

美国社会没有贵族，故而不属于一个“身份社会”。但是，我们必须清楚的是，至少在某个方面，这个社会讲究的是成功。衡量成功与否的个重要标志就是一个人在社会中拥有的财富多寡，这种财富的多寡实际上将经济地位不同甚或悬殊的人无形中分割成不同的阶层或集团。

例如，德莱塞的《美国悲剧》通过主人公克莱德的眼睛，给我们展示了莱柯格斯这个新兴的工业城市中的经济地位各异的人群。小说中写道，克莱德来到莱柯格斯，发现此地与他不久前工作过的芝加哥区别较大，主要是规模小、不繁华，是一个工业区为主的小城市。河街（River Street）一带工厂较为集中。

但是，在城市的中央大道附近，却有一个富人区，他的伯父一家应该就在该区生活。①

克莱德进入伯父的工厂（大概有千人以上的雇员），与堂兄吉尔伯特·格里菲斯见面。这是一个层级分明、管理有序的现代化工厂。通过交谈，堂兄得知克莱德没有什么技能，决定让其从缩水间（the shrinking

① DREISER T. An American Tragedy [M/OL]. New York: Signet Classics, 2000: 120－121 [2000－09－01]. 原版英语阅读网, http: //www. en8848. com. cn.

room）干起，这是做领子的第一道工序。如果可以，再调到办公室来。[①]

克莱德从工厂出来，沿途所见的是一个贫富悬殊的城市：贫民区令人窒息，富人区应有尽有。联想到自己的父母家人在堪萨斯、丹佛一带沿街传教为生，伯父一家却生活优越，如此鲜明的对比，使他顿生失落感。[②]

美国历史学家的研究表明，20 世纪的最初二十年间，美国的人口、平均年龄和人均财富都有所增长。但是，虽然工业产品总价值增加了百分之二百二十二，并不是所有的阶层都能够平等地分享国民财富。在 1900—1920 年间，最富裕的百分之二的美国人却拥有百分之六十的国民财富。[③]因此，我们完全有理由认为，这是一个贫富悬殊的社会，财富的分配与享有极不合理，急需进行必要的改进。

作为一部现实主义色彩十分浓厚的长篇小说，德莱塞的《美国悲剧》侧重于通过主人公克莱德展示给我们一个在很大程度上能够被金钱左右的美国社会。例如，金钱可以使莱柯格斯的富人们享受一般人难以想象的独立豪宅、庭院、豪车、别墅、休闲、娱乐、旅游、优质的教育、丰富的人脉、出色的法律顾问（律师）、开阔的视野与见识等；也可以通过金钱，帮助自己从恐惧和困境中脱身，其中较为典型的就是克莱德的辩护律师贝尔纳普年轻时的亲身经历；还可以帮助陷入官司的当事人应对强大的公诉人，例如，克莱德案件的一审及上诉。换言之，若非其伯父出钱聘请两名辩护律师，克莱德根本难以应对强大的公诉人；若非其母亲尽力通过演讲募集资金，请律师帮忙上诉，则此案根本进入不了上诉程序。

反过来，缺乏金钱者实际上被剥夺的机会甚多，小说中的克莱德就是一个这方面的典型：由于缺乏金钱，他没有稳定的受教育状态，断断续续读过几年书，也就相当于小学六年级的水平；同样因为贫穷，过早地跨入社会且没有获得进入社会或职场的技能，择业权其实受限；因为没有钱，

---

① DREISER T. An American Tragedy [M/OL]. New York: Signet Classics, 2000: 121 - 123 [2000 - 09 - 01]. 原版英语阅读网, http://www.en8848.com.cn.

② 同上，2000：128 - 129。

③ J. 布卢姆，等. 美国的历程：下册 [M]. 戴瑞辉，吕永帧，吴聿衡，译. 北京：商务印书馆，1988：182 - 183.

能够选择的社交圈相对狭小，眼界难称开阔，处理相对复杂事务的能力低下；因为贫穷和缺乏管理经验，也限制了他在职场的发展，这也是他苛刻的堂兄吉尔伯特极力反对他升迁的主要原因。还是因为贫穷，限制了他婚恋自主的权利（由于置身于管理层，他受到工厂相关规定的约束，不得与下属女工在情感上有牵连）。最后，因为贫困，他不可能像年轻时的贝尔纳普律师那样，帮助前女友罗伯达堕胎并很好地处理其“逼婚”。

七、法律与道德问题

在西方法律思想史上，法律与道德的联系与区别历来是一个既宏大又具体的问题。在“二战”之后不久，我们依然能够听到有关二者是否应当严格/适度区分开来的争议。其中，又以20世纪50年代后期开始一直延续到20世纪70年代后期的英国著名法理学家H. L. A. 哈特与美国著名法学家朗·富勒之间的思想交锋较为典型。[①]

德莱塞的长篇小说《美国悲剧》，其实反映了当时法律与道德的混淆不清。而且，由于当时主流社会中较为浓厚的宗教信仰，以宗教、道德的高标准严格要求当事人之一的克莱德的情况不止一次地出现。

例如，克莱德在发现罗伯达怀孕后，希望借助于乡村医生格伦帮忙处理麻烦。手足无措的罗伯达使保守的乡村医生决定不帮助其打胎，因为此种行为不乏危险，可能牵涉犯罪，遭到保守人士（占多数派）的反对，在道德和社会层面不利，医疗技术上也有一定程度的风险。尽管此前这位医

① 强世功．法律的现代性剧场：哈特与富勒论战［M］．北京：法律出版社，2006.

生曾经为几位家境不错的同样陷入困境的年轻女子做过人流手术。[1]

小陪审团对于案件的定性起到了极为关键的作用。因此，陪审员的筛选和组成非常重要。小说中显示，控辩双方对于陪审员的挑选不可谓不重视，这一过程就用了五天的时间。当然，无论如何挑选，出自案发地附近的陪审员不可能不带有自身的观点、立场和情感。小说特意提到，这些外表各异，职业分别为农民、乡村店主、福特公司雇员、某个湖滨酒店的老板，或销售员、保险代理人的清一色的 12 名男性陪审员，有 11 人都信奉宗教，已婚人士 11 人，他们认为自己可以依据呈现在他们面前的证据做出公平合理的判决。在宣誓进入陪审席之前，就一致认定克莱德犯罪成立。[2]

克莱德一审被判一级谋杀罪成立，他的母亲不相信克莱德真的犯有罪孽（evil），如果有罪，罗伯达也有（引诱了克莱德），至少他们二人均有罪（sin）。也就是说，罗伯达没有抵制克莱德。[3] 由于克莱德的父母都是笃信基督教的传教士，因此，克莱德的母亲实际上代表了当时宗教界人士的宗教/道德观念，即对于婚前性行为的反对。

而且，宗教界人士的观点有着某些相同之处。例如，小说第三卷第三十章讲道：克莱德的母亲希望向教会人士演讲，引发他们的关注和支持、赞助，但却发现他们囿于教派、听信报纸的相关报道或认为克莱德的父母在教育子女方面不够尽责等（否则，也不会发生这样的事情，根据克莱德自己的供述，杀人与否暂且不论，通奸是确凿的事实），漠不关心，认为案件无误。

教会中的某些人对于克莱德父母的非正规渠道的传教活动质疑，怀疑其因此耽误克莱德的教育，导致其误入歧途。而且，通奸（也就是今天我们认为的婚前性行为）是一种犯罪。演讲收费，也不可以接受。

只有一位犹太人（尤蒂卡最大的电影院老板）允许她某天上午无偿演

---

① DREISER T. An American Tragedy [M/OL]. New York: Signet Classics, 2000: 273 - 276 [2000 - 09 - 01]. 原版英语阅读网，http://www.en8848.com.cn.

② 同上，2000：439。

③ 同上，2000：528。

讲，筹集了200美元。但是，她的丈夫因病需要钱，家里又没有什么积蓄，筹款距离她最初的预期比较远。但是，不管怎么样，最终她筹集到1100美元。①

克莱德被宣判死刑，押往纽约州死刑犯监狱，等待复审或死刑执行期间，其母亲给他推荐的那位邓肯·麦克米伦牧师陪伴克莱德度过了人生的最后一段岁月。这位麦克米伦牧师给了精神沮丧的克莱德很大的安慰。在牧师的不断感召下，克莱德逐渐有忏悔念头。牧师认为，克莱德是有罪的。因为，他有谋杀罗伯达的计划，有能力施救而不出手。他希望她死去，事后也没有悔意。即便是邪恶的念头也不行。② 尤为重要的是，在克莱德的上诉被驳回、麦克米伦牧师陪同克莱德的母亲一起找纽约州新任州长，请求州长对克莱德的死刑判决改为终身监禁时，内心其实基本确定的州长从麦克米伦牧师的态度中捕捉到牧师实际上也认为克莱德在法律上是有罪的，因而决意不予改判。

牧师在关键时刻躲避和沉默的态度令克莱德母亲颇为惊异，州长不再有耐心听取惊愕不已的克莱德母亲的请求，结束了此次会面。③

我们认为，这一时刻其实是十分微妙的。当然，州长其实内心早有倾向，略有犹豫而已。牧师的态度实则代表了社会上一部分人的看法，因而固化了州长的决定。

所以，作为一名宗教人士，麦克米伦牧师由于自身理解的差异，非但没有帮助克莱德减刑（其实，应该是无罪。如果是今天，辩护律师应当选择做无罪辩护），而且促成州长最终的决定。

小结

法律与道德（包括宗教）之间的关联度是一个值得关注的问题。如果

---

① DREISER T. An American Tragedy [M/OL]. New York: Signet Classics, 2000: 544 - 545 [2000 - 09 - 01]. 原版英语阅读网, http://www.en8848.com.cn.

② 同上，2000：565 - 566。

③ 同上，2000：568 - 570。

说，法律与宗教的分离相对比较早（例如，古代中国），那么，在相当长的一段时间里，法律与道德之间的关系则远未切割得如此清晰，二者之间的联系或纠结确实是一言难尽。这也构成了西方法律思想史上一个令人注目的现象，即不同的思想流派对于法律与道德关联度的争执。这种争执以“二战”后不久哈特与富勒之间的相关论战较为典型，反映了新分析法学与新自然法学在这一古老话题上的交锋与分歧。

《美国悲剧》反映的是20世纪之初的美国社会，通过主人公克莱德的个人遭遇，折射出不同阶层生活的状态、追求与挫折等，实为美国社会的一个缩影。仅就克莱德一案的审判而言，实则披露出来的信息和反思的东西甚多。其中，就围绕该案而言，不同的人群，显示出了自身不同的宗教与道德观念以及个人情感和偏好等，如果是参与该案审判的法官、检察官、陪审员无形中带有上述这些难以描述的观念和情感等，对于案件的审判自然会不无影响。

通过阅读，我们不难发现，尽管西方社会比较早地开始了政教分离。但是，必须指出的是，宗教在20世纪之初的美国依然是一种不容忽视的巨大存在，其超乎想象的影响力通过其信众发散到各个角落、各行各业。据统计，美国大多数居民是基督教新教教徒，分属不同的教派。1908年，美国全国基督教协进会（新教联合）正式成立，拥有将近1700万信徒。1916年，新教教徒人数上升到2600万。此外，随着东欧、南欧大批新移民涌入，美国天主教徒的人数迅速增长，1916年即达到1572万。犹太教尽管人数相对少，但也有数百万之众。①

在《美国悲剧》中，宗教似乎是一个从头到尾都时隐时现的现象。例如，故事的开头就是少年克莱德非自愿地参与其父母组织的传教活动，由此产生对于这种生活的厌倦和对于富裕生活的向往。

当然，在大多数时候，宗教似乎从德莱塞的这部小说中消失了，或曰隐而不见了。但是，在第三卷里，宗教再度强势出现，对于克莱德一案发

① 庄锡昌．二十世纪的美国文化［M］．杭州：浙江人民出版社，1993：19－21.

挥着隐性的或显性的作用。例如，参与案件审判的陪审员的宗教观念，克莱德的母亲和她接触过的宗教界人士对于克莱德案件的内心评判，麦克米伦牧师的宗教观念及其对于克莱德案件的基本看法，等等。这种情况说明，在20世纪初的美国社会，宗教其实在一定程度上影响着人们的生活，并左右着人们对于包括司法活动在内的事物看法或态度。

与宗教密切相关的道德同样在当时的社会中发挥着重要的作用，并因此体现在《美国悲剧》中针对克莱德案件的审理中。例如，公诉人一方在缺乏直接证据和目击证人的情况下，能够作为抓手的其实就是人们的道德与宗教观念以及对于死者及其家属的深切同情。陪审员依据的也不是控辩双方展示的证人、证据，而主要是自己的宗教与道德观念。正如小说中所言，陪审员在进入陪审席之前，就已经确信克莱德犯罪成立。①

我们注意到，在公诉人对克莱德的指控之后，辩护律师贝尔纳普开始给克莱德做的辩护。在辩护词中，贝尔纳普指出，公诉方给被告的标签（成熟、长着胡子的男人、恶棍等）并不属实，被告只是一个21岁的年轻人，其早年在堪萨斯的车祸经历不应该成为其一贯作恶的证明，他与同龄的少年一样的清白无辜，诸多的旁证不足为证。贝尔纳普并不认为克莱德有罪，仅凭间接证据的司法难免铸成大错。贝尔纳普提醒陪审团注意不要因为地方的、宗教的、道德的理论或偏见而做出错误的判断。被告没有犯罪的意图或行为。② 十分遗憾的是，陪审员对于贝尔纳普的一再提醒置若罔闻。

因此，我们在赞美自然法学对于法律与道德密不可分的强调的同时，需要注意的是，分析法学关于法律与道德的（适度）分离。如果说《美国悲剧》针对克莱德的审判是一个悲剧的话，那么，造成悲剧的不只是某些别有用心的推波助澜的人，还有某些混淆不清的思想观念，尤其是法律与道德的纠缠不清。

---

① DREISER T. An American Tragedy [M/OL]. New York: Signet Classics, 2000: 439 [2000-09-01]. 原版英语阅读网, http: //www. en8848. com. cn.

② 同上，2000: 458-460。

八、上诉与纽约州州长的减刑问题

在一审判决中，经过5轮投票，个别不同意见被压制，陪审团最终认为克莱德一级谋杀罪成立。

如果简评此案，我们可以发现：

（1）证据不扎实。仅凭间接证据，其实难以定罪。此外，案件也没有目击证人。

（2）公诉人不公正，带有明显的先入为主情绪及偏见，并因此影响到公众，特别是该案的陪审团。

（3）辩护律师提议的异地审判意见没有被采纳，案件的审理于此即留有极大隐患。

（4）辩护律师在辩护过程中强调的切勿混淆法律与地方的、宗教的、道德的理论或偏见的呼吁，陪审团实际上采取的是置之不理的态度。这种情况只能说明，陪审团存在着难以避免的非理性成分。

（5）法官的指引意见实则对陪审团有暗示和误导。

（6）陪审团其实并没有达成一致。当然，我们也不能够奢望出现美国后来的电影《十二怒汉》之类的反转。

当然，案件一审的结果是克莱德和他的辩护律师均不能够接受的。而且，受到一审判决影响的不只是克莱德本人，还包括他的伯父一家，他们考虑迁移厂址到南波士顿。同时，不会再管克莱德的事情。① 所以，很自然的是，通过辩护律师，克莱德提起上诉。

两名辩护律师不会免费为克莱德继续辩护，也不再坚持克莱德的母亲不必管案件，而是通过电报和信件方式请她速来。因为，法官在本月10日前宣判。②

12月8日午夜，克莱德母亲到达布里奇堡火车站，次日早晨来到县监狱所在地见到克莱德，并在之后见到两位辩护律师。

辩护律师估算上诉费用在2000美元以上，并因此算了一笔细账。克莱德母亲几乎身无分文。但是，可以通过当地教会或演说筹款。

克莱德受到母亲到来的鼓舞，在法官宣判前认为自己无罪。

克莱德被宣判死刑，押往纽约州死刑犯监狱，等待复审或死刑执行。③

上诉所需费用最终是通过克莱德母亲演说筹集的，共计1100多美元。两名辩护律师出于敬佩和同情，接受了这笔费用。在此期间，克莱德的母亲还要回到丹佛照看克莱德病中的父亲，上诉所需准备的材料等工作由两名辩护律师打理。在等待上诉这段时间里，身处纽约州死囚牢中的克莱德深深地感受到了压抑氛围的影响。22名死刑犯不时被执行死刑处罚，莫名的恐惧笼罩着克莱德以及其他的死囚犯人。④

与此同时，四个多月的时间过去了。次年1月19日，上诉法院的小富勒姆审查了贝尔纳普和杰夫森提交的证据后，连同其他四名法官一致认为，尽管该案没有直接证据，但是，检察官做了严格、仔细、认真的工作，提交了大量的证据。所有证据放在一起整体考察，可以得出被告犯罪

---

① DREISER T. An American Tragedy [M/OL]. New York: Signet Classics, 2000: 530 - 531 [2000 - 09 - 01]. 原版英语阅读网, http://www.en8848.com.cn.

② 同上，2000：531。

③ 同上，2000：533 - 535。

④ 同上，2000：539 - 550。

成立的结论。维持第一审死刑判决，死刑将在六周后执行。[1]

两名辩护律师还是尽力了的，希望将死刑改为终身监禁。此时的舆论有所变化，被告人也有悔过表现，确实没有对其处死刑的必要。在麦克米伦牧师、克莱德母亲的一再努力（不断写信给州长并争取与他见面，认为根据人道和正义原则，克莱德罪不至死）下，大卫·沃尔瑟姆州长（一位高大、冷静、略带忧虑的男子）虽然为克莱德母亲等人的努力深深感动，依然不敢做出改变，尽管他认真阅读了辩护律师的案件摘要以及提交给上诉法院的全部证据；但是，因为没有新的证据，这位之前在纽约州南部做过地方检察官和法官的新任州长（他也是一位富有同情心的父亲和丈夫）不想冒此风险推翻一审陪审团以及上诉法院法官的判决意见。

对于牧师的恳求，州长的回应还是有无重要的事实，足以动摇或推翻庭审过程中出示的证据？我不能够仅凭感情用事，特别是在面对两审法院的判决全数一致的情况下。[2]

克莱德死前两天，他的母亲给州长电报，希望他再次考虑是否质疑克莱德的死刑判决。后者通过秘书发电报称州长没有正当理由去干预上诉法院的判决。[3]

小结

克莱德的案件先后经历了一审、二审。

在案件的一审过程中，存在着某些不太正常的情况，最终导致案件的判决令人质疑之处甚多。

案件的上诉在所难免。但是，相较于案件的一审，上诉显得颇为简

---

① DREISER T. An American Tragedy［M/OL］. New York：Signet Classics，2000：567［2000－09－01］. 原版英语阅读网，http：//www. en8848. com. cn.

② 同上，2000：568－569。

③ 同上，2000：573。

单。原因应当是案件没有新的证人和证据，上诉法院的法官们主要依据一审法院和被告方的辩护律师提供的相关材料。

对于上诉法院法官的工作，小说做了一些介绍，不能说这些法官对于案件不够认真。问题应该出在法官们没有把握住该案最大的欠缺是没有直接证据、没有目击证人，仅凭检察官经不起推敲的间接证据（尽管数量上看似很多）就维持原判，无疑显得草率，甚至有某种意义上的草菅人命之嫌。因为，根据小说所言，尽管该案没有直接证据，但是，检察官做了严格、仔细、认真的工作，提交了大量的证据。所有证据放在一起整体考察，可以得出被告犯罪成立的结论。[①] 此种推论，可以休矣！

如果放在我们今天，对该案重新审理的话，最理想的当然是在上诉法院，重新组成陪审团，另外挑选法官和检察官。或者，采用调卷令的方式，径直推翻一审法院的判决，改判被告人无罪。同样采用调卷令的方式，判处被告人犯罪成立，但考虑到证据不足，被告人并非犯有一级谋杀罪，故而判处有期徒刑若干年。

遗憾的是，小说中上诉法院的五名法官仅凭文字作业，选择了一个最不负责任的方式，将本应纠正的命案官司铸成冤案。

至于纽约州新任州长大卫·沃尔瑟姆，依据《纽约州宪法》（1894 年通过，1938 年修改）第四条第五款的规定，是有给予缓刑、减刑及赦免（权）的。

该条款规定，除了叛国罪与弹劾案，州长有权对其认为合适的情况（在相关法律的规制的前提下），对有罪判决予以缓刑、减刑和赦免……他须在每年向立法机构通报每一件缓刑、减刑与赦免的案件，述明罪犯的姓名、被定罪的罪行、刑期及日期，以及减刑、赦免或缓刑的日期。

也就是说，克莱德一案的一审、二审至此已经无可挽回地先后铸成错误，能够最后给人一线希望的就是这位纽约州新任州长依据《纽约州宪

① DREISER T. An American Tragedy [M/OL]. New York: Signet Classics, 2000: 567 [2000-09-01]. 原版英语阅读网, http: //www.en8848.com.cn.

法》的相关规定，行使其法定职权，扭转或阻止冤案的发生。遗憾的是，这位先后做过地方检察官和法官的新任州长不想冒风险推翻两审法院的判决。

结　语

德莱塞的《美国悲剧》无疑应当位列20世纪美国乃至世界文学名著之中，其深刻的现实主义色彩和批判精神、细致入微的心理及情节描述和层层递进等，均是这部小说至今仍然令人痴迷和不断发掘其深层含义的主要原因。

本解读的意趣无疑在于搜寻这部文学名著中反映出来的法律问题，因为，这部文学名著给我们留下了诸多值得思考的与美国的法律相关联的问题。这些法律问题有些属于时代的局限，有些至今依旧存在，甚或有有增无减的趋势。

简言之，本解读侧重探讨的是美国的刑事司法制度，包括其闻名于世的抗辩制（控辩双方的交锋或角力）、令人不无疑虑的陪审制、刑事司法过程中特别值得关注的证人与证据。此外，法律与宗教、道德的关联度，金钱对于社会与司法的作用也在本书讨论的范围之中。因为，上述这些问题在《美国悲剧》中获得了程度不一的体现，不应当忽略不计或避而不谈。

致　谢

写一部关于美国司法案例选析的著作可谓是笔者一大心愿。

因为这个年轻的国家在发展的过程中，有许多值得我们认真关注和研究的地方。

2020 年是一个非同寻常的年份，一段时间内因故很少出门，反倒使自己更能够沉下心来读书写作，不能不说是幸事一桩。感谢家人对于自己的理解和包容，使我在家务方面少有投入，有更多的时间和精力放在写作方面。

感谢华中科技大学与华中科技大学法学院的领导、各位同人以及学生们的支持和鼓励。将近二十年以来，在这所有“森林大学”之称的宁静、美丽的校园内，我能够充分地享受这种从事教学、研究与思考、写作的从容和乐趣。

本书写作过程中，获得华中科技大学法学院的研究生伦燕颜、刘小凡、覃星月、陆敏、吴诗、李珣珣以及该院 2017 级本科生余奕娴等同学在相关资料的搜集、整理及部分汉译方面的帮助，在此一并表示感谢。当然，本书可能出现的错漏之处，由作者负责。

感谢知识产权出版社对于本书的理解、接纳和出版，尤其要感谢该社资深的编辑石红华女士的支持和帮助。他们对于拙著的出版予以了大力支持，做出了极大的努力，在此一并表示感谢。

郭义贵

2020 年 12 月 10 日